Le monde selon Obama

DU MÊME AUTEUR

La Norme sans la force. L'énigme de la puissance européenne, Presses de Sciences Po, 2005, rééd. 2008 (traduit en langue anglaise).
Un monde privé de sens, Fayard, 1994, rééd. 2006 (traduit en langues anglaise, allemande et espagnole).
La Grande Perturbation, Flammarion, 2004.
Malaise dans la mondialisation (entretiens avec Philippe Petit), Textuel, 2001.
Le Sacre du présent, Flammarion, 2000 (traduit en langue portugaise).
Superpowers and Africa, Chicago University Press, 1990.
Enquête sur la Banque mondiale, Fayard, 1989.

Zaki Laïdi

Le monde selon Obama

Stock

Les essais

Collection dirigée par
François Azouvi

Couverture : Corinne App

ISBN 978-2-234-06391-4

© Éditions Stock, 2010

*Aux miens,
ils se reconnaîtront.*

Avant-propos

Le temps de l'Obamania et des naïvetés politiques auxquelles elle a parfois donné lieu est révolu. Est donc venu celui d'évaluer en toute sérénité ce que l'arrivée au pouvoir d'Obama a changé tant dans le regard des États-Unis sur le monde, que dans le regard du monde sur les États-Unis. Telle est, au fond, l'ambition de ce livre.

L'élection d'un nouveau chef de l'État américain a pour particularité de ne pas concerner ses seuls ressortissants, en raison du rôle prééminent joué par les États-Unis dans le monde. Mais la résonance de cet événement varie sensiblement en fonction de la personnalité du locataire de la Maison-Blanche, du moment politique dans lequel se trouvent les États-Unis et du contexte mondial. Or, sur ces trois plans, l'élection de Barack Obama tranche.

Elle tranche car elle a ouvert la voie à l'élection pour la première fois dans l'histoire américaine d'un président noir, quand bien même il ne serait que métis et donc pas afro-américain ; et dont le second prénom est Hussein, un prénom à consonance musulmane dans un pays encore marqué par le traumatisme du 11 Septembre. Deux ans après l'élection du nouveau chef de l'État, plus d'un quart de l'opinion publique américaine semble convaincue de la confession musulmane de son président, alors qu'il a lui-même affirmé à maintes reprises qu'il ne l'était pas.

Elle tranche ensuite au regard de l'ampleur du doute politique qui a saisi la société américaine en 2008. Doute sur la capacité de son modèle économique à affronter la plus grave crise de son histoire depuis 1929. Doute sur la pertinence de son surengagement militaire extérieur au terme d'une guerre en Irak ruineuse, et n'ayant en définitive conféré aux États-Unis aucun avantage stratégique. La conjonction de ces deux facteurs, sur lesquels le candidat Obama a joué, a conduit les Américains mais également le reste du monde à s'interroger sur la capacité matérielle et politique des États-Unis à continuer d'assumer autant de responsabilités internationales avec un insuccès croissant.

Elle tranche enfin en raison du sentiment que la structure du monde était en train de changer, que les rapports de force qui la sous-tendaient étaient en train de se modifier. Avec l'émergence de nouvelles puissances, le moment unipolaire touchait à sa fin. La réponse aux nouveaux défis tels que le terrorisme, le changement climatique, les pandémies ou la détention d'armes nucléaires par des individus et non plus simplement par des États, ne passe plus nécessairement par une débauche de moyens militaires sophistiqués. Prendre donc le monde comme il est, et non forcément comme l'Amérique voudrait qu'il soit, constitue au fond le nouveau credo politique américain. Ce constat a un corollaire politique majeur qui est au cœur de la doctrine Obama : si les États-Unis ne peuvent plus à eux seuls régler les problèmes du monde, ils ne sont nullement disposés à ce que le moindre d'entre eux puisse se régler sans eux et encore moins contre eux.

Pourtant, quelle que soit la force de ce credo, que ce livre se propose d'étudier dans le détail, il ne peut prendre sens que par référence à des contextes concrets.

C'est pourquoi, une fois le discours disséqué et analysé, il ne devient possible de comprendre la manière dont Obama voit le monde qu'en prenant en compte des situations qu'il affronte et des contraintes qu'il subit. Ces contraintes sont naturellement externes et seront discutées dans les pages qui viennent. Mais elles sont aussi internes. Un président, si puissant soit-il, demeure un acteur dans un système qui a ses traditions, ses intérêts, ses codes, ses routines et donc son inertie. Ce système, c'est avant tout le gigantesque appareil d'État américain que contrôlent d'innombrables bureaucraties puissamment organisées et jalouses de leurs prérogatives : le département de la Défense, le département d'État, les 17 agences de renseignement, les très nombreux lobbies économiques et ethniques dont certains exercent une influence considérable sur les orientations de la politique étrangère. C'est également le Congrès, dont les membres ont une vision souvent étroite des intérêts américains dans le monde, et des médias aussi puissants que partisans avec lesquels le Président américain se doit en permanence de composer. La question est donc de savoir comment, au regard de ces contraintes sur lesquelles viennent se greffer les profondes dissensions qui traversent la société américaine, Barack Obama peut tenter d'infléchir le cours de la politique étrangère des États-Unis.

La seconde interrogation, qui découle logiquement de la première, concerne les options qui s'offrent réellement à lui. Certes, Barack Obama a dès le départ manifesté le souhait de rompre avec le messianisme idéologique et guerrier de son prédécesseur. Mais que substituer à l'esprit de croisade, quand on aspire malgré tout à demeurer à la tête du système mondial ? Intuitivement, c'est le retour à un certain réalisme doublé d'un solide pragmatisme qui semble aujourd'hui prévaloir. Mais si le réalisme constitue à la fois une doctrine et une pratique, il n'immunise pas pour autant les États-Unis contre un certain nombre de dilemmes politiques ou moraux. Il est en effet assez facile de mettre un terme à l'idéologie de l'exportation de la démocratie, surtout lorsque celle-ci s'accompagne du recours à la force. Mais il est plus délicat de savoir jusqu'à quel point le renoncement à la défense des droits de l'homme doit aller. Il est relativement aisé de s'engager à respecter le point de vue de l'autre. Mais il est plus difficile de s'en tenir à ce seul principe si cet autre vient à vous résister durablement et donc à vous gêner.

Il y a enfin une troisième contrainte, qui porte sur la gestion de l'héritage. Tout État peut naturellement être amené à s'émanciper de sa conduite passée si celle-ci se révèle infructueuse. Mais aucun État ne peut totalement rompre avec ce passé. Il en découle de multiples difficultés que l'on rencontre aussi bien dans la lutte contre le terrorisme que dans la recherche d'un règlement au Proche-Orient. À cet égard, la guerre en Afghanistan, que nous analyserons en détail dans un des chapitres de ce livre, souligne bien les dilemmes de la politique américaine. Pour se dégager à terme de ce pays qui ne présente en soi aucun intérêt stratégique pour les États-Unis, ces derniers ont choisi d'intensifier leur action militaire et politique. Cet exemple pris parmi d'autres souligne à quel point la conduite des États obéit à des dynamiques fortes et lentes qui dépassent largement les intentions de ceux qui les dirigent.

À mi-mandat, l'idée d'un bilan de la politique étrangère d'Obama peut paraître doublement prématurée. D'une part parce que, absorbé par l'ampleur des enjeux intérieurs auquel il a été dès le départ confronté, il n'a pu s'impliquer que de manière partielle dans la gestion des innombrables problèmes de politique étrangère qui l'assaillent. D'autre part parce que les relations internationales sont faites d'impondérables et d'imprévus qui peuvent changer le visage d'une politique. Mais l'originalité de sa démarche, le dynamisme de son action, la multiplicité de ses initiatives, l'intérêt qu'elles suscitent, les attentes qu'elles créent et l'immensité des contraintes qui pèsent sur elles rendent cet exercice non seulement indispensable mais passionnant.

I

Héritage

Quand Obama franchit les grilles de la Maison-Blanche en janvier 2009, la position américaine dans le monde se trouve passablement dégradée. La centralité de sa puissance ne fait certes guère de doute. Mais la légitimité sociale de son modèle économique suscite désormais interrogations, récriminations, voire contestations. La puissance est encore bel et bien là. Mais ses fondements semblent ébranlés. En septembre 2008, elle se trouve happée par une crise financière, aussi violente qu'inattendue, quand bien même ses premiers dégâts permirent à M. Obama de prendre l'avantage sur son concurrent républicain dans la course à la présidence[1]. Indépendamment des dommages qu'elle occasionnera en l'espace de quelques semaines à l'économie américaine, puis mondiale, la crise des *subprimes* va en réalité remettre en

---

1. Les courbes des intentions de vote pour les deux candidats ne laissent sur ce point aucun doute. Ce n'est qu'à partir de la fin septembre 2008 que M. Obama a commencé à creuser l'écart avec son concurrent.

question la légitimité du capitalisme financier américain et de toute la logique dérégulatrice qui le sous-tendait depuis le début des années 1990. Le ministre allemand des Finances prédit alors que les États-Unis allaient perdre leur « statut de superpuissance du système financier mondial », au profit de la formation d'un système multipolaire où le dollar perdrait de sa superbe vis-à-vis de l'euro, du yen et du yuan[1]. Un analyste politique britannique est encore plus catégorique. Selon lui, « l'ère de la domination américaine commencée avec la Seconde Guerre mondiale est terminée[2] ». Leur fait subtilement écho, en mars 2009, le gouverneur de la Banque centrale chinoise, qui fait valoir pour la première fois que le rôle du dollar en tant que monnaie de réserve internationale offre désormais plus d'inconvénients que d'avantages[3]. Il suggère la création d'une nouvelle monnaie de réserve internationale garantie par le FMI et susceptible de réduire le pouvoir du dollar. Toutes les critiques convergent pour mettre en évidence les trois principales faiblesses du système américain : la confiance aveugle dans le pouvoir autorégulateur du marché, confiance qu'un Alan Greenspan, à la tête de la FED, avait autant théorisée que personnifiée[4] ; la mise en place d'un financement de l'économie fondé sur une captation massive des surplus d'épargne mondiale au détriment d'une

---

1. *The Times*, 26 septembre 2008.
2. John Gray, « A Shattering Moment in America's Fall From Power », *The Observer*, 28 septembre 2008.
3. Zhou Xiaochuan, « Reform the International Monetary System », *People Daily*, 31 mars 2009.
4. Alan Greenspan, *The Age of Turbulence : Adventures in a New World*, New York, Penguin Press, 2007.

épargne interne des ménages devenue insignifiante[1] ; l'utilisation de cet « argent facile » pour financer une politique étrangère dispendieuse et jugée de plus en plus agressive sur le plan militaire, notamment depuis le début de la guerre en Irak. De ce point de vue, la crise des *subprimes* n'aura été que le révélateur d'un mode de financement de l'économie associant de très faibles taux d'intérêt à la disponibilité d'une liquidité exceptionnellement abondante[2]. La politique de faibles taux d'intérêt, qui reflétait les besoins de financement du gouvernement américain pour compenser la baisse des impôts et faire face aux nouvelles dépenses consécutives au 11 Septembre, coïncida avec l'explosion de surplus d'épargne dans les pays d'Asie. Ces derniers, échaudés par la crise financière de la fin des années 1990, avaient fait le choix de se protéger contre les aléas d'une finance volatile grâce à l'accumulation d'excédents commerciaux. À la dérégulation financière prônée par les Américains dans les années 1990, ils répondirent par un mercantilisme commercial sans précédent[3]. Créanciers asiatiques et débiteurs américains pensaient avoir trouvé les termes d'un accord mutuellement avantageux. Les Asiatiques épargnaient tandis que les Américains consommaient. Ce calcul n'était nullement infondé car il reflétait les

---

1. L'épargne des ménages américains est passée de 9 % en 1980 à 6,5 % en 1990, à 2,7 % en 2000, avant de chuter à 0,8 % en 2005. Depuis la crise de 2008, le taux d'épargne est remonté autour de 3 % sans que l'on sache si ce mouvement est durable. *Financial Times*, 4 mai 2010.
2. Roger C. Altman, « The Great Crash, 2008. A Geopolitical Setback for the West », *Foreign Affairs*, janvier-février 2009, p. 2-14.
3. Daniel W. Drezner, « Bad Debts, Assessing China's Financial Influence in Great Power Politics », *International Security*, vol. 34, n° 2, automne 2009, p. 7-45.

préférences sociales de ces sociétés. Et rien ne semble indiquer qu'il ait d'ailleurs beaucoup changé depuis 2008. Toutefois, ses conséquences sur le dérèglement du système bancaire américain, puis sur l'économie réelle, furent largement sous-estimées[1]. L'argent facile a entraîné une prise de risque inconsidérée de la part d'opérateurs financiers délibérément livrés à eux-mêmes.

Certes, la critique d'une politique américaine tirant avantage de sa position privilégiée dans le système financier mondial pour financer ses guerres et sa présence dans le monde est fort ancienne. Valéry Giscard d'Estaing (et non le général de Gaulle, comme on le croit) fut, en février 1965, l'un des premiers à fustiger le fameux « privilège exorbitant » du dollar en pleine guerre du Vietnam[2]. Les deux faits n'étaient pas étrangers l'un à l'autre. Les États-Unis voulaient intensifier la guerre au Vietnam tout en finançant un programme de dépenses sociales internes très ambitieux. Pour cela, ils avaient le choix entre accroître la pression fiscale sur les Américains

---

1. Ben S. Bernanke, « The Global Saving Glut and the US Current Account Deficit », Remarks at the Sand Ridge Lecture, Virginia Association of Economics, Richmond, Virginia, 10 mars 2005. www.federalreserve.gov/boarddocs/speeches/2005/20050414/default.htm
2. Le privilège exorbitant du dollar résulte du fait qu'à partir du moment où l'endettement extérieur des États-Unis est libellé en dollars, toute dépréciation du dollar réduit mécaniquement le déficit de la balance courante américaine. On estime que chaque point de dépréciation du dollar en point de pourcentage entraîne un transfert de ressources vers les États-Unis équivalent à un demi-point de PNB. Cf. Pierre-Olivier Gourinchas, Hélène Rey, *From World Banker to World Venture Capitalist : US External Adjustment and The Exorbitan Privilege*, NBER Working Papers Series, août 2005. R. Glenn Hubbard, « The US current account deficit and public policy », *Journal of Policy Modeling*, 28, 2006, p. 668.

et émettre davantage de dollars, à charge pour les banques centrales européennes et japonaise de les conserver au nom de l'équivalence entre le dollar et l'or. Ils privilégièrent sans grande surprise la seconde solution. C'est pourquoi, face à des Européens abasourdis par une telle mise en demeure, le gouverneur Connally, secrétaire aux Finances de l'Administration Johnson, eut cette réponse passée à la postérité : « Le dollar est notre monnaie, mais c'est votre problème. » On ne compte plus les épisodes au cours desquels les États-Unis agitèrent la menace de retrait de leur garantie stratégique aux Européens – en fait l'Allemagne – ou aux Japonais quand ces derniers se voyaient contraints à des choix monétaires qu'ils n'étaient initialement pas disposés à effectuer [1].

La nouveauté n'est donc pas là. Elle se trouve plutôt dans le fait que la crise de 2008 affecta directement les États-Unis, à une échelle inconnue depuis 1929. Le capitalisme financier dont ils avaient défini les paramètres se trouve alors frappé de plein fouet. C'est donc bel et bien le caractère systémique de la crise de 2008, c'est-à-dire l'ampleur de ses effets en chaîne sur l'ensemble du monde capitaliste, qui fait désormais problème. L'autre élément nouveau de cette crise tient au fait que la cohorte potentielle des mécontents ne se limite plus aux clients affermés de l'ancien monde libre (Europe, Japon), mais à de nouveaux acteurs économiques riches, politiquement ambitieux et historiquement beaucoup moins dépendants des États-Unis, quand bien même leur prospérité en dépendrait. La convergence de ces éléments fait que, pour la

---

1. Michael Mastanduno, « International Relations Theory and the Consequences of Unipolarity », *World Politics,* vol. 61, n° 1, 2009, p. 131 *sq.*

première fois depuis 1945, les États-Unis affrontent une situation où ils ne peuvent plus faire abstraction de leur propre responsabilité[1]. Ils n'ont spontanément ni de pays à blâmer ou à ostraciser, ni de solutions immédiates à proposer. Ils n'ont pas de coupable sous la main. Le vieux réflexe schmittien, faisant de l'existence d'un ennemi la raison d'être du politique, et sur laquelle la puissance américaine s'est toujours appuyée pour prendre ses marques ou les retrouver, semble enrayé. Les États-Unis se trouvent donc, par la force des choses, contraints de se remettre en cause, d'accepter les défaillances du marché qu'ils avaient voulu ignorer et de partager implicitement avec les autres le prix de la crise et le coût de ses solutions.

Il y a là un fait géopolitique inédit qui repose la question des fondements et de la légitimité de la puissance américaine, même s'il serait bien imprudent de tirer des conclusions hâtives de cette nouvelle réalité.

Quoi qu'il en soit, la crise financière apparaît donc comme le premier grand défi politique dont Obama a hérité de son prédécesseur. Mais il n'est à l'évidence pas le seul. Même sans la crise financière, l'héritage de George W. Bush était devenu particulièrement encombrant à assumer. Un furtif état des lieux permet de s'en convaincre. En 2008,

---

1. Dans les années 1960 et 1970, les États-Unis pouvaient à juste titre justifier le privilège exorbitant du dollar par la nature des engagements militaires pris vis-à-vis de leurs alliés. En 2008, cet argument ne tient plus. Non que les États-Unis n'exercent plus le rôle de protecteur militaire d'un nombre considérable de pays, mais parce que des pays comme la Chine, qui sont à l'origine de la politique monétaire laxiste américaine, ne sont pas dépendants de la garantie américaine et que, de surcroît, leur politique d'accumulation d'excédents commerciaux placés ensuite en bons du Trésor américain a été puissamment favorisée par les États-Unis eux-mêmes.

l'inventaire stratégique américain après huit années d'Administration Bush fait apparaître les données suivantes :
– deux guerres qui, par leur nature asymétrique, ne pouvaient et ne peuvent ni être totalement gagnées ni totalement perdues (Afghanistan, Irak) ;
– deux « conflits nucléaires » persistants et sans solution en vue (Corée du Nord, Iran) ;
– un conflit régional crucial mais délibérément négligé malgré une rhétorique suggérant le contraire (conflit israélo-palestinien) ;
– un allié stratégique de premier plan, dont le soutien inconditionnel à la politique américaine en Irak s'est révélé très coûteux pour lui sur le plan interne (Royaume-Uni) ;
– un ancien rival (Russie) qui n'est devenu ni un partenaire stratégique ni un partenaire résigné au déclassement de sa puissance ;
– un puissant mouvement d'opinion publique internationale de plus en plus hostile aux États-Unis, prenant dans le monde musulman une forme paroxystique ;
– une défiance envers la plupart des initiatives multilatérales, y compris celles vis-à-vis desquelles les États-Unis avaient contracté des engagements (climat, désarmement, justice internationale) ;
– une hostilité marquée de la quasi-totalité des États au concept central de guerre préventive, ayant servi à justifier la guerre en Irak ;
– une résistance non moins prononcée vis-à-vis de la stratégie d'exportation par la force de la démocratie.

Ces éléments du tableau qui apparaissent comme autant de problèmes et de contraintes légués à l'Administration Obama resteraient incomplets et partiaux s'ils négligeaient de prendre en compte les bénéficiaires de la politique américaine de George W. Bush. En effet, un jeu qui produit des perdants fait forcément des gagnants. Ils furent peu nombreux, mais ils étaient de poids : Israël, l'Inde et, dans une moindre mesure, les pays d'Europe centrale et orientale. Israël fut intégré au dispositif de *containment* de l'espace arabo-musulman vis-à-vis duquel la défiance s'était accrue dans des proportions inégalées depuis le 11 Septembre. Il s'en trouva naturellement désincité à rechercher une solution politique au problème palestinien. L'Inde se voyait reconnaître une place de choix, non seulement pour contenir l'islamisme potentiellement soutenu par le Pakistan, mais aussi pour faire contrepoids à une Chine jugée de plus en plus influente. Dans cette perspective, sa possession de l'arme nucléaire fut réinterprétée, confirmant ainsi un fait majeur de la vie internationale : la dangerosité de l'arme nucléaire ne s'évalue que par référence aux intentions de celui qui la possède. Enfin, les pays d'Europe centrale et orientale intégrés à l'OTAN voyaient leur position valorisée dans le cadre d'un dispositif de contrôle de la puissance russe décidée à revenir en force sur la scène régionale dans le Caucase et en Ukraine.

Ces différents enjeux, sur lesquels nous reviendrons en détail, posent à ce stade du raisonnement une question essentielle. Doit-on interpréter la « doctrine Bush », dont hérita Obama, comme une sorte d'accident politique lié à une surréaction au 11 Septembre ? Ou faut-il au contraire n'y voir que l'expression d'une exubérance politique consécutive à l'avènement d'un monde unipolaire après 1989 ? La réponse à cette question n'est pas sans importance pour situer la stratégie Obama dans le contexte global de la politique étrangère américaine.

Il nous faut alors revoir comment les États-Unis ont pensé et agi dans le monde durant toute la décennie qui précéda le 11 Septembre, une décennie qui coïncida avec les mandats de l'Administration Clinton.

L'exubérance par le marché

En réalité, celle-ci n'attacha son nom à aucun dessein stratégique saillant après la guerre froide, comme si « l'absence de menace permettait à une superpuissance de devenir capricieuse [1] ». À cela, il n'y a au demeurant rien d'étonnant. Un tournant d'une telle ampleur que la fin de la guerre froide ne pouvait pas se négocier si rapidement dans un pays façonné par un conflit bipolaire de près de cinquante ans. De surcroît, l'économie américaine se trouve, au début des années 1990, dévitalisée par une forte récession économique qu'accompagne alors un important processus de désindustrialisation. Celui-ci est présenté comme « un désastre pour la richesse et la puissance des États-Unis [2] ». La récession économique n'est pas étrangère à l'échec de George Bush senior, sorti pourtant vainqueur de la première guerre du Golfe. Bill Clinton, dépourvu de toute expérience internationale, orienta ses priorités politiques vers la stimulation de l'économie américaine au moment où celle-ci changeait de nature. Car si en surface la désindustrialisation faisait son œuvre,

---

1. Kenneth N. Waltz, « Structural Realism after the Cold War », *International Security*, vol. 25, n° 1, été 2000, p. 5-41.
2. John Zysman, Laura Tyson, *American Industry in International Competition: Government Policy and Corporate Strategies*, Ithaca, Cornell University Press, 1983.

souterrainement, c'était la nouvelle économie de l'information qui émergeait. Celle-ci permettra alors aux États-Unis de connaître, entre 1984 et 2007, 16 mois de récession seulement contre 59 entre 1960 et 1983!

On comprend donc que la politique de l'Administration Clinton ait reposé sur une forme d'optimisme économique fondé sur la victoire inexorable de la « démocratie de marché », nouvelle frontière du politique et de la diplomatie américaine. En témoigne son intérêt soutenu pour la ratification du traité de libre-échange avec le Canada et le Mexique, la création de l'OMC, l'ouverture des marchés financiers asiatiques sous la forte pression de Wall Street et, enfin, la préparation de l'adhésion de la Chine à l'OMC. Le versant politique de cette stratégie fut formalisé par son principal conseiller de politique étrangère, Anthony Lake, qui parla de l'élargissement de la démocratie de marché. Il ne s'agissait plus de contenir le communisme mais d'étendre au reste du monde les bienfaits de la démocratie de marché, sans pour autant donner à cette idée un contenu opérationnel précis[1]. De fait, sur les six conflits sensibles auxquels fut confrontée l'Administration Clinton (Moyen-Orient, Irak, Corée, Rwanda, Somalie, Bosnie, Kosovo), aucun ne se prêtait spontanément au formatage de la démocratie de marché[2].

---

1. Anthony Lake, « *Remarks: From Containment to Enlargment* », Johns Hopkins University School of Advanced International Studies, Washington, D.C., 21 septembre 1993. http://www.mtholyoke.edu/acad/intrel/lakedoc.html

2. Il faudra attendre la fin du mandat Clinton en 2000 pour voir relancée cette idée à travers la création d'une Communauté des démocraties, à l'initiative conjointe des États-Unis et de la Pologne. Mais la généralité de la déclaration et le soutien quasi unanime (Hubert Védrine refusa d'associer la France à ce texte) auquel il donna lieu dans le monde,

Mais cette imprécision resta sans conséquence notable. Les leviers d'action et d'influence américains résidaient moins dans les mains de la diplomatie américaine que dans celles des théoriciens de la thérapie de choc, soucieux de convertir l'Europe centrale et orientale ainsi que la Russie à l'économie de marché à un rythme foudroyant. La thérapie de choc – théorisée par l'économiste américain Jeffrey Sachs – reposait sur l'idée que le changement social peut intervenir rapidement, voire immédiatement dès lors que les élites politiques manifestent une détermination à y parvenir. Le choc se trouve paré d'une vertu thérapeutique qui incite à penser que plus celui-ci est brutal, plus il est efficace. Il importe donc de se concentrer sur la production du choc, un choc dont les deux ingrédients sont la simultanéité des réformes et leur vitesse d'exécution. La simultanéité des réformes est justifiée par la nature systémique de l'économie. Les réformes structurelles, dit Sachs, n'ont de sens que dans le cadre d'un nouveau système de prix efficace. Ce système est au cœur de tout. C'est lui qui va permettre le passage à une monnaie convertible, de prévenir les risques d'hyperinflation et sélectionnera sur un mode darwinien les entreprises publiques capables de survivre[1]. Il ne s'agissait ni plus ni moins que de mettre en œuvre une forme de léninisme de

---

y compris auprès de régimes antidémocratiques, en réduisit considérablement la portée. *Toward a Community of Democracies*, Ministerial Conference Final Warsaw Declaration : Toward a Community of Democracies, Varsovie, Pologne, 27 juin 2000. http://ccd21.org/articles/warsaw_declaration.htm

[1]. David Lipton, Jeffrey Sachs, Stanley Fischer, Janos Kornai, « Creating a Market Economy in Eastern Europe : The Case of Poland », *Brooking Papers on Economics Activity*, 1990 (1), p. 75-147.

marché, un léninisme bien particulier dans lequel certaines élites d'Europe centrale et orientale pouvaient assez naturellement se reconnaître[1].

« Une course contre la montre est engagée pour mettre un point final à la transformation de la propriété publique en propriété privée. Si cette étape est trop longtemps retardée, les bonnes performances macroéconomiques acquises par la Pologne à ce jour risquent d'être remises en cause[2]. »

À la thérapie de choc fait alors écho ce que l'on commence à appeler le « consensus de Washington ». Inventé au printemps 1989 par John Williamson pour encadrer les réformes économiques menées en Amérique latine, le consensus de Washington s'apparente aussi à un véritable bréviaire même si, à la différence de la thérapie de choc de Jeffrey Sachs, il insiste beaucoup plus sur la cohérence des réformes que sur la nécessité de les conduire à un train accéléré. Comme dans la thérapie de choc, on retrouve l'idée essentielle que seul un large éventail de réformes cohérentes peut produire des effets réels et immédiats : discipline fiscale, réduction des dépenses publiques, libéralisation des taux d'intérêt, mise en place d'un taux de change compétitif, libéralisation commerciale, privatisation, dérégulation, protection des droits de propriété[3]. Cette vision du changement social, nullement

---

1. J'emprunte cette comparaison à Janos Kornai, « Ten Years After The Road to a Free Economy : The Author's Self-Evaluation », *Paper for the World Bank Annual Bank Conference on Development Economics-ABCDE*, Washington, D.C., 18-20 avril 2000, p. 25.
2. Jeffrey Sachs cité dans Philippe Rusin, « Pologne "libérale" versus Pologne "solidaire". Les deux facettes de la transition vers l'économie de marché », *Études du CEFRES*, n° 9, janvier 2007, p. 7.
3. Narcis Serra, Joseph E. Stiglitz, *The Washington Consensus Reconside-*

téléguidée par la Maison-Blanche, entrait en résonance avec les intérêts de la puissance américaine.

Le chef de la diplomatie américaine, Warren Christopher, était au demeurant *partisan* de faire de l'ouverture des marchés en général l'instrument central de la diplomatie américaine. Et si d'aventure cette solution se révélait insuffisante ou inappropriée, il importait de privilégier les sanctions qui offrent l'avantage de la coercition, sans présenter les inconvénients du recours à la force[1]. La politique irakienne de Clinton illustra ce choix paresseux: on sanctionnait un régime jugé irréformable, mais on ne se donna pas les moyens de l'affronter militairement même si c'est sous l'Administration Clinton que la perspective de renversement du régime irakien fut officialisée pour la première fois[2].

Quand bien même elle avait pour inconvénient majeur de ne rien régler au fond, cette approche offrait l'avantage de traduire l'anxiété d'une opinion publique américaine très réservée à l'égard de toute opération militaire extérieure. Certes, et contrairement à ce qu'avait pu croire Saddam Hussein lors de la première guerre du Golfe, l'aversion au recours à la force ne pouvait pas être considérée comme un principe intangible de la politique extérieure américaine. La fameuse doctrine Powell avait

---

red: *Towards a New Global Governance*, Oxford, Oxford University Press, 2008.

1. Charles William Maynes, «A Workable Clinton Doctrine», *Foreign Policy*, n° 93, hiver 1993-1994, p. 3-22.

2. Lors d'un vote d'une résolution sur l'Irak (*Iraq Liberation Act*) en 1998, le Congrès «demande au Président de prendre toutes les mesures nécessaires et appropriées pour répondre à la menace que constitue le refus par l'Irak d'abandonner ses programmes d'armes de destruction massive».

cherché à concilier l'aversion américaine pour le risque de guerre avec la nécessité pour les États-Unis d'y faire face en cas de nécessité. Elle conditionnait toute intervention militaire à trois critères : un objectif précis, une supériorité militaire écrasante permettant de minimiser les risques et une stratégie de sortie évitant tout risque d'enlisement[1]. Pourtant, la première opération militaire à laquelle fut confrontée l'Administration Clinton échappa à ce schéma. Au départ, il s'agissait d'une opération humanitaire doublée d'une simple opération de police dans un État en voie de décomposition (la Somalie). Malheureusement, au lieu de tourner à l'avantage des forces américaines suréquipées, cette opération se retourna contre eux lorsque des bandes armées somaliennes abattirent des hélicoptères américains, tuant dix-huit GIs. Les États-Unis découvrent alors pour la première fois la réalité d'une guerre asymétrique où la prépondérance des moyens ne garantit nullement le résultat[2]. L'écho médiatique donné à cet échec consolida l'approche

---

1. La doctrine Powell s'inspire en fait de la doctrine Weinberger, du nom du secrétaire à la Défense Caspar Weinberger, en poste de 1981 à 1987, et pour lequel Colin Powell a travaillé. Elle comporte six points : menace avérée des intérêts vitaux des États-Unis ou de leurs alliés, engagement sans réserve avec l'intention de vaincre l'adversaire ou pas d'engagement du tout, adéquation permanente entre l'objectif et la composition des forces, objectifs politiques et militaires clairement définis avec emploi des capacités nécessaires pour les atteindre, soutien du Congrès et de l'opinion publique, engagement des troupes en dernier recours. Voir Caspar W. Weinberger, « US Defense Strategy », *Foreign Affairs*, vol. 64, 1985-1986.

2. Dans le cas somalien, les États-Unis avaient par exemple pris comme traducteur le fils du dirigeant somalien qu'ils cherchaient à neutraliser. Par la suite, c'est un avion américain qui transporta ce même dirigeant somalien pour négocier.

presque intuitive de l'Administration Clinton : éviter autant que faire se peut d'intervenir militairement dans des conflits civils où leurs intérêts directs ne sont pas en jeu, ce qui interdisait tout prosélytisme politique en matière de droits de l'homme ou de démocratie par exemple[1]. L'optimisme de Clinton reposait sur l'idée que la nouvelle dynamique de la démocratie de marché était tellement forte que l'Amérique n'aurait guère à forcer son talent pour y parvenir. Du coup fut splendidement négligé l'ensemble des préoccupations et des revendications des États s'intégrant mal à ce nouvel impératif (« la démocratie de marché »). Ainsi, l'idée que la perte de son statut de grande puissance puisse constituer pour la Russie une blessure grave ne semble pas avoir troublé l'Administration américaine. Pourtant, la réalité internationale est à l'image de la réalité sociale. La question du statut y est essentielle car qui dit statut dit aussi identité. Or, quand un acteur n'est guère satisfait de sa position sociale, trois possibilités s'offrent à lui : la mobilité, la compétition ou la distinction[2]. La mobilité consiste à s'approprier les valeurs et les pratiques des groupes sociaux dominants dans la ferme intention de pouvoir les rejoindre. C'est ce que tenta de faire Eltsine dans les premières années de son règne en s'alignant très

1. Madeleine Albright, « Toward a Community of Democracies », Varsovie, Pologne, 26 juin 2000. http://www.fordemocracy.net/secretary-of-state-madeleine-albrights-address-to.html
2. Henri Tajfel, « *Differentiation between Social Groups : Studies in the Social Psychology of Intergroup Relations* », Londres, Academic, 1978, p. 27-98, cité dans Deborah Welch Larson, Alexei Shevchenko, « Status Seekers. Chinese and Russian Responses to US Primacy » (note 14), *International Security*, vol. 34, n° 4, printemps 2010, p. 63-95.

largement sur les recommandations des théoriciens de la thérapie de choc. Mais les résultats ne furent guère probants. Le capitalisme en 500 jours dont rêvaient les économistes russes libéraux ne vit pas le jour. C'est l'État qu'on privatisa plutôt que l'économie.

La compétition est la seconde option à la disposition d'un État insatisfait. Elle consiste à égaler ou à surpasser le groupe dominant dans le domaine où celui-ci affirme sa supériorité. C'est la stratégie pour laquelle optera la Chine, à partir du milieu des années 1990, en développant sa puissance économique. C'est aussi le choix que fit la Russie des tsars au milieu du XIXe siècle lors de la guerre de Crimée face à la Grande-Bretagne et à la France. En réclamant une suzeraineté sur les sites et les croyants orthodoxes dans l'Empire ottoman, la Russie poursuivait un objectif purement symbolique : acquérir un statut de grande puissance dans une région du monde où la France avait obtenu la reconnaissance de son autorité sur les chrétiens de Palestine. La Russie, alors grande rivale de la Grande-Bretagne, ne pouvait se priver de privilèges comparables. Elle en fit donc une question d'honneur, c'est-à-dire de statut[1]. Il en résulta un conflit militaire que la Russie perdit. Au lendemain de la guerre froide, elle aussi perdue, il ne restait à Moscou qu'une troisième solution : acquérir un statut élevé en explorant une voie propre et non pas simplement en imitant les acteurs dominants[2]. C'est le chemin que choisira Vladimir Poutine à mesure

---

1. Cf. William Wohlforth, « Unipolarity, Status Competition and Great Power War », *World Politics*, vol. 61, n° 1, janvier 2009, p. 47.
2. Deborah Welch Larson, Alexei Shevchenko, « Status Seekers… », *art. cit.*, p. 70 *sq.*

que les griefs à l'égard de l'Amérique iront en s'aggravant. De tout ceci, l'Administration Clinton n'eut qu'une conscience limitée[1]. Elle refusa l'entrée de Moscou dans le club occidental tant que ses réformes économiques ne seraient pas menées à terme. Or, ce sentiment d'être soumis au jugement ultime de l'Occident pour pouvoir un jour en faire partie fut mal vécu par Moscou. Le ressentiment enfla lorsqu'en 1994 commença l'élargissement de l'OTAN aux anciens pays d'Europe centrale et orientale. Primakov, successeur à la tête de la diplomatie russe d'Andreï Kozyrev jugé trop servile, engage alors sans véritables moyens un long processus de désalignement politique construit autour du recouvrement par la Russie de son statut de grande puissance[2]. Ayant pris tardivement conscience de cette insatisfaction russe, Clinton cherche à la tempérer en admettant Moscou au sein du G7. Mais la cooptation ne fut que partielle. La Russie se vit magnanimement conférer une place au sein du G8, considéré comme une enceinte politique, tout en étant tenue à l'écart du G7 dont les préoccupations étaient purement économiques.

---

1. Richard Haass, «Fatal Distraction: Bill Clinton's Foreign Policy», *Foreign Policy*, n° 108, automne 1997, p. 112-123.
2. Angela E. Stent, «America and Russia: Paradoxes of Partnership», dans Alexander J. Motyl, Blair A. Ruble, Lilia Shevtsova (dir.), *Russia's Engagement with the West: Transformation and Integration in the Twenty-First Century*, Armonk, N.Y., M.E. Sharpe, 2005, p. 265.

L'exubérance par la guerre

Les États-Unis abordent le XXIe siècle dans des conditions exceptionnellement favorables. Ils sont à la fois la première puissance économique, la première puissance militaire et, par l'effet de cette combinaison rare, la première puissance politique. Ils cumulent ainsi richesse matérielle, puissance coercitive et domination idéologique. C'est l'ère du monde unipolaire, un monde qui se caractérise par l'existence d'un acteur sans rival et sans coalition d'acteurs capables de lui ravir le leadership, par absence de moyens ou de volonté[1]. Cette ère a souvent été comparée à celle que connut la Grande-Bretagne à la fin du XIXe siècle et à propos de laquelle Toynbee dira que « nous étions assis sur le toit du monde, et nous étions partis pour y rester éternellement. Nous savions bien sûr que l'histoire existait, mais l'histoire est quelque chose de fort peu sympathique qui n'arrive qu'aux autres peuples. Nous étions en dehors de tout cela, j'en étais sûr[2] ».

Pourtant, la comparaison entre les deux pays n'est pas pleinement satisfaisante. Au XXIe siècle la puissance américaine est bien supérieure à ce que fut celle de la Grande-Bretagne à son apogée. Certes, en 1870, la Grande-Bretagne est, elle aussi, la première puissance économique du monde. Mais ses concurrents ne sont pas loin d'elle. Les États-Unis la talonnent déjà sérieusement tandis que l'Alle-

---

1. « Remarks by the President Bush at 2002 Graduation Exercise of the United States Military Academy ». Disponible sur http://www.mtholyoke.edu/acad/intrel/bush/westpoint.htm
2. Cité dans Fareed Zakaria, *The Post-American World and the Rise of the Rest*, Londres, Penguin Books, 2009.

magne est engagée à sa poursuite. À la veille de la Première Guerre mondiale, la hiérarchie de la puissance mondiale est déjà modifiée. Les États-Unis avaient pris l'avantage (32 % du PNB mondial), devant l'Allemagne (14,8 %) et la Grande-Bretagne (13,6 %)[1]. Ils bénéficiaient alors pleinement de leur potentiel démographique qui reste, sur le long terme, la variable fondamentale de la puissance. Cet enjeu jouera à son tour contre les États-Unis face à la montée de la Chine et de l'Inde, à condition bien sûr que ces deux pays parviennent à poursuivre leur développement économique sans à-coup. Mais quand bien même elle viendrait à se matérialiser, cette perspective ne se dessinera pas avant vingt ou trente ans dans le cas de la Chine. De sorte que, même si la Chine devenait en 2050 la première puissance économique, la domination sans partage des États-Unis sur l'économie mondiale aura duré au moins un siècle, alors que celle de la Grande-Bretagne n'aura guère dépassé un quart de siècle[2]. Sur le plan militaire, le contraste entre les États-Unis du XXIe siècle et la Grande-Bretagne du XIXe siècle paraît encore accru. Même au faîte de sa puissance, la Grande-Bretagne ne fut jamais plus qu'une grande puissance navale. Ses capacités terrestres restaient limitées. Bismarck avait d'ailleurs coutume de railler la Grande-Bretagne en disant que, si celle-ci se hasardait à vouloir envahir l'Allemagne, il lui suffirait pour l'arrêter de lui envoyer la police de Berlin[3]. Telle n'est pas la situation des États-Unis. Leur suprématie s'exerce dans

---

1. Christopher Layne, « The Unipolar Illusion Revisited : the Coming End of the United States Unipolar Moment », *International Security*, vol. 31, n° 2, automne 2006, p. 25.
2. Fareed Zakaria, *The Post-American World and the Rise of the Rest*, *op. cit.*
3. *Ibid.*

tous les domaines de la puissance, qu'elle soit terrestre, aérienne, navale ou nucléaire. Leurs dépenses militaires représentent 50 % des dépenses mondiales connues, soit plus que l'ensemble des quatorze premières puissances militaires du monde réunies[1].

Nous reviendrons plus loin pour expliquer les raisons pour lesquelles les États-Unis sont toujours parvenus à repousser le fameux *overstretch*, c'est-à-dire ce moment où l'ampleur des engagements extérieurs d'un État dépasse très largement les moyens financiers pour les garantir[2]. À ce stade, il nous faut nous demander pourquoi les États-Unis sont brusquement passés d'une forme d'exubérance par le marché, sous l'Administration Clinton, à une exubérance par la guerre sous l'Administration Bush. À cet égard, les spécialistes des relations internationales ne sont pas unanimes. Certains font valoir le fait qu'un État ayant atteint une position aussi forte serait naturellement enclin au statu quo, quitte à consolider ses positions ou à prévenir l'érosion de celles-ci. On peut considérer que l'Administration Clinton s'est implicitement inspirée de ce schéma, tant la marche du monde des années 1990 semblait favorable à ses intérêts. D'autres, au contraire, font valoir qu'une position hégémonique permet à un acteur dominant de tirer profit de la situation pour modifier à son avantage les règles du jeu[3].

De fait, l'histoire a tranché. L'Administration Bush s'est révélée être porteuse d'un projet révisionniste. Elle a voulu

---

1. *Ibid.*
2. Cette thèse a été défendue par Paul Kennedy, *Naissance et déclin des grandes puissances : transformations économiques et conflits militaires entre 1500 et 2000*, Paris, Payot, 1989.
3. Robert Jervis, *art. cit.*

modifier les modalités d'organisation du système mondial. Elle a mis en avant le principe de la guerre préventive et son corollaire politique : le renversement de régimes politiques (*regime change*) jugés attentatoires à sa sécurité. Certes, les idées ou les concepts nouveaux ne le sont jamais autant qu'ils prétendent l'être. La guerre du Vietnam pouvait être vue comme une guerre préventive dès lors qu'elle visait à prévenir un contrôle communiste dans la péninsule indochinoise[1]. On peut également rappeler que les États-Unis ont historiquement eu recours à la force pour déloger les régimes politiques qui n'avaient pas leurs faveurs : Iran, Guatemala, Chili, Panama, Grenade, ... L'innovation de la doctrine Bush porte sur deux points essentiels : elle prétend s'ériger en norme légitime d'action dans le système international, mais prétend que le recours à la force est désormais envisageable face à des menaces non seulement imminentes mais aussi potentielles :

> « La dissuasion basée sur la seule menace de représailles est vraisemblablement amenée à être moins efficace contre les dirigeants d'États voyous décidés à prendre des risques, à jouer avec la vie de leur peuple et la richesse de leur nation [...]. Plus grande est la menace, plus grand est le risque d'inaction, d'où la nécessité de mener des actions par anticipation pour nous défendre, quand bien même il y aurait incertitude sur le moment et la place où interviendraient les attaques de l'ennemi. Pour contrecarrer ou prévenir de tels actes hostiles émanant de nos adversaires, les États-Unis agiront, si nécessaire, de manière préventive[2]. »

1. L'anglais distingue *pre-emptive* (préempter) de *preventive* (prévenir). Le premier est plus fortement connoté que le second.
2. National Security Strategy, septembre 2002, p. 15. http://georgewbush-whitehouse.archives.gov/nsc/nss/2002/

Ce changement de cap trouve naturellement son explication dans le 11 Septembre. Ayant été attaqués sur leur sol pour la première fois depuis Pearl Harbor en décembre 1941, les États-Unis auraient réagi par la force non seulement pour venger l'affront mais encore pour signaler au monde qu'ils n'étaient pas décidés à renoncer à leur primauté dans le système international[1]. De ce point de vue, on peut penser que n'importe quel chef d'État américain aurait très certainement réagi au 11 Septembre en menant une opération militaire en Afghanistan, un pays où s'étaient réfugiés les protecteurs et les commanditaires de l'attentat des tours de Manhattan. Reste à savoir si une autre administration que celle de Bush serait allée au-delà de l'opération afghane. On peut en douter. Car si le 11 Septembre explique beaucoup de choses, il n'explique pas tout. Il fut dès le départ politiquement construit pour justifier des choix ultérieurs indépendants de l'événement lui-même. L'événement fut raccordé à une vision du monde préexistante au 11 Septembre chez les néoconservateurs américains. De sorte que, si sans le 11 Septembre ces derniers n'auraient probablement jamais réussi à mettre en œuvre leurs préférences, sans l'influence politique des néoconservateurs, les choix américains auraient sans doute été différents. Or l'influence idéologique des néoconservateurs est très importante pour comprendre la politique américaine de l'Administration Bush pour deux raisons : d'une part parce qu'elle repose sur une vision radicalisée du monde qui rompt, par son messianisme et sa virulence, avec les postulats traditionnels de l'idéologie républicaine

---

1. Idem.

incarnés par Henry Kissinger. D'autre part parce que, pour la première fois dans l'histoire politique américaine, des forces politiques traditionnellement orientées vers les questions intérieures manifestent un intérêt majeur pour les enjeux de politique internationale, et notamment pour le Proche-Orient. L'idéologie des néoconservateurs renvoie à une interprétation manichéenne du monde, qui passe par l'identification d'un ennemi associé au mal et voué à la destruction[1]. Elle repose sur un dualisme prophétique, sur la division du monde en deux camps, une division qui ne pourra prendre fin que par la victoire totale de l'un contre l'autre. Dès lors, aucun compromis n'est possible. La neutralité est jugée illusoire et la négociation identifiée à une capitulation[2]. Dans ces conditions, la guerre va de soi. Sa justification morale prime toute autre considération, fût-elle juridique.

L'idée de guerre préventive repose sur un principe simple. Mais ses conséquences sont incalculables. Elle consiste à annihiler toute menace avant même que celle-ci puisse se constituer. Naturellement, prévenir les effets d'une menace fait partie des codes, des usages et des obligations de la société internationale. La nouveauté de la doctrine Bush réside dans le fait qu'elle implique un recours préventif à la force au nom de l'insuffisance ou de l'inapplicabilité de l'idée de dissuasion. Il y aurait ainsi dans le monde de nouveaux acteurs (groupes terroristes, États voyous) qui ne respecteraient pas les règles du jeu et

---

1. Ronald R. Krebs, Jennifer K. Lobasz, « Fixing the Meaning of 9/11 : Hegemony, Coercion and the Road to War in Iraq », *Security Studies*, vol. 16, n° 3, juillet 2007, p. 422.
2. *Ibid.*

auraient recours à des moyens non conventionnels, comme les armes de destruction massive, pour contourner la supériorité militaire des États-Unis. Les avions civils venant s'écraser contre des tours seraient dans ce contexte l'illustration parfaite de cette nouvelle forme de menace sur le territoire même des États-Unis. De fait, l'idée de réagir de manière différente face à des acteurs utilisant des moyens différents était, et demeure, acceptable même si l'on connaît les dilemmes moraux et politiques que posera toujours la lutte contre le terrorisme : faut-il lutter contre le terrorisme avec les armes que celui-ci utilise ? Le problème posé par la doctrine Bush est beaucoup plus sérieux car il conduit d'emblée à identifier la source de la menace à un acteur particulier (l'Irak), sans administrer la preuve que celui-ci constitue une menace réelle pour la sécurité des États-Unis ou qu'il soit à l'origine de l'événement sur lequel on s'appuie pour fonder une nouvelle pratique internationale. D'où la tentation d'appliquer cette doctrine à toute situation internationale jugée insatisfaisante pour les États-Unis. Or c'est précisément ce risque qui, au-delà de l'Irak, provoqua le rejet dans tant d'États du monde. Le traumatisme du 11 Septembre devint à son tour un traumatisme politique pour bon nombre d'États, inquiets de l'usage intempestif de la guerre préventive. À tort ou à raison, des États comme le Brésil ou la Turquie continuent, plus de dix ans après, de mettre en avant les dérapages de la guerre préventive en Irak pour s'opposer à des sanctions contre l'Iran[1]. Pour

---

1. Déclaration de Celso Amorim, « Le Brésil peut aider à créer la confiance avec l'Iran », *Le Monde*, 4 mai 2010.

eux, les sanctions mènent à la guerre tant que les ressources de la négociation n'auront pas été épuisées.

Pourtant, si la guerre préventive a été forgée dans le contexte de l'après-11 Septembre, ses fondements doctrinaux sont bien antérieurs. Ils trouvent leur origine dans une doctrine nucléaire définie dans les années 1960 et 1970. Fondée sur une profonde méfiance à l'égard du contrôle des armements et de la dissuasion, elle préconisait l'acquisition d'une supériorité stratégique qui permettrait aux États-Unis, à l'époque, de prendre l'avantage sur l'URSS dès la première frappe. Anéantir l'adversaire avant qu'il puisse être tenté d'attaquer ou de riposter. Tel était le fondement de la guerre préventive, dont le principal théoricien s'appelait Albert Wohlstetter, collègue à l'université de Chicago du philosophe Leo Strauss. Ses épigones eurent pour nom Paul Wolfowitz et Richard Perle, deux hommes qui deviendront par la suite les pères intellectuels de la guerre en Irak. En lisant les œuvres du stratège Albert Wohlstetter, on comprend assez bien l'analogie qui pouvait lier des thèses définies dans le cadre de la guerre froide et de la dissuasion nucléaire face à l'URSS, à celle des néoconservateurs de l'après-guerre froide décidés à renverser le régime irakien. L'intuition forte de Wohlstetter fut probablement l'anticipation de la diversité des enjeux liés à la prolifération nucléaire et au danger que celle-ci pouvait représenter pour la sécurité américaine, indépendamment de toute attaque soviétique : « À la fin des années 1980, écrit-il, plusieurs nations seront capables d'envoyer des armes nucléaires contre les États-Unis. En conséquence de quoi nous devrions juger souhaitable d'allouer des forces à cibler des pays tiers détenteurs de l'arme nucléaire (l'Inde) et à construire un système de défense antimissiles pour parer à ces nouvelles menaces[1]. »

Certes, Wohlstetter surestimait considérablement le nombre potentiel de puissances nucléaires à l'horizon de la fin des années 1980. Mais il identifia bien, parmi les risques possibles, la possession d'armes nucléaires par des groupes terroristes, et cela au milieu des années 1970 : « Tous les gouvernements responsables (par définition) ont intérêt à garder leurs armes nucléaires à l'abri (de ces groupes). Et tous les gouvernements sont fortement incités à riposter contre les gouvernements irresponsables qui mettraient ces armes à la disposition de groupes non étatiques[2]. »

On voit donc bien à quel usage ses thèses – au demeurant parfaitement soutenables – pouvaient donner lieu près de vingt ans plus tard de la part d'épigones plus soucieux d'idéologie que de stratégie. Il suffisait, en effet, de remplacer « arme nucléaire » par « arme de destruction massive » et postuler sans preuve l'existence d'un lien organique entre un « gouvernement irresponsable » (Irak) et des groupes terroristes (Al Qaida) pour actualiser la prophétie de Wohlstetter. C'est l'exercice auquel se livra sans difficulté Paul Wolfowitz, en préconisant dès le lendemain du 11 Septembre une attaque préventive contre l'Irak et le renversement de son régime au nom du risque de transmission des armes de destruction massive à un groupe terroriste[3]. L'idée que ce risque soit

---

1. Albert Wohlstetter, *Moving Toward Life in a Nuclear Armed Crowd ? Final Report*, 1975, p. 168. http://www.npec-web.org/files/19751204-AW-EtAl-MovingTowardsLifeNuclearArmedCrowd.pdf
2. *Ibid.*, p. 171.
3. Bob Woodward, *Plan of Attack*, New York, Simon & Schuster, 2004.

limité, improbable, voire invérifiable, avait peu de poids dans le contexte du 11 Septembre. Car à toutes ces réserves formulées, la parade était toute trouvée : « Mais qu'y avait-il de moins improbable que l'attaque contre les tours de Manhattan par des terroristes conduisant des avions civils[1] ? » Cette thèse d'un événement hors normes qui aurait tout changé et bouleversé les critères d'appréciation de l'ordre international donnera lieu à une très forte instrumentalisation politique. En insistant sur le fait que le 11 Septembre avait tout changé, l'Administration Bush s'autorisait par rétorsion à tout changer à son tour. Traumatisée par ce choc, l'opinion américaine n'eut guère de mal à entériner ce raisonnement. Il faudra d'ailleurs attendre 2006 pour qu'elle finisse timidement par souscrire à l'idée que les attaques du 11 Septembre n'étaient guère imputables au régime irakien[2]. Dans l'histoire de la politique étrangère américaine, le recours à la guerre préventive introduit une rupture avec les précédentes administrations, y compris avec celle de Reagan, qui avait rejeté une telle démarche. Washington avait par exemple condamné Israël lorsqu'il eut recours à cet argument pour justifier son attaque militaire contre la centrale nucléaire irakienne d'Osirak en 1981. Le corollaire de la guerre préventive est l'aversion pour toute régulation internationale fondée sur des normes universelles opposables à tous les États. D'où la revendication d'un unilatéralisme militant marqué par un retrait

---

1. Cité dans Robert Jervis, « Understanding the Bush Doctrine », *Political Science Quarterly*, vol. 118, n° 3, automne 2003, p. 372.
2. Amy Gershkoff, Shana Kushner, « Shaping Public Opinion : The 9/11-Iraq Connection in the Bush Administration's Rhetoric », *Perspectives on Politics*, vol. 3, n° 3, septembre 2005, p. 525-537.

de tous les dispositifs multilatéraux susceptibles de restreindre la marge d'action des États-Unis. Cette vision d'une Amérique au-dessus des lois du monde et décidée à frapper durement ceux qui la provoqueront était au cœur de la théorie de la guerre préventive. Mais la doctrine Bush ne saurait se comprendre sans référence à une autre influence : celle des évangélistes, qui contribuèrent puissamment à l'élection de George W. Bush et pour qui le 11 Septembre sonna au fond comme une délivrance : « Pour beaucoup de croyants dans la prophétie biblique, l'unilatéralisme de l'Administration Bush, sa distanciation vis-à-vis du règlement du conflit israélo-palestinien, son projet de guerre en Irak n'étaient pas simplement des actions menées dans l'intérêt national et destinées à lutter contre le terrorisme ; ils faisaient partie intégrante d'un plan divin en train de se réaliser[1]. »

Les évangélistes, attachés une interprétation littérale de la Bible, considèrent en effet la terre de Palestine comme revenant à Israël et voient dans la guerre du Moyen-Orient « l'imminence du retour du Christ[2] ». Le soutien inconditionnel accordé à l'État d'Israël devient ainsi constitutif de l'agenda politique évangéliste, un agenda alimenté par une détestation marquée à l'égard de l'islam. Le célèbre révérend Pat Robertson présente l'islam comme une « religion sanglante et brutale » tandis que son col-

---

1. Paul S. Boyer, « When US Foreign Policy Meets Biblical Prophecy », 21 février 2003. http://www.mail-archive.com/ctrl@listserv.aol.com/msg103467.html
2. Jody C. Baumgartner, Peter L. Francia, Jonathan S. Morris, « A Clash of Civilizations ? The Influence of Religion on Public Opinion of US Foreign Policy in the Middle East », *Political Research Quarterly*, vol. 61, n° 2, juin 2008, p. 171-179.

HÉRITAGE

lègue Jerry Falwell assimile le prophète Mahomet a un terroriste[1]. Certes, le soutien de l'opinion américaine à l'État d'Israël dépasse largement le cadre des évangélistes. Cependant, toutes les études d'opinion montrent que c'est chez eux que le soutien à l'État hébreu reste le plus prononcé[2]. En attaquant l'Irak, présenté comme le commanditaire des attentats du 11 Septembre et l'adversaire acharné de l'État d'Israël, l'Administration Bush parvint ainsi à convaincre son opinion de la cohérence de sa démarche. En occupant l'Irak, les États-Unis espéraient enchaîner cinq objectifs : venger l'affront du 11 Septembre, libérer un peuple de l'oppression, renverser un régime hostile à Israël, favoriser l'émergence de la démocratie dans le monde arabe et faciliter enfin la résolution du conflit israélo-palestinien. Ces arguments avaient non seulement l'avantage de se compléter vertueusement – la guerre conduit en définitive à la paix – mais de pouvoir être utilisés séparément, comme dans un jeu de quilles, au cas où l'une d'entre elles venait à tomber. C'est la raison pour laquelle la promotion de la démocratie fut prestement mise en avant dès que l'hypothèse des armes de destruction massive s'effondra.

1. *Ibid.*
2. *Ibid.*

II

L'acteur et le système

À l'image de la plupart de ses prédécesseurs, excepté peut-être George Bush senior, qui dirigea la CIA ainsi que le bureau de liaison américain à Pékin, Barack Obama n'a guère eu le temps de se familiariser avec les problèmes internationaux avant d'assumer les fonctions qui sont les siennes aujourd'hui. À cela, il n'y a rien de surprenant. Aux États-Unis, comme dans la plupart des pays démocratiques, une carrière politique se construit d'abord localement. Travailleur social puis avocat à Chicago, Barack Obama entra dans la vie publique par la plus étroite des portes : celle de la politique locale. Il se fait élire en 1997 au Sénat de l'Illinois, l'équivalent d'un conseil général dans un pays fédéral. En 2000, il échoue aux portes de la Chambre des représentants, la chambre basse du Congrès américain. En revanche, par un concours de circonstances exceptionnel et une volonté non moins remarquable, il parvient à se faire élire en novembre 2004 sénateur fédéral de l'Illinois[1]. Quelques mois plus tôt, il accède pour la première fois à la notoriété nationale en intervenant devant la Convention démocrate de 2004.

L'équation personnelle d'Obama

Tout au long de sa carrière météorique qui, rappelons-le, le fit passer en moins de dix ans du Sénat de l'Illinois à la Maison-Blanche, Barack Obama n'eut guère à se prononcer sur des questions internationales. Y fit exception la guerre en Irak, qui relevait d'ailleurs autant de la politique intérieure que de la politique étrangère. En octobre 2002, alors que l'Administration Bush commençait déjà à fourbir ses armes pour l'Irak, Obama fut invité à participer à une manifestation publique destinée à prévenir le risque de guerre. Le contenu de son intervention minutieusement préparée nous éclaire à la fois sur les convictions de l'homme et son talent politique. D'un côté, il condamne le projet d'une guerre visant « à nous détourner des scandales financiers et d'une Bourse qui atteint son plus bas niveau depuis la Grande Dépression » et orchestrée par « des guerriers en chambre du dimanche[2] » (*week-end armchair warriors*). Mais de l'autre, il évite soigneusement d'apparaître comme un pacifiste. Aussi rappelle-t-il d'emblée qu'il n'est pas « quelqu'un

---

1. Au lecteur qui ne serait pas familiarisé avec le système institutionnel américain, il faut rappeler qu'il existe à la fois des Sénats locaux au niveau de chaque État et un Sénat fédéral au sein duquel chaque État américain dispose de deux représentants.
2. David Mendell, *Obama. From Promise to Power*, New York, Amistad/Harper Collins Publishers, 2007, p. 175.

qui s'oppose à la guerre en toutes circonstances[1] ». Dans une Amérique patriotique qui venait de vivre le traumatisme du 11 Septembre, cette précision n'était pas fortuite. Certes, son électorat blanc libéral et noir nourrissait une forte aversion pour cette guerre. Mais Barack Obama voyait probablement déjà un peu plus loin. Instinctivement, il sentait qu'être noir lui-même et avoir deux prénoms dont le second à l'indiscutable consonance musulmane (Hussein) pouvait faire peser sur lui une forme de procès en suspicion patriotique. On sait en effet que les Noirs américains sont massivement démocrates et traditionnellement peu enclins à défendre une politique extérieure expansionniste. On sait aussi qu'ils se rallièrent moins spontanément que le reste de la population américaine à la ferveur patriotique consécutive au 11 Septembre[2].

Pourtant, si rien dans la carrière d'Obama ne le prédisposait à aborder les enjeux internationaux, tout dans son histoire personnelle l'y conduisait. Fils d'un père kenyan immigré aux États-Unis pour y poursuivre des études supérieures, il ne pouvait se désintéresser de l'Afrique qui représentait bien plus pour lui que ce qu'elle représente généralement pour les Noirs américains. L'Afrique ne le renvoyait pas à ses lointains ancêtres, mais à son père. Fils d'un Africain très éduqué, Obama était aussi le fils d'une

1. *Ibid.*
2. En 2004, à la question « Diriez-vous que vous êtes "très patriote" ? », la réponse était oui à 59 % chez les Blancs et à 38 % chez les Noirs. Au sein même de l'électorat démocrate, 52 % des Blancs se déclarent « très patriotes » contre seulement 38 % des Noirs. The Pew Research Center for the People and the Press, *Survey Report, The 2004 Political Landscape*, 5 novembre 2003. http://people-press.org/report/?pageid=752

Américaine atypique avec laquelle il vécut en marge de l'Amérique profonde : à Honolulu d'abord, en Indonésie ensuite. De sorte que jusqu'à son entrée à l'université à Los Angeles, Barack Obama était totalement américain dans son éducation et ses références culturelles mais extérieur au *mainstream America*. Atypique par rapport aux Noirs américains qui ne voyaient pas spontanément en lui l'un des leurs puisqu'il ne partageait pas avec eux le traumatisme de l'esclavage [1]. Atypique aussi vis-à-vis d'une Amérique blanche à la périphérie de laquelle il avait géographiquement vécu. Cette marginalité aurait pu constituer pour lui un handicap politique. Son génie est d'avoir réussi à la convertir en atouts structurels.

Sa trajectoire personnelle peut-elle influencer les choix de politique étrangère ? La réponse appelle une grande prudence. Plus qu'un George W. Bush ou même une Hillary Clinton, Barack Obama est probablement davantage à même de comprendre et de ressentir la manière dont le reste du monde perçoit la politique américaine dans ce qu'elle peut avoir d'arrogant, même si on ne connaît guère de grandes puissances échappant à cette tentation. Plus et mieux qu'un autre président américain, il est sensible au péché d'américanocentrisme dont on accuse souvent son pays. Ce n'est d'ailleurs pas un hasard

---

1. Barack Obama raconte très bien, dans son autobiographie, la distance qui exista au départ entre lui, fils d'un Africain, et les Noirs américains. Cette distance se reflétait dans l'étonnement que la plupart des Noirs américains exprimaient lorsqu'il déclinait son identité. Ni Barack ni Obama n'étaient perçus comme des patronymes noirs américains. Il eut donc à s'intégrer à la communauté noire américaine, ce qu'il réussit à faire notamment en épousant une femme issue de cette communauté. Voir Barack Obama, *Les Rêves de mon père*, Paris, Presses de la Cité, 2008.

si le premier entretien télévisé accordé par le nouveau chef d'État américain à une chaîne étrangère le fut à la chaîne arabe Al Arabiya[1]. Politiquement, la sensibilité personnelle du nouveau chef de l'État américain doit être prise en compte dans la mesure où elle s'accorde avec la réalité d'un monde où l'*imperium* américain rencontre désormais de fortes résistances. Cette sensibilité est également importante dans la mesure où elle entre en résonance avec les attentes d'une partie de l'opinion américaine indisposée par les échecs de l'Administration Bush et désireuse peut-être de voir les États-Unis adopter une posture plus modeste et, en tout cas, plus retenue[2].

Ceci étant dit, il serait déraisonnable de pousser trop loin une telle interprétation. Il y a d'un côté ce que l'on pourrait appeler la marque Obama. Celle-ci se nourrit de l'immense courant de sympathie que le parcours hors normes de Barack Obama a suscité à travers le monde. Mais elle ne saurait pour autant se confondre avec la politique américaine. Lui-même n'est d'ailleurs pas dupe de ce distinguo : « En Europe, les peuples croient en notre plan en Afghanistan, mais leur système politique rend difficile pour leurs dirigeants d'envoyer plus de troupes en Afghanistan. Cela ne va pas changer parce que je suis populaire en Europe ou que les dirigeants européens pensent que j'ai du respect pour eux[3]. »

---

1. On notera toutefois que Barack Obama a choisi de s'attacher à la chaîne Al Arabiya, réputée proche de l'Arabie Saoudite, que de la chaîne Al Jazeera, beaucoup plus indépendante et plus proche de ce que l'on appelle « la rue arabe ».
2. The Pew Research Center for the People and the Press, *Survey Report, Survey Report, The 2004 Political Landscape, op. cit.*
3. White House, Press Conference By the President, Hilton Hotel Port

L'ACTEUR ET LE SYSTÈME

Depuis son entrée en fonction, Barack Obama s'est soigneusement gardé de construire avec ses pairs des relations de proximité personnelle. Il faut y voir la marque d'un tempérament indépendant en même temps que le souci d'un chef d'État de ne pas voir sa popularité instrumentalisée par certains. Il tient à être l'ami de tout le monde en général et donc de personne en particulier. Gordon Brown et Nicolas Sarkozy, affaiblis sur la scène intérieure, ont tout entrepris pour apparaître comme ses alliés privilégiés. Le premier dans l'intention de faire conserver à son pays la relation qu'il entretient avec Washington, le second dans celle de ravir subtilement cette place aux Britanniques au bénéfice de la France. Les deux ont clairement échoué dans cette tentative [1]. Barack Obama n'est intéressé ni à conférer un statut particulier à un chef d'État européen ni à jouer de la rivalité entre eux. Il s'opposa à ce que les États-Unis formalisent avec la France un accord par lequel les deux pays renonceraient à s'espionner mutuellement, sur le modèle de l'accord informel qui existe entre Américains et Britanniques [2].

---

of Spain, Trinité-et-Tobago, 19 avril 2009. http://www.whitehouse.gov/the_press_office/Press-Conference-By-The-President-In-Trinidad-And-Tobago-4/19/2009/

1. Nicolas Sarkozy a par exemple beaucoup misé sur l'intégration pleine et entière de la France au sein de l'OTAN pour construire une relation privilégiée avec Barack Obama, et au-delà entre la France et les États-Unis, en jouant sur le discrédit dont avait pâti Tony Blair pour son alignement inconditionnel sur George Bush. Mais il ne semble pas avoir reçu la reconnaissance qu'il attendait de ce geste au demeurant très symbolique.

2. On ne sait toutefois pas si l'opposition de la Maison-Blanche à un tel accord traduisait une opposition de fond ou si elle reflétait un agacement envers l'initiative prise sur ce sujet par Dennis Blair, le directeur du NIC (National Intelligence Center), sans consultation préalable de la Maison-

En réalité, aux États-Unis comme ailleurs, l'action extérieure d'un État est peu sensible aux discontinuités politiques. Et Barack Obama le concède bien volontiers : « Les États sont comparables à de gros tankers et non à des vedettes rapides. On ne peut pas juste les faire tourner et les amener vers une nouvelle direction. On doit plutôt aller lentement pour parvenir ensuite à les faire changer de direction[1]. »

À travers le temps, les intérêts des États-Unis dans le monde restent relativement stables : assurer la sécurité de leur territoire, garantir le maintien d'un système économique international ouvert, veiller à ce que les règles du jeu international et l'organisation du monde qui en découle demeurent compatibles avec les intérêts et les valeurs des États-Unis. La plupart du temps, la priorité pour tout nouveau pouvoir est donc soit de poursuivre ce qui a été déjà entrepris avec succès, soit d'infléchir des choix antérieurs, soit d'affronter des situations imprévues : l'invasion de l'Afghanistan par les Soviétiques pour Carter, la transformation en profondeur de l'URSS pour Reagan, l'invasion du Koweit pour George Bush, ou le 11 Septembre pour son fils.

Blanche, ce qui entraîna d'ailleurs son limogeage. *The New York Times*, 21 mai 2010.
1. White House, Remarks of President Obama at Student Roundtable, Tophane Cultural Center, Istanbul, Turquie, 7 avril 2009. http://www.whitehouse.gov/the-press-office/remarks-president-barack-obama-student-roundtable-istanbul

L'ACTEUR ET LE SYSTÈME

Le cercle des conseillers

Il n'y a guère de meilleure mesure de la continuité de la politique étrangère d'un État que celle qui consiste à analyser les itinéraires politiques de ceux qui en ont la charge. Car autour du président américain il existe naturellement une équipe dont la composition ne doit rien au hasard. Si l'on examine la liste des principales personnalités qui jouent un rôle central dans la formulation de la politique étrangère d'Obama, on constate qu'elle repose sur une double continuité.

Continuité professionnelle tout d'abord, puisque toutes ces personnalités jouissent d'une expérience significative en politique étrangère[1]. Cette expérience s'entend de deux façons : elle comprend naturellement l'expertise dans un domaine particulier, mais également la connaissance des rouages bureaucratiques qui sont aux États-Unis imposants compte tenu de la multiplicité des centres de pouvoir et de l'immensité des engagements américains dans le monde. En matière de politique étrangère, il faut compter à la fois sur le Conseil national de sécurité, sur le département d'État, sur le Pentagone, sur les 17 agences de renseignement que comptent les États-Unis, sans oublier le Congrès. Le Conseil national de sécurité, principal organe d'aide à la décision du chef de l'État en matière de politique étrangère, comporte à lui seul trois niveaux : celui des conseillers du président (*Principal Committee*), celui des adjoints des conseillers (*Deputies*

---

1. On ne trouve d'ailleurs dans ce groupe, à l'exception de Denis McDonough et de Susan Rice, aucun proche d'Obama ayant joué un rôle pendant sa campagne.

Committee), ainsi que des comités interministériels (*Interagency Policy Committees*). Le *Principal Committee* réunit non seulement les membres de droit du Conseil national de sécurité mais aussi les ministres de l'Énergie, du Trésor, de la Sécurité intérieure et de la Justice, le secrétaire général de la Maison-Blanche, l'ambassadeur des États-Unis auprès des Nations unies, le directeur du renseignement, le chef d'état-major interarmes ainsi que le directeur du Budget. Cette organisation bureaucratique existait bien avant l'arrivée de Barack Obama à la Maison-Blanche. Mais elle a été centralisée de manière à ce que ne se créent pas des canaux parallèles d'intervention et d'influence extérieurs à la Maison-Blanche, comme cela fut le cas sous l'Administration Bush[1].

Continuité professionnelle donc, sans laquelle aucune politique d'un pays aussi important pourrait se mettre en place. Continuité politique ensuite car la quasi-totalité d'entre eux sont soit des démocrates clintoniens fortement recentrés avant même le 11 Septembre, soit des républicains modérés ou tout simplement réalistes. De sorte que l'écart partisan censé les diviser s'en trouve atténué. Il en découle une cohésion politique qui au sein de l'Administration Obama paraît pour l'heure indéniable.

Le vice-président américain Joe Biden fut, avant 2009, sénateur entre 1972 et 2008. Autant dire qu'il joue un rôle essentiel entre la Maison-Blanche et le Congrès où son réseau relationnel transcende largement les clivages partisans. Président pendant de longues années de la Commission des Affaires étrangères du Sénat, Joe Biden a défendu

---

1. *The Washington Post*, 8 février 2009.

en la matière des positions fluctuantes, rarement originales mais jamais excessives. Comme Hillary Clinton, il n'a pas hésité à apporter son soutien à la guerre en Irak par crainte de rompre le consensus national autour du 11 Septembre ou de se voir reprocher un « manque de patriotisme » à la faveur de scrutins présidentiels ultérieurs qu'il avait déjà en point de mire. Il regrettera ultérieurement son choix initial et exprimera sa préférence pour un retrait rapide de ce pays[1]. Il se montra aussi très réservé sur l'accroissement des troupes en Afghanistan, estimant que la priorité dans la région devait aller à la lutte contre Al Qaida et donc au contre-terrorisme plutôt qu'à la contre-insurrection[2]. Il est en revanche très favorable au maintien d'une politique de soutien fort à l'État d'Israël. Parmi les responsables américains, il est celui qui est allé jusqu'à quasiment défendre Israël lors de l'affaire de la flottille de Gaza. Pourtant, le même Biden avait deux mois auparavant fait l'objet d'une humiliation de la part des autorités israéliennes, qui avaient annoncé la reprise des implantations en Cisjordanie au moment même où il venait en Israël plaider pour leur gel.

Hillary Clinton, la rivale malheureuse de Barack Obama et nouvelle secrétaire d'État, offre sur ce plan un profil politique très proche de Joe Biden, avec lequel elle entretient des relations étroites, ce qui n'est pas sans conséquence sur la cohérence de la politique extérieure américaine. Démocrate recentrée, elle n'en a pas moins entériné la quasi-totalité des choix de l'Administration Bush en matière de politique étrangère, probablement

---

1. *The New York Times*, 5 décembre 2009.
2. *The Washington Post*, 5 octobre 2009.

autant par conviction que par calcul électoral. Elle vota elle aussi en faveur de la guerre en Irak et exprima pendant la campagne électorale des positions très hostiles à l'Iran et très favorables à Israël.

Les profils de Robert Gates, secrétaire à la Défense, et de James Jones, conseiller du président pour la Sécurité nationale, sont encore plus révélateurs de la continuité de la politique américaine. Robert Gates est le seul membre de l'équipe Bush à avoir été non seulement reconduit par l'Administration Obama mais reconduit au même poste, ce qui est unique dans les annales américaines. Entré à la CIA en 1966 il en a gravi tous les échelons avant d'en devenir le directeur sous le président Bush père. Républicain modéré, il fut appelé par George W. Bush en 2006 pour remplacer à la tête du département de la Défense un Donald Rumsfeld largement discrédité par la gestion du dossier irakien. L'Administration Bush, qui a beaucoup militarisé la politique étrangère américaine, a paradoxalement provoqué un sérieux mécontentement au sein de l'*establishment* militaire qui se sentait marginalisé par un secrétaire à la Défense très politique soucieux d'être le seul interlocuteur du président sur les questions de défense. Robert Gates fut chargé de mettre un terme à cette situation. Il est lui-même convaincu que les États-Unis sont allés trop loin dans la militarisation de leur politique étrangère et plaide volontiers pour un redéploiement de certaines activités du département de la Défense vers le département d'État[1]. Alors que la rivalité est traditionnellement vive entre ces deux ministères, on assiste pour la première fois depuis longtemps à une conver-

---

1. *The Washington Post*, 16 juillet 2008.

gence entre les deux départements. Celle-ci tient à la fois à la personnalité de leurs titulaires respectifs et aux contraintes que connaît la politique extérieure américaine. Robert Gates semble avoir pour priorité de modifier un certain nombre de choix fondamentaux effectués précédemment en faveur de programmes militaires au coût exorbitant et à l'utilité douteuse. Tout en plaidant en faveur d'une adaptation des forces américaines aux nouvelles formes de guerre, il a officiellement déploré que le financement d'activités civiles ait pâti de priorités militaires, ce qui n'est pas le discours attendu d'un secrétaire à la Défense[1]. Ce point de vue est d'ailleurs partagé par l'état-major américain[2]. Robert Gates ne participe donc pas à un jeu de rôle où tout secrétaire à la Défense se doit d'accroître le pouvoir de son Administration en plaidant pour l'augmentation de son budget. Au Congrès, il doit ferrailler contre des sénateurs représentants d'États fédérés tributaires de commandes militaires. Il trouve un allié naturel en Hillary Clinton qui veut renforcer le pouvoir du département d'État mais qui ne passe pas pour réticente au recours à la force. La convergence de vues qui existe entre le secrétaire à la Défense Robert Gates et la secrétaire d'État Hillary Clinton constitue un indiscutable élément de cohérence politique, surtout si on la compare à celle qui prévalait sous l'Administration Bush. Mais celle-ci ne doit pas être pour autant surestimée car sur le terrain opérationnel les tensions demeurent extrêmement fortes entre civils et militaires. Récurrente à propos de l'Afghanistan (se reporter au chapitre VI), cette

1. *The Washington Post*, 7 avril 2009.
2. *The New York Times*, 13 janvier 2009.

tension resurgit aujourd'hui à propos du Yémen. L'étatmajor américain se propose d'engager un programme d'assistance militaire à ce pays d'1,2 milliard de dollars sur cinq ans pour lutter contre le terrorisme islamiste soutenu par Al Qaida. Ainsi, en moins d'un an, l'aide militaire américaine au Yémen passerait de 5 à 200 millions de dollars, ce qui pose de nouveau le problème de la capacité d'absorption par des petits États de volumes d'aide militaire aussi importants, ainsi que le risque de leur détournement possible à d'autres fins que la lutte contre le terrorisme. C'est en tout cas la crainte que nourrit le département d'État, ce qui montre à quel point la militarisation de la politique étrangère américaine, que l'Administration Obama souhaitait enrayer, demeure malgré tout à l'ordre du jour[1].

James Jones, conseiller pour la Sécurité nationale, aurait pu aisément occuper la même fonction si John McCain, dont il est un ami personnel, avait été élu président[2]. Ancien commandant des forces de l'OTAN après avoir été celui des Marines, il avait, dès 2004, mis en garde Washington contre la dégradation de la situation en Afghanistan au moment où la priorité opérationnelle était donnée par le pouvoir politique à l'Irak[3]. Il a de ce fait joué, en relation avec le général McChrystal, un rôle essentiel dans la redéfinition de la politique afghane des États-Unis depuis l'arrivée d'Obama au pouvoir. Et comme Robert Gates, il se montre très favorable

1. Foreign Policy, « This Week at War : Obama vs Team Surge ». Disponible sur www.foreignpolicy.com.
2. *The Times*, 22 novembre 2008.
3. *The New York Times*, 28 janvier 2004.

à la reconfiguration des forces américaines pour les rendre plus à même de faire face aux défis des guerres asymétriques ainsi qu'à une vision intégrée de la sécurité nationale prenant en compte les dimensions militaires, énergétiques, environnementales et sociétales de l'action extérieure. Cette vision intégrée a commencé à prendre forme sur le plan bureaucratique avec la fusion des équipes du Conseil national de sécurité et du Conseil de sécurité intérieure. Pour autant, James Jones n'a rien d'un grand visionnaire ou d'un stratège des relations internationales. Sa tâche, plus modeste, et probablement voulue comme telle par le chef de l'État américain, est d'offrir à ce dernier la palette la plus large des options disponibles afin qu'il puisse décider en toute indépendance et en connaissance de cause. On est cependant frappé par le contraste qui sépare le profil des équipes d'Obama dans le domaine économique et dans celui de la politique étrangère. Alors que, dans le domaine économique, Obama s'est inutilement appuyé sur des personnalités de premier plan comme Paul Volcker, Larry Summers ou Tim Geithner, en matière de politique étrangère les profils retenus semblent moins marqués[1]. Jim Jones, Denis McDonough, Thomas Donilon ou Ben Rhodes sont des hommes expérimentés. Cela n'en fait pour autant des visionnaires. Les trois plus proches conseillers du chef de l'État américain, Valerie Jarrett, Rahm Emmanuel et David Axelrod sont au cœur du

---

1. Paradoxalement, le départ récent de la Maison-Blanche de Larry Summers, de Christina Romer et de Peter Orzag et leur remplacement par des figures moins fortes – ou en tout cas moins connues – tendrait à confirmer la volonté de Barack Obama de travailler avec des collaborateurs moins autonomes. *Financial Times*, 23 septembre 2010.

processus décisionnel[1]. Mais leur mission, par ailleurs considérable, est davantage de faire avaliser les choix du chef de l'État au Congrès (Emmanuel), à l'opinion publique (Axelrod) ou aux groupes d'intérêts (Jarrett), que définir une stratégie de long terme pour les États-Unis en matière de politique étrangère. Ce rôle aurait pu échoir à Hillary Clinton et au département d'État, mais aucune information ne corrobore cette hypothèse. Le processus décisionnel semble jalousement concentré à la Maison-Blanche. Le chef de l'État américain semble suffisamment sûr de lui pour orienter, sans gourou ni maître penseur, les choix de la politique extérieure. À l'heure actuelle, on peut considérer que les centres nerveux de la politique étrangère sont : la Maison-Blanche (impulsion et centralisation des choix), l'état-major interarmes et le département de la Défense (élaboration et mise en œuvre stratégique), le département d'État (routine diplomatique et mise en œuvre civile des choix), sans oublier bien sûr le Congrès (contrôle). La prise en charge par Hillary Clinton du processus de paix israélo-palestinien pourrait démentir ou nuancer cette appréciation sur l'influence du département d'État. Mais on peut aussi interpréter cette délégation à Mme Clinton comme un signe de prudence de la part de Barack Obama, instruit par l'échec de Bill Clinton à Camp David en 2000. Les chances d'une percée politique rapide étant très faibles, il lui sera facile de prendre directement la

1. Rahm Emmanuel a quitté la Maison-Blanche en octobre 2010 pour briguer la mairie de Chicago, suivi de peu par James Jones pour la Sécurité. David Axelrod devrait lui aussi quitter la Maison-Blanche pour préparer la réélection d'Obama en 2012. Il est prématuré d'évaluer le sens de ces changements au sein de l'Administration Obama.

conduite des opérations si le processus de paix venait à entrer dans une phase décisive.

Ce souci d'Obama de rester le maître du jeu et donc de la décision, face notamment à des groupes d'influence bien structurés, s'est manifesté à la faveur de sa première grande décision de politique étrangère : l'avenir de la présence américaine en Afghanistan. En effet, lorsqu'il engagea au printemps 2009 un processus de redéfinition de la mission américaine dans ce pays, il se trouva confronté à un *establishment* militaire favorable à un engagement long, sans date butoir, et à l'accroissement substantiel des forces américaines de 80 000 hommes[1]. Les trois principaux acteurs militaires américains, les généraux Mullen, Petraeus et McChrystal, n'hésitèrent pas à tenter de forcer la main du nouveau président en exprimant leurs préférences dans la presse et devant le Congrès, ce qui leur vaudra une mise en garde voilée du secrétaire à la Défense et du conseiller pour la Sécurité du Président[2]. Les premières options présentées au président Obama prévoyaient en effet un envoi de 45 000 hommes sur une période de 21 mois, alors que le *surge* en Irak s'était effectué en moins de six mois[3]. Ce calendrier étalé permettait aux militaires de montrer que seul un engagement sur le long terme était praticable[4]. En définitive, le plan Obama

1. *The Washington Post*, 6 octobre 2009.
2. *Politico*, 19 juillet 2009.
3. Jonathan Alter, *The Promise : President Obama, Year One*, New York, Simon & Schuster, 2010. Cf. Sur tous les débats internes relatifs à l'Afghanistan : Bob Woodward, *Obama's Wars*, New York, Simon and Schuster, 2010.
4. *Ibid.* Le limogeage en juin 2010 par Barack Obama du général McChrystal, chef des armées américaines en Afghanistan, suite aux

reprendra pour l'essentiel des préconisations du rapport McChrystal, même s'il n'acceptera que le déploiement supplémentaire de 30 000 hommes avant la fin de l'année 2010. Il insistera par ailleurs sur le respect par les militaires d'une double garantie contre un enlisement : l'acceptation de l'amorce d'un retrait en juillet 2011 et l'engagement à n'occuper la moindre nouvelle parcelle du territoire afghan qu'après s'être préalablement assuré que cette occupation serait suivie d'une relève par les forces afghanes[1]. Mais à l'été 2010 les chances de respect d'un calendrier de retrait commençant en juillet 2011 paraissaient de plus en plus faibles, compte tenu de l'absence de résultats probants tant sur le front militaire que politique, provoquant ainsi de nouvelles tensions entre la Maison-Blanche et le général Petraeus, commandant des troupes américaines en Afghanistan[2]. Sur le fond en revanche, le plan Obama s'en tient aux prescriptions de la doctrine COIN (*counterinsurgency*, ou contre-insurrectionnelle). Elle n'envisage la guerre qu'à travers une combinaison de moyens militaires et civils et impose aux forces combattantes de limiter drastiquement les conditions de recours à la force[3].

---

confidences que celui-ci et son entourage ont fait au magazine *Rolling Stone*, confirme la tension persistante qui existe entre pouvoir politique et pouvoir militaire américain. Paradoxalement, le différend ne porte pas tant sur le fond que sur le peu de considération que semblent porter les militaires au pouvoir politique. Le limogeage de McChrystal renvoie donc davantage à un problème d'autorité que de finalité. Cf. Michael Hastings, « The Runaway General », *Rolling Stone*, n° 1108-1109, 8-22 juillet 2010.
  1. Jonathan Alter, *The Promise : President Obama, Year One, op. cit.*
  2. *The New York Times*, 16 août 2010.
  3. *International Herald Tribune*, 24 juin 2010 et « The Runaway General », *Rolling Stone, art. cit.*

L'ACTEUR ET LE SYSTÈME

En tant qu'ambassadeur des États-Unis auprès des Nations unies, Susan Rice fait officiellement partie du gouvernement américain. Parmi la dizaine de hauts responsables américains qui participent à la définition de la politique extérieure, elle est sans doute une des seules à allier un professionnalisme confirmé et une allégeance précoce à Barack Obama[1]. Sous-secrétaire d'État pour les Affaires africaines sous l'Administration Clinton, elle a bénéficié d'une indiscutable promotion politique. Ses positions antérieures la situent comme la plupart des autres responsables au centre de l'échiquier. Car si elle ne manqua pas d'être critique à l'égard de l'Administration Bush, elle se distingua pendant son passage aux Affaires africaines par des positions extrêmement fermes vis-à-vis du régime soudanais par exemple. Elle ne semble pas avoir été défavorable à la décision prise par l'Administration Clinton en 1998 de procéder au bombardement au Soudan d'une usine dont on a cru à tort qu'elle produisait des produits chimiques destinés à Al Qaida[2]. Elle participa aux tractations qui conduiront Washington à exiger du gouvernement de Khartoum l'expulsion de son territoire d'Oussama Ben Laden. Ce dernier ira alors trouver refuge en Afghanistan. Son hostilité au gouvernement soudanais ne s'est d'ailleurs pas démentie même après avoir quitté l'Administration américaine. En 2006, elle se déclare favorable à un éventuel recours à la force contre le régime soudanais au Darfour, même en

---

1. Susan Rice défendit Obama face à Hillary Clinton qui mettait en doute ses capacités à faire face à une crise internationale. *The New York Times*, Caucus Blog, 6 mars 2008.
2. *The New York Times*, 21 septembre 1998.

l'absence d'une légitimité consacrée par le Conseil de sécurité[1]. Elle occupe dans le dispositif Obama une place de choix dans la mesure où c'est aux Nations unies que les États-Unis cherchent à retrouver une légitimité internationale pour justifier et défendre leurs choix stratégiques face notamment à l'Iran.

Dans le nouveau dispositif de la politique étrangère, le responsable de la lutte antiterroriste John Brennan occupe une place essentielle. Initialement choisi pour diriger la CIA, dont il avait été le directeur adjoint, il est devenu le principal conseiller du chef de l'État pour la lutte antiterroriste après que sa confirmation par le Sénat fut jugée incertaine[2]. Comme Robert Gates, John Brennan est donc un pur produit de la CIA, dont il fut le responsable en Arabie Saoudite dans les années 1980. Son itinéraire souligne lui aussi la continuité de la politique américaine. Il fut en effet très impliqué dans la mise en place du dispositif antiterroriste de l'Administration Bush. Toutefois, il mesura vite les limites opérationnelles et politiques d'une idéologisation de la « guerre contre le terrorisme ». Dès 2006, il accorde un entretien qui préfigure presque mot pour mot les futurs choix doctrinaux d'Obama en matière de lutte contre le terrorisme. Il se montre en effet défavorable à l'usage du concept de guerre contre la terreur, un concept belliciste se préoccupant davantage des conséquences du problème que de ses causes. Il reproche à l'Administration Bush d'avoir réduit la politique étrangère américaine à la lutte contre le terrorisme, allant jusqu'à avancer que la menace terroriste a pu

1. PBS, *Newshour*, 17 novembre 2006.
2. PBS, *Frontline*, 10 octobre 2006.

être surjouée : « Nous avons usé de la force brute du gouvernement pour faire face à la menace terroriste après le 11 Septembre. Malheureusement, nous avons aussi utilisé cette force brute d'une certaine façon pour perpétuer la menace[1]. »

Il se montre par ailleurs très inquiet de la dégradation de l'image des États-Unis dans un monde arabe qui les perçoit de plus en plus comme des occupants. Enfin vis-à-vis de l'Iran, il prône un changement de pied en proposant de renoncer à la rhétorique de la guerre, d'engager un dialogue direct avec Téhéran, de plaider pour une intégration politique du Hezbollah libanais dans le gouvernement et de prendre enfin en compte les intérêts régionaux de l'Iran[2].

Les entraves du Congrès

Il est cependant difficile, voire impossible, de parler des nouveaux acteurs de la politique étrangère américaine sans évoquer le rôle décisif du Congrès. Dans un système présidentiel comme celui des États-Unis, son rôle est considérable et s'exprime au travers de procédures bien connues et fort anciennes comme : la confirmation des principaux responsables politiques aux postes auxquels ils ont été proposés par le chef de l'État, la ratification des traités, le vote du budget et naturellement celui des lois en

---

1. *Id.*
2. John Brennan, « The Conundrum of Iran : Strengthening Moderates without Acquiescing to Belligerence », *The Annals of the American Academy of Political and Social Science*, 2008, 618, p. 168.

général. Or, sur l'ensemble de ces sujets, le Congrès dispose d'une expertise autonome considérable et de moyens législatifs tout aussi impressionnants qui lui permettent sans difficulté de bloquer une initiative de l'exécutif si celle-ci ne recueillait pas son assentiment. Le rôle du Congrès est d'autant plus important que la majorité démocrate y est actuellement très faible, qu'elle-même n'est pas toujours unie et que la polarisation croissante de la société américaine rend l'exercice d'une diplomatie bipartisane de plus en plus périlleux. Même la réduction des armements qui bénéficie d'un soutien potentiel bipartisan se révèle très délicate. Même en cas de ratification du nouvel accord START avec Moscou, celle du CTBT, prévoyant l'interdiction des tests nucléaires et que Barack Obama s'était engagé à réactiver, semble désormais improbable[1].

Certes, le Congrès demeure largement centré sur les questions de politique intérieure. Mais l'interaction entre politique intérieure et politique extérieure n'a jamais été aussi grande. Les guerres d'Irak et d'Afghanistan sont depuis maintenant près de dix ans des enjeux où la distinction entre politique intérieure et extérieure n'a plus grand sens compte tenu de l'ampleur de l'engagement américain dans ces pays. Mais ces exemples ne sont pas isolés. Les questions du terrorisme, du changement climatique, du commerce, ou des dépenses militaires, ont des implications internes tellement grandes qu'il est difficile de parler de ces sujets comme de sujets de politique étrangère. De surcroît et compte tenu de l'étroitesse des liens entre les États-Unis et Israël, le règlement du conflit

1. *The New York Times*, 5 août 2010.

israélo-palestinien fait l'objet d'un intérêt soutenu au sein du Congrès. Par extension, tous les sujets de la région (Iran, Turquie) sont placés sous la surveillance étroite de ce même Congrès. Ainsi, la dégradation spectaculaire des rapports entre Israël et la Turquie a entraîné presque aussitôt une réévaluation sensible de la perception par le Congrès du rôle de la Turquie au Proche-Orient[1]. La prise de distance de la Turquie par rapport aux États-Unis ne manquera pas de faire l'objet d'une forme de pénalisation par le Congrès, quand bien même cela ne répondrait pas aux objectifs ou à l'intérêt de l'Administration Obama. On peut également imaginer sans peine que la marque d'autonomie du Brésil vis-à-vis des États-Unis sur la question des sanctions envers l'Iran n'échappera pas non plus aux législateurs américains. Tout ceci induit sur l'action de Barack Obama des contraintes politiques réelles, d'autant plus fortes que, sur la plupart des sujets de politique internationale, l'opinion moyenne du Congrès reste dominée par un puissant réflexe souverainiste : méfiance à l'égard des démarches multilatérales, réticence prononcée à faciliter la conclusion d'un accord commercial multilatéral à l'OMC, faible réceptivité aux attentes et points de vue des partenaires des États-Unis, appétence pour le vote de sanctions contre tous les contrevenants aux choix américains. Le sujet politique sur lequel

---

1. Howard L. Berman, « Turkey's New Foreign Policy Direction : Implications for US-Turkish Relations », 28 juillet 2010. http://international.edgeboss.net/real/international/fc07282010.smi On a ainsi vu resurgir un nombre considérable de griefs politiques contre la Turquie, griefs que l'on avait occultés jusque-là et que l'on décide désormais de « réactiver » : question de Chypre, place des minorités non musulmanes en Turquie, atteintes aux libertés publiques, génocide arménien.

le Congrès semble décidé à exercer des pressions fortes concerne la question très sensible de la sous-évaluation de la monnaie chinoise. La Chambre des représentants a voté en octobre 2010 une résolution prévoyant la mise en place d'une surtaxe sur les importations chinoises. Cette pression est naturellement liée à la stagnation persistante de l'emploi aux États-Unis. Pour le moment, l'Administration Obama s'est employée à éloigner le spectre des sanctions contre la Chine en échange du soutien de celle-ci lors du vote sur les sanctions contre l'Iran. Mais sans amélioration de la situation de l'emploi aux États-Unis, cette prudence risque de se révéler intérieurement coûteuse[1]. Sur le nucléaire, les droits de l'homme ou le règlement du conflit israélo-palestinien, la sensibilité du Congrès est là encore décalée par rapport à celle du président Obama. Au demeurant, et parce qu'il est au diapason d'une opinion publique qui l'élit, le Congrès n'hésite pas à se rétracter parfois brutalement dès que l'opinion publique exprime un certain mécontentement. L'Afghanistan par exemple était au départ un sujet sur lequel existait un large consensus, compte tenu de l'importance du facteur terroriste. Aujourd'hui, ce consensus s'étiole y compris au sein du parti démocrate car les buts de guerre apparaissent incertains[2]. On a beaucoup évoqué, voire déploré dans certains milieux de la gauche américaine, la

---

[1]. Sur la justification des sanctions contre la Chine : Paul Krugman, « Talking in China », *The New York Times*, 30 septembre 2010.

[2]. Ainsi, 153 démocrates contre seulement 98 ont voté en juillet 2010 une résolution demandant à l'Administration Obama de fixer un calendrier de retrait d'Afghanistan. La résolution n'a toutefois pas été adoptée par le Congrès, les républicains ayant dans cette affaire soutenu la position du gouvernement. *The New York Times*, 22 juillet 2010.

prudence excessive d'Obama. Mais cette prudence n'est pas qu'affaire de tempérament. Il mesure que, dans un système aussi complexe que le système américain, la multiplicité des acteurs et des intérêts est telle qu'il lui faut naviguer au plus près entre les nombreux écueils qui balisent son chemin. Pour le moment, sur l'ensemble des initiatives de politique étrangère sur lesquelles l'accord du Congrès est explicitement requis, seul l'accord Start signé avec la Russie est susceptible de recueillir l'assentiment du Congrès. Or, même sur ce sujet, qui est probablement l'un des rares sur lesquels il existe encore un consensus bipartisan, l'Administration Obama a été contrainte non seulement d'apporter des garanties sur le traité lui-même mais de proposer au Congrès un programme de modernisation des armes nucléaires américaines[1].

Sur le changement climatique, à propos duquel Barack Obama a pris des engagements à Copenhague visant à réduire de 17 % les émissions de gaz à effet de serre d'ici 2020, l'action de l'Administration se trouve là aussi fortement entravée. Le Congrès vient de renoncer au projet visant à instaurer un système de permis d'émissions sur le modèle européen et donc à entériner les choix présidentiels. Certes, l'Administration américaine pourra partiellement contourner cet obstacle législatif en faisant passer un certain nombre de standards restrictifs par la voie réglementaire. Certaines études estiment que par ce biais les États-Unis pourraient réduire de 13 % leurs émissions de gaz à effet de serre d'ici 2020[2]. Mais rien n'indique que

---

1. *Financial Times*, 22 juillet 2010.
2. Nicholas Bianco, Frank List, « Reducing Greenhouse Gas Emissions in the United States Using Existing Federal Authorities and State Action »,

l'Administration Obama confrontée à de très nombreux défis s'engagera sur cette voie difficile[1]. Ni la négociation sur le changement climatique ni celle relative au Cycle de Doha à l'OMC ne constituent pour l'Administration Obama une priorité car, dans un cas comme dans l'autre, de puissants intérêts économiques sont en jeu.

WRI Report, juillet 2010. http://pdf.wri.org/reducing_ghgs_using_existing_federal_authorities_and_state_action.pdf
1. *The Economist*, 31 juillet-6 août 2010.

III

Le grand retour du réalisme

Si la connaissance des acteurs est indispensable à l'interprétation de la politique étrangère d'un État, celle-ci restera lacunaire si elle méconnaît les traditions politiques dont elle s'inspire. Aux États-Unis on en distingue généralement trois : l'isolationniste, la réaliste et la messianique[1]. Pour Obama, la filiation avec le réalisme ne fait guère de doute. Plus réservé que son prédécesseur à l'égard du prosélytisme démocratique, il a choisi de se concentrer sur des enjeux de sécurité plus classiques comme le désarmement nucléaire et la non-prolifération, et cela avec des calculs politiques bien précis.

---

1. Pour une présentation synthétique des différentes approches de la politique extérieure américaine, cf. Walter McDougall, *Promised Land, Crusader State. The American Encounter with the World since 1776*, Boston, Houghton Mifflin, 1997, p. 7 *sq.*

L'Amérique a rarement été isolationniste

Avant d'analyser le contenu réaliste de la politique extérieure d'Obama, il nous faut lever une hypothèque : celle de l'isolationnisme. En effet, pour beaucoup d'observateurs et d'analystes de la politique étrangère américaine, les États-Unis oscilleraient entre des phases où ils se préoccuperaient avant tout d'eux-mêmes en se désengageant du monde, et des phases où, au contraire, elle ferait preuve d'un activisme tantôt bienveillant tantôt agressif. On pourrait donc penser qu'au terme d'un surengagement messianique sous George Bush, les États-Unis en viennent à se replier sur leur Aventin national. Or cette hypothèse n'est nullement envisageable car dans les faits les États-Unis n'ont jamais été isolationnistes, au moins depuis la fin du XIXe siècle. Un auteur américain, Walter McDougall, a montré avec brio que depuis la guerre de Cuba contre l'Espagne en 1898, les États-Unis sont définitivement passés de l'ère de l'Ancien à celle du Nouveau Testament[1]. La phase de l'Ancien Testament est celle où l'Amérique se définissait encore comme une Terre promise où la liberté pouvait être préservée à condition d'apprendre à connaître ses limites et à laisser le reste du monde en dehors de ses affaires. Celle du Nouveau Testament, qui commence avec la guerre de Cuba, est animée par l'esprit de croisade et aspire à apporter le salut à un monde ravagé par la révolution et la guerre[2]. Le messianisme américain prend alors des accents religieux et vise à affaiblir les positions de l'Europe dans le monde, et

1. *Ibid.*
2. *Ibid.*

notamment en Amérique latine. Cette logique de puissance inspirée d'un messianisme religieux n'échappe d'ailleurs pas à l'humour inquiet de Bismarck pour qui « Dieu est une bénédiction pour les fous, les ivrognes et les États-Unis[1] ». La guerre de Cuba conduira ainsi les États-Unis à occuper les Philippines pour affaiblir encore l'Espagne. De fait, à partir de la guerre de Cuba, l'intérêt américain pour les affaires du monde s'intensifie. Il avancera d'un pas cadencé avec l'affirmation des États-Unis au premier rang des puissances économiques. C'est à ce moment-là que les États-Unis prennent définitivement l'ascendant sur l'Europe dans l'hémisphère américain.

Deux ans à peine après la guerre contre l'Espagne, les États-Unis dépêchent 5 000 hommes en Chine pour combattre la révolte des Boxers. En 1904, la doctrine Roosevelt, corollaire de la doctrine Monroe, établit le droit des États-Unis à intervenir dans tout le continent américain. En 1905, Theodore Roosevelt arbitre le règlement du conflit entre le Japon et la Russie, ce qui lui vaut le prix Nobel de la paix. La même année, Woodrow Wilson, qui deviendra célèbre à la fin de la Première Guerre mondiale, n'hésitait pas à dire : « Je suppose que dans nos cœurs nous savons que nous serons amenés à diriger le monde[2]. »

Par la suite, les États-Unis interviendront militairement dans les deux conflits mondiaux, en Corée, au Vietnam, au Koweït, au Kosovo et enfin en Irak, sans parler, bien

---

1. Cité in Brendon O'Connor, « American Foreign Policy Traditions : A Literature Review », *Working Paper*, octobre 2009, p. 3. http://ussc.edu.au/s/media/docs/publications/0910_oconnor_usforeignpolicy.pdf
2. Cité dans Franck Ninkovich, *Modernity and Power. A History of the Domino Theory in the Twentieth Century*, Chicago, University of Chicago Press, 1994, p. 43.

sûr, des innombrables interventions ponctuelles, directes ou indirectes, ouvertes ou clandestines, menées à travers le monde pour chasser des dirigeants hostiles à leurs intérêts et leur substituer des équipes plus malléables.

Lorsqu'on évoque l'isolationnisme, on se réfère généralement à la doctrine Monroe, au refus du Sénat américain de ratifier le traité portant sur la création de la Société des Nations ou à la neutralité initiale des États-Unis pendant la Seconde Guerre mondiale. Or aucun de ces exemples historiques ne confirme une telle hypothèse. La doctrine Monroe n'était nullement une doctrine isolationniste. Elle visait au contraire à refouler la présence européenne du continent américain au moment où la conquête territoriale des États-Unis était loin d'être achevée.

> « Nous devons toujours maintenir le principe selon lequel les peuples de ce continent sont les seuls à avoir le droit de décider de leur propre destin. Que la moindre portion de ce continent, qu'il s'agisse d'un État indépendant ou d'un État qui aspire à s'unir à notre confédération, c'est à nous que reviendra la décision, sans interposition étrangère[1]. »

Il faut en effet avoir à l'esprit le fait qu'en 1823 la position stratégique des États-Unis paraît bien modeste. La Grande-Bretagne est en phase d'expansion en Amérique latine, comme en témoigne son occupation des Malouines en 1833, tandis que l'Espagne est encore très présente. À l'inverse, les frontières territoriales des États-Unis sont loin d'être stabilisées puisque ni le Texas, ni le Nouveau-

---

1. James K. Polk, cité *in* Julius Pratt, *A History of US Foreign Policy*, Englewood Cliffs, Prentice-Hall, 1980, p. 244.

Mexique, ni la Californie ne font alors partie de la Confédération. L'expansion territoriale des États-Unis n'en est en fait qu'à ses débuts puisque ce n'est qu'en 1830 que fut promulgué le fameux *Indian Removal Act* qui chassa les Indiens à l'ouest du Mississippi.

En vérité, la grande constante de la politique extérieure américaine n'a jamais été l'isolationnisme, mais plutôt l'unilatéralisme compris comme volonté de ne se sentir lié par aucun engagement contraignant dès lors que les intérêts des États-Unis ne seraient pas en jeu. Mais cette constante n'a pas empêché les États-Unis d'osciller entre réalisme et messianisme, entre pragmatisme et idéalisme missionnaire[1].

Le refus de ratifier le traité de Versailles ne fut pas non plus une manifestation d'isolationnisme. Le conflit qui opposa Wilson, président des États-Unis, au sénateur Henri Cabot Lodge ne portait nullement sur l'idée de savoir si les États-Unis devaient ou non participer à la sécurité de l'Europe. Il était plutôt de savoir quels moyens donner à cet engagement. Wilson pensait qu'un arrangement multilatéral était le plus approprié, parce qu'il croyait aussi que les États-Unis le domineraient pleinement. Cabot Lodge, plus méfiant, préférait voir les États-Unis tisser des relations bilatérales avec les grands États européens plutôt que de se lier les mains au travers d'arrangements qu'ils ne contrôleraient pas totalement[2]. Wilson préfigure en quelque sorte les Nations unies tandis

---

[1]. Arthur M. Schlesinger, *The Cycles of American History*, New York, Mariner Books, 1999, p. 19.
[2]. William Widenor, *Henry Cabot Lodge and the Search for an American Foreign Policy*, Berkeley, University of California Press, 1980, p. 70.

que Cabot Lodge annonce plutôt l'OTAN. Ceux que l'on appelle à tort les isolationnistes étaient en fait des unilatéralistes ou des bilatéralistes. Quant à la décision de Roosevelt de se tenir à l'écart de la Seconde Guerre mondiale jusqu'à l'attaque japonaise de Pearl Harbor, elle était de nature plus tactique que stratégique. La déclaration de neutralité du 5 septembre 1939 s'accompagna d'une levée de l'embargo sur les armes et fut suivie en mars 1941 par le *Lend Lease Act* qui permettait aux États-Unis de vendre, prêter ou offrir tout le matériel de guerre dont avaient besoin leurs alliés. La philosophie de l'ordre mondial postérieur à la Seconde Guerre mondiale fut en effet esquissée dès janvier 1941, avant même l'attaque de Pearl Harbor[1].

Le début de la guerre froide a, par construction, gelé toute velléité isolationniste. Les États-Unis se trouvèrent en pointe dans le combat contre le communisme. Entre 1945 et 1990, toute leur politique étrangère fut tendue vers la lutte contre l'Union soviétique. Et cet impératif a puissamment contribué à intensifier leurs engagements dans le monde. Il n'y a donc en réalité guère eu de période où la politique américaine a revêtu un caractère véritablement isolationniste. En revanche, il est tout à fait vrai qu'en certaines circonstances les États-Unis ont pu exprimer un désintérêt pour un certain nombre de problèmes ou de régions, moins par isolationnisme que par négligence, une négligence justifiée par des priorités plus pressantes. Le cas le plus frappant concerne l'Afghanistan

---

1. John Ikenberry, *After Victory. Institutions, Strategic Restraints and The Rebuilding of Order After Major Wars*, Princeton, Princeton University Press, 2000.

et le Pakistan, que les États-Unis ont purement et simplement abandonnés au lendemain du retrait des troupes soviétiques d'Afghanistan. Or le désintérêt américain pour ces deux pays après l'effondrement de l'URSS a eu des conséquences incalculables dans la région : il a favorisé la décomposition de ces pays, renforcé les groupes djihadistes et a accru le ressentiment du Pakistan vis-à-vis des États-Unis. Islamabad en a alors profité pour renforcer son appui aux djihadistes du Cachemire et d'Afghanistan et pour accroître son pouvoir de nuisance contre l'Inde [1].

La tradition réaliste

La seconde tradition relève de ce que l'on appelle le réalisme, une tradition qui a été longtemps l'apanage des républicains par opposition aux démocrates considérés comme plus idéalistes.

Pour les réalistes, l'objectif essentiel de la politique américaine est de faire valoir ses intérêts dans le monde sans forcément chercher à imposer son modèle politique [2]. Les deux grands parangons du réalisme américain

---

1. Ahmed Raschid, *The Descent into Chaos. The United States and the Failure of Nation Building in Pakistan, Afghanistan and Central Asia*, Londres, New York, Allen Lane, 2008, p. 50 *sq.*
2. Il importe toutefois ici d'introduire une distinction entre la définition du réalisme telle qu'elle découle du sens commun, et celle que lui donne la théorie des relations internationales. Au sens commun du terme, le réalisme repose sur l'idée selon laquelle la réalité dominante du système international est fondée sur les rapports de force entre États, indépendamment de leur système politique car les intérêts des États sont réputés stables à travers le temps. La définition théorique du réalisme n'est pas très éloignée de cette idée mais elle est plus complexe. Elle

furent George Kennan et Henry Kissinger. Le premier théorisa le *containment* de l'URSS pendant la guerre froide. Il préconisa de contenir l'URSS sur le plan stratégique, diplomatique, idéologique sans chercher à renverser son régime. C'est d'ailleurs au nom du réalisme qu'il s'opposa farouchement à l'intervention américaine au Vietnam.

Kissinger s'inscrivait dans cette lignée. En orchestrant le rapprochement avec Pékin à partir de 1971, il trouva un moyen décisif d'affaiblir l'URSS en conflit ouvert avec la Chine de Mao Zedong. Dans le même ordre d'idées, les États-Unis appuyèrent tous les régimes autoritaires anticommunistes, allant jusqu'à abattre certains régimes démocratiques jugés peu dociles comme celui d'Allende au Chili par exemple. George Bush senior se voulait également inspiré par le réalisme en ce qu'il considérait le respect de la souveraineté des États comme un principe cardinal de la stabilité du système international. C'est une des raisons qui le conduisit à refuser de renverser le régime de Saddam Hussein une fois le Koweit libéré, même si ce choix demeurait le seul possible au regard des exigences de l'Arabie Saoudite et de la Syrie.

---

estime que les États ont une prédisposition au conflit, et que les institutions internationales, par exemple, n'affectent que marginalement les perspectives de coopération entre eux. Dans ces conditions, le rôle des normes internationales et leur pouvoir régulateur est fortement sous-estimé. Or, sur ce dernier point, il n'est pas sûr qu'Obama soit si indifférent au rôle des institutions internationales. Dans un certain nombre de domaines, et notamment dans celui de la lutte contre la prolifération nucléaire, il serait plutôt favorable à un renforcement de l'encadrement international. Sur la définition systémique du réalisme, cf. Kenneth Waltz, *Theory of International Politics*, New York, McGraw-Hill, 1979.

LE GRAND RETOUR DU RÉALISME

À la tradition réaliste s'oppose ce que l'on pourrait appeler la tradition messianique, une tradition dans laquelle on retrouve aussi bien Woodrow Wilson et ses quatorze points développés au lendemain de la Première Guerre mondiale, Franklin D. Roosevelt inspirateur de la Charte des Nations unies, Jimmy Carter et sa défense des droits de l'homme, Bill Clinton et l'extension de la démocratie de marché, et enfin George W. Bush et sa théorie agressive de l'exportation de la démocratie. Mais, comme on peut le voir, cette tradition est très hétérogène. Elle comprend aussi bien des partisans d'un multilatéralisme actif comme Wilson ou Roosevelt que de farouches défenseurs de l'unilatéralisme américain comme George Bush[1].

Ces traditions historiques sont importantes pour comprendre le contexte dans lequel se déploie la politique américaine, à condition de ne pas perdre de vue le fait que les conduites des États ne relèvent pas de prescriptions chimiquement pures. Même les politiques dites réalistes sont toujours influencées par des représentations

---

1. La réalité est bien sûr plus complexe. Car on peut aisément soutenir que, si Roosevelt était partisan du multilatéralisme, c'est fondamentalement parce qu'il était assuré que les États-Unis en seraient les maîtres du jeu. De fait, ce sont bel et bien les États-Unis qui ont conçu l'ordre multilatéral au lendemain de la Seconde Guerre mondiale, un ordre auquel les autres nations étaient invitées à prendre part. À l'appui de cette thèse, on peut noter par exemple que le système des Nations unies, à la différence de celui de la Société des Nations, a mis en place un Conseil de sécurité au sein duquel les grandes puissances disposent toujours d'un droit de veto. C'est cette différence essentielle qui peut expliquer pourquoi le Congrès américain refusa l'adhésion à la Société des Nations alors qu'il ratifia son entrée dans le système des Nations unies. Cf. John Ruggie, « Past as Prologue ? Interests, Identity, and American Foreign Policy », *International Security*, vol. 21, n° 4, 1997, p. 101.

idéologiques. La guerre du Vietnam par exemple n'a pas été réellement motivée par un messianisme politique. Elle fut le sous-produit d'une logique de guerre froide consécutive à la crise de Cuba. Washington voulait montrer à Moscou qu'on ne la laisserait pas gagner du terrain en Asie. L'escalade militaire qui en a résulté a d'ailleurs beaucoup plus relevé de l'engrenage que d'une stratégie préalablement déterminée. De fait, Lyndon Johnson, responsable après Kennedy de ce désastre, était beaucoup plus proche des réalistes que des internationalistes messianiques. Autant dire que tous les réalistes ne sont pas des adversaires de l'action militaire (Johnson, Nixon, Bush senior), et qu'à l'inverse tous les idéalistes ne sont pas militaristes (Carter). Il y a par ailleurs des guerres réalistes et des guerres plus messianiques. La première guerre du Golfe en 1991 relevait plutôt du premier cas de figure, la deuxième du second. Il y aurait ainsi des messianistes multilatéralistes (Wilson, Roosevelt, Carter), des messianistes unilatéralistes (Reagan, George W. Bush), des réalistes multilatéralistes (Bush senior) et des réalistes unilatéralistes (Nixon).

En s'appuyant sur l'histoire des États-Unis, William Mead a dégagé pour sa part quatre grandes traditions dans la politique étrangère qu'il identifie à quatre présidents : Hamilton, Jackson, Jefferson, et Wilson[1].

---

1. Ces références ne doivent bien sûr pas être prises à la lettre. Jackson par exemple ne s'est que marginalement intéressé aux enjeux de politique étrangère, ne serait-ce que parce que les frontières des États-Unis étaient encore loin d'être stabilisées. Mais il est intéressant de voir que les justifications messianiques qu'il a pu donner à l'extension de la frontière américaine au détriment des Indiens ont été utilisées par la suite au-delà des frontières des États-Unis, ce qui affaiblit beaucoup la thèse de l'isola-

Filiation	Principes	Adeptes
Hamilton	Refus d'alliances contraignantes	Constante chez tous les chefs d'État américains
Jackson	Messianisme par la force	Bush junior
Jefferson	Leadership ferme mais prudent	Clinton, Bush sénior, Obama
Wilson	Messianisme multi-latéral	Roosevelt, Carter

Par rapport à ces quatre grandes traditions, c'est indiscutablement la tradition jeffersonienne qui semble le plus inspirer l'Administration Obama. Mais cet élément n'a qu'une valeur indicative.

En réalité, l'Administration Obama, comme toute Administration, ne peut véritablement exprimer ses préférences que par rapport à l'héritage légué par ses prédécesseurs et aux contraintes du système international. Or le poids respectif de ces différents paramètres est très variable selon les époques. Quand, par exemple, les contraintes du système international sont fortes et assez stables dans le temps, la marge de manœuvre des acteurs est, par la force des choses, assez faible. Ce fut pour l'essentiel le cas pendant la guerre froide. Les

---

tionnisme. L'expansionnisme « interne » débouche assez naturellement sur une forme de messianisme externe. Cf. Walter Russell Mead, « The Carter Syndrome », *Foreign Policy*, http://www.foreignpolicy.com/issues/177/contents/ et http://www.cfr.org/publication/21106/carter_syndrome.html

Administrations successives héritèrent du problème et eurent à définir leur conduite en fonction de celui-ci. Les préférences des acteurs ne pouvaient donc jouer qu'à la marge, sauf quand intervenaient des facteurs de perturbation importants comme la crise des missiles de Cuba, le conflit sino-soviétique ou l'invasion de l'Afghanistan par l'URSS.

Avec la fin de la guerre froide, la relation entre ces trois paramètres (héritage, contraintes, préférences) s'est profondément modifiée. Héritiers d'une très grande puissance, mais sans les contraintes structurelles dont ils étaient lestés jusque-là, les États-Unis se sont trouvés en quelque sorte libérés. Dans ce contexte, les préférences des acteurs sont redevenues essentielles. L'Administration Clinton par exemple utilisa cette marge d'action considérable pour exporter vigoureusement mais pacifiquement son modèle libéral de la démocratie de marché. Au regard des opportunités qui s'offraient alors à l'Amérique, l'Administration Clinton s'est montrée plutôt prudente dans ses choix et sa conduite. Cette prudence tenait probablement beaucoup à l'incertitude profonde que les États-Unis nourrissaient quant à la nature du nouveau système international qui allait émerger après l'effondrement de l'Union soviétique ainsi qu'à l'inertie d'un appareil politico-militaire américain qui pendant cinquante ans n'avait vécu que pour la guerre froide. Son ambition fut néanmoins de convertir les contraintes du système international en un ensemble d'opportunités pour l'économie américaine. L'Administration Bush a tout naturellement poursuivi dans cette voie, à la différence près que ses préférences étaient beaucoup plus doctrinaires et militantes que celles de l'Administration

Clinton. La période G. W. Bush restera d'ailleurs dans l'histoire américaine comme exceptionnelle en ce qu'elle aura été marquée par la mise en œuvre d'un projet idéologique cohérent élaboré par les néoconservateurs depuis la fin de la guerre froide et qui trouvera dans l'après-11 Septembre les conditions politiques de sa mise en œuvre.

Le néoréalisme d'Obama

La vision d'Obama est empreinte d'un très grand pragmatisme, qui le tient à bonne distance de tous les débats que l'on peut avoir sur les traditions de la politique extérieure américaine. Lui-même rejette la dichotomie entre réalisme et idéalisme, même si son pragmatisme politique inciterait à le qualifier de réaliste tempéré[1]. Mais dans les faits, il est fondamentalement réaliste à la manière dont pouvait l'être le père de son prédécesseur, Bush senior (Bush 41 dans le jargon washingtonien, par référence au fait qu'il était le 41e président des États-Unis)[2]. Obama

---

1. « Il y a eu pendant longtemps aux États-Unis une tension entre ceux qui se décrivaient comme réalistes et ceux qui se présentaient comme idéalistes. Cette tension suggère un choix tranché entre la poursuite étroite de nos intérêts et une campagne sans fin visant à imposer nos valeurs à travers le monde. Je rejette ces choix », *Remarks by the President at the Acceptance of the Nobel Peace Prize*, Oslo City Hall, 10 décembre 2009. http://latimesblogs.com/washington/2009/12/barack-obama-nobel-peace-prize-speech-text.html
2. « S'il fallait le mettre dans une catégorie, je le mettrai probablement dans celle des réalistes comme Bush 41 », selon Rahm Emmanuel, secrétaire général de la Maison-Blanche et principal collaborateur du chef de l'État américain, cité dans *The New York Times*, 13 avril 2010.

considère fondamentalement la souveraineté de tous les États, et pas seulement des États-Unis, comme la pierre angulaire des relations internationales, et cela indépendamment de la nature politique de leur régime [1]. Réaliste aussi car il mesure les contraintes économiques internes qui pèsent désormais sur une Amérique surexposée. Dans un discours consacré à l'Afghanistan, Barack Obama déclare de manière significative que le premier pays qu'il veut reconstruire est le sien, excluant ainsi un engagement prolongé dans ce pays [2]. Réaliste enfin car Obama comprend très bien que, sur la plupart des grands sujets internationaux auxquels sont confrontés les États-Unis, la nature politique des régimes n'explique pas leur comportement sur la scène internationale. En témoigne, parmi d'innombrables exemples, le positionnement du Brésil ou de la Turquie sur la question du nucléaire iranien.

Le plaidoyer le plus réaliste d'Obama depuis son entrée en fonction a d'ailleurs été prononcé lors de la cérémonie d'attribution du prix Nobel de la paix. Cela n'a rien d'un hasard. Il a voulu montrer au monde que son arrivée au pouvoir ne préfigurait nullement l'adhésion des États-Unis

---

1. « La souveraineté des États doit être la pierre angulaire de l'ordre international. De même que tous les États devraient avoir le droit de choisir leurs dirigeants, les États doivent avoir le droit à des frontières sûres et à conduire leur propre politique étrangère », *Remarks by the President in Addresses to the New Economic School Graduation*, Moscou, 7 juillet 2009. http://www.whitehouse.gov/the_press_office/Remarks-By-The-President-At-The-New-Economic-School-Graduation

2. « La nation que je suis le plus intéressé à construire est la nôtre », 1er décembre 2009, *Remarks by the President in Address to the Nation on the Way Forward in Afghanistan and Pakistan. United States Military Academy at West Point*, West Point, New York. http://www.whitehouse.gov/the-press-office/remarks-president-address-nation-way-forward-afghanistan-and-pakistan

à une vision irénique du système international[1]. Il a fondamentalement compris, et c'est en cela qu'il est profondément réaliste, que la politique étrangère ne saurait consister en une série de batailles extravagantes, brèves et manichéennes fondées sur des peurs exagérées, des promesses grandiloquentes et des édifices doctrinaux fragiles, mais sur l'exercice d'une responsabilité fondée sur un pouvoir et un savoir limités dans des situations d'incertitude radicale[2].

Ce pragmatisme reflète certes la personnalité du locataire de la Maison-Blanche mais plus encore la réalité du monde qui se présente à lui et dont il a hérité à son arrivée au pouvoir. Il se doit de gérer un héritage diplomatique et stratégique très contraignant reposant sur un redoutable paradoxe : les États-Unis sont la première puissance du monde mais leur unilatéralisme militant leur a aliéné de très nombreuses sympathies. D'où son ambition de régénérer la puissance américaine, en la rendant plus légitime aux yeux de la planète. Il n'y a donc de sa part aucun renoncement au leadership américain. Simultanément, il comprend bien que le surengagement politico-militaire des États-Unis dans le monde a eu pour contrepartie une aggravation des difficultés internes : déficits croissants, inégalités sociales criantes, absence de couverture sociale pour les populations les plus vulnérables, emprise sans précédent des lobbies économiques sur la vie publique, et notamment sur la politique étrangère, comme en a témoigné la politique de sous-traitance de la sécurité en Irak. D'où son insistance sur le fait

1. *Remarks by the President at the Acceptance of the Nobel Peace Prize*, Oslo City Hall, 10 décembre 2009.
2. Rory Stewart, « What could work », *New York Review of Books*, 14 janvier 2010.

que c'est à l'intérieur même des États-Unis que la régénération de la puissance américaine devra commencer[1]. On notera toutefois que, malgré l'ampleur des dégâts infligés aux États-Unis par la politique de son prédécesseur, Obama se garde bien de situer son discours dans une logique de la repentance. Sur ce plan, le contraste avec l'ère post-Vietnam et l'Administration Carter est saisissant. Les erreurs du passé sont pointées du doigt. Mais elles sont délibérément expurgées de tout jugement moral à la fois pour ne pas affaiblir la position internationale américaine mais aussi pour se défaire du moralisme politique au cœur de la doctrine Bush.

Le renoncement au messianisme démocratique

Le réalisme d'Obama a eu, pour le moment, trois conséquences. La première consiste à penser et à dire qu'il ne revient pas aux États-Unis d'imposer au reste du monde son système politique[2]. Barack Obama l'a d'ailleurs réaffirmé au Caire, à Moscou et à Shanghai. Le choix de ces trois villes n'est pas fortuit : c'est dans le monde musulman, la Russie et la Chine que le messianisme démocratique de l'Administration Bush s'est heurté aux plus fortes

---

1. « À mon arrivée au pouvoir le coût de la guerre en Irak et en Afghanistan approchait les 1000 milliards de dollars. […] Au cours de ces dernières années nous avons perdu le sens de l'équilibre. Nous avons échoué à apprécier le lien entre notre sécurité nationale et notre économie », 1er décembre 2009, *Remarks by the President in Address to the Nation on the Way Forward in Afghanistan and Pakistan, op. cit.*
2. Il est intéressant de voir qu'au Honduras par exemple les États-Unis ont fini par avaliser les élections consécutives au putsch qui avait entraîné le renversement du président Zelaya, alors que des pays comme le Brésil, l'Argentine ou le Venezuela refusent toujours le fait accompli.

résistances. À Moscou il affirmera donc que « l'Amérique ne peut pas et ne doit pas chercher à imposer un quelconque système de gouvernement à un autre pays. Elle ne doit pas non plus présumer du choix du parti ou de l'individu qui devrait diriger un pays. Et ce n'est pas toujours comme cela que nous avons agi[1]. »

La seconde est de prendre acte du fait qu'un nombre considérable d'enjeux de sécurité internationale particulièrement importants pour les États-Unis ne sont que faiblement corrélés à la nature politique des régimes en place. Cela vaut par exemple pour le conflit israélo-palestinien, présenté pendant longtemps comme un conflit opposant la démocratie israélienne à des régimes arabes qui ne le seraient pas. Or, depuis la victoire du Hamas en 2005, on a pu constater que les élections démocratiques conduisaient en général au triomphe des islamistes, ce qui ne pouvait qu'atténuer l'engouement occidental pour de telles procédures. De surcroît, l'argument de l'Administration Bush selon lequel l'instauration de la démocratie en Irak aurait un effet d'entraînement sur la démocratisation des autres pays arabes et sur le règlement du conflit palestinien s'est avéré totalement infondé[2]. Le Moyen-Orient n'est d'ailleurs pas la seule région du monde où la question démocratique s'est révélée dissociable des enjeux de sécurité. Au Pakistan par exemple, la crainte de voir les armes nucléaires tomber entre les mains des islamistes est indépendante de la

---

1. *Remarks by the President in Addresses to the New Economic School Graduation*, Moscou, 7 juillet 2009. http://www.whitehouse.gov/the_press_office/Remarks-By-The-President-At-The-New-Economic-School-Graduation
2. Cf. Zaki Laïdi, « La fin du moment démocratique », *Le Débat*, mars-avril 2008, p. 52-63.

nature du régime pakistanais, d'autant que ces mêmes islamistes pourraient parfaitement arriver au pouvoir à la faveur d'élections démocratiques. Enfin, la crise afghane a bien montré que la question démocratique se vidait de tout contenu si elle n'intégrait pas des facteurs aussi fondamentaux que la construction d'un État relativement fort capable d'assurer la sécurité de ses concitoyens, le fonctionnement à peu près normal de la société sans recours à la violence, la mise en place d'un État de droit minimal capable de réduire la corruption que l'aide étrangère ne fait d'ailleurs que renforcer. Le fait qu'Hamid Karzaï ait pu être élu puis réélu en Afghanistan alors que la situation ne cesse de se dégrader témoigne de l'écart abyssal qui sépare une vision idéologique du monde, fondée sur l'idée que la démocratie serait le meilleur régime, et une réalité internationale incomparablement plus complexe où la démocratie ne peut fleurir qu'à condition que la question nationale ait été préalablement réglée[1].

Même avec l'Iran, le conflit nucléaire ne peut guère être pensé ou réglé par référence au caractère dictatorial du régime de Téhéran puisque même les plus farouches opposants internes au régime adhèrent à la poursuite d'un programme nucléaire civil en tout cas. De fait, l'Administration Obama se garde de faire le lien entre la nature interne du régime iranien et ses prises de position sur le dossier nucléaire. Elle a par exemple évité d'exploiter politiquement le trucage des élections iraniennes de 2009 afin de ne pas mettre en danger la proposition

---

1. Juan Linz, Alfred Stepan, *Problems of Democratic Transition and Consolidation*, Baltimore, Johns Hopkins Press, 1996, p. 19.

d'offre de règlement qu'elle était alors en train de préparer : « Obama est sorti de son silence en faisant ce qu'aucun homme politique de notre temps n'aura réussi à faire : rappeler le respect des États-Unis pour la souveraineté de l'Iran tout en exprimant clairement, quoique dans des termes mesurés, que les États-Unis ne sauraient être indifférents à la tragédie en cours en Iran[1]. »

Enfin, les États-Unis comprennent bien que les positionnements internationaux sur le dossier nucléaire iranien sont indépendants de la nature interne des régimes politiques. Le refus du Brésil et de la Turquie de voter des sanctions contre l'Iran, que même la Chine et la Russie ont votées, confirme que les déterminants de l'action des États sont faiblement corrélés à la nature de leurs régimes.

Même sur des enjeux nouveaux comme le changement climatique, par exemple, on constate que la logique des acteurs est surdéterminée par la position et les intérêts des États et non par la nature de leur régime. De fait, sur cette question cruciale, le Congrès américain comme le bureau politique chinois raisonnent dans des termes tout à fait comparables. Ils estiment qu'il leur revient en tant qu'États de définir leurs obligations en la matière sans jamais se laisser forcer la main par d'autres acteurs au nom de principes réputés supérieurs comme « la survie de la planète ».

Quoi qu'il en soit, une analyse comparée des discours de George Bush et de Barack Obama confirme de manière significative l'inflexion réaliste de la politique américaine par rapport à la question de la démocratie ou de la liberté. Elle confirme non seulement la faible appétence de l'Administration Obama pour le prosélytisme

---

1. George Packer, « Iran reveals us », *The New Yorker*, 16 juin 2009.

démocratique, mais aussi pour tout usage idéologique de cette idée. Ce message a été clairement entendu par bon nombre de gouvernements, qui l'ont interprété de la manière la plus restrictive possible. Ainsi en juillet 2010 lorsque Mme Clinton exhorta les dirigeants vietnamiens à « poursuivre leurs réformes et protéger les droits élémentaires ainsi que les libertés », le Premier ministre vietnamien répliqua en rappelant que le président Obama lui-même avait fait valoir qu'il revenait à chaque nation de choisir son propre chemin et que les droits de l'homme ne pouvaient pas être imposés de l'extérieur[1].

Le discours sur la démocratie et la liberté

	George Bush	Barack Obama
Démocratie	1er rang* (7 fois plus citée que par Obama)	10e rang
Liberté**	2e rang (7 fois plus citée que par Obama)	12e rang

* Le rang se réfère à la place de ces occurrences dans l'ensemble de 25 occurrences politiques sélectionnées dans les discours tenus par George Bush entre 2005 et 2009 et de Barack Obama entre 2009 et juin 2010. Le terme démocratie par exemple est quantitativement la première occurrence politique dans le discours de George Bush alors qu'il n'arrive qu'au 10e rang dans le discours de Obama. Lorsque nous disons que les termes démocratie ou liberté sont sept fois plus utilisés par George Bush que par Barack Obama, nous prenons comme base de référence l'ensemble du corpus. Les chiffres ont été arrondis. Les sources et la méthodologie de ces calculs figurent en annexe de l'ouvrage.
** Associe les termes *liberty* et *freedom*.

1. *The New York Times*, 23 juillet 2010.

LE GRAND RETOUR DU RÉALISME

George Bush associait très souvent le terme de liberté à des expressions très connotées comme : *répandre la liberté, promouvoir la liberté, étendre la liberté, croire en la liberté, vivre dans une société libre* ou *dans le monde libre.* Quand il parle de liberté, Barack Obama le fait très différemment. Il parle de *liberté religieuse,* de *liberté de circulation,* de *liberté d'expression* et semble avoir banni de son discours le terme de *monde libre,* une expression héritée de la guerre froide et trop étroitement associée à l'idée d'un Occident face au reste du monde qui ne le serait pas [1]. Vis-à-vis de l'Afrique par exemple, Barack Obama préfère parler de la faiblesse des institutions ou de la corruption plutôt que de la démocratie en tant que telle, même si à la faveur du 50ᵉ anniversaire des indépendances africaines il a choisi d'inviter des représentants de sociétés civiles africaines tout en ignorant délibérément les chefs d'État, pour bien montrer que les États-Unis misent davantage sur les générations montantes que sur les classes dirigeantes actuelles. Mais cette mise à l'écart symbolique des dirigeants africains n'est rendue possible que parce que le coût politique encouru par les États-Unis en la matière est extrêmement faible [2]. Ce qui est là aussi une marque de réalisme.

---

1. Sur l'analyse comparative détaillée des deux corpus, le lecteur est invité à se reporter aux annexes de ce livre.
2. Sur le contraste entre les positions française et américaine concernant la commémoration du 50ᵉ anniversaire des indépendances africaines, cf. *The New York Times,* 5 août 2010.

La préférence calculée pour le désarmement nucléaire

Pourtant, même lorsqu'elle se veut frappée au sceau du réalisme, la politique d'un État a besoin d'un marqueur auquel elle peut s'identifier ou auquel elle souhaite être identifiée. Pour Obama, le thème de « l'avènement d'un monde sans armes nucléaires » proposé dans son discours de Prague d'avril 2009 participe de cette ambition : « J'annonce clairement et avec conviction l'engagement de l'Amérique à rechercher la paix et la sécurité dans un monde sans armes nucléaires [1]. »

Ainsi, à la différence de son prédécesseur, pour qui la priorité allait à la lutte contre les armes de destruction massive de nature conventionnelle, Obama semble décidé à replacer la question nucléaire au cœur de la politique étrangère américaine. Là encore, même si le discours ne peut à lui seul expliquer une politique, il agit comme un révélateur de préférences.

Le discours sur le nucléaire [2]

Nucléaire	2 fois plus cité par Obama que par Bush
TNP (Traité de Non-Prolifération)	9 fois plus cité par Obama que par Bush
ADM (Armes de destruction massive)	3,5 fois moins cité par Obama que par Bush

1. *Remarks by President Barack Obama, Hradcany Square,* Prague, République tchèque, 5 avril 2009. http://www.whitehouse.gov/the_press_office/Remarks-By-President-Barack-Obama-In-Prague-As-Delivered/
2. Les sources et la méthodologie de ces calculs figurent en annexe de l'ouvrage.

La différence la plus spectaculaire concerne le traité de non-prolifération (TNP). Cela n'a rien d'étonnant. Malgré ses admonestations contre les ADM (armes de destruction massive), l'Administration Bush considérait la prolifération comme inévitable. Elle estimait simplement qu'il y avait de « bons proliférateurs » et de « mauvais proliférateurs » et qu'en tout état de cause les mécanismes de lutte contre celle-ci n'étaient guère efficaces[1]. Il faut dire qu'elle-même s'employa à les affaiblir en signant un programme de coopération nucléaire avec l'Inde qui levait l'interdiction faite par le NSG (*Nuclear Suppliers Group*) en 1992 de signer un accord de coopération nucléaire avec un État non signataire du TNP et non respectueux de tous les contrôles imposés par l'AIEA[2]. De surcroît, en signant un accord nucléaire avec l'Inde, un État non signataire du TNP, les États-Unis envoyaient un mauvais signal à l'égard des pays non signataires de ce traité.

L'Administration Obama ne reviendra pas sur l'accord américano-indien. En revanche, elle prétend pouvoir redonner de la légitimité au TNP en reconnaissant notamment que celui-ci comporte bel et bien trois piliers (non-prolifération, désarmement, usage pacifique de l'atome) alors que les puissances nucléaires traditionnelles ont

1. William C. Potter, « The New Look in US non proliferation policy », *Carnegie Endowment,* http://www.carnegieendowment.org/static/npp/2005conference/presentations/Potter.pdf
2. Nuclear Suppliers Group, « Statement on Full Scope Safeguards », Meeting of Adherents to the Nuclear Suppliers Guidelines, Varsovie, 31 mars-3 avril 1992. Disponible sur http://www.iaea.org/Publications/documents/infeires/others/inf405.shtml

jusque-là insisté sur le seul aspect qui les intéressait : la non-prolifération.

Le sens de l'option zéro

À cette fin, Barack Obama a commencé à mettre en avant ce que les spécialistes appellent « l'option zéro[1] », c'est-à-dire la suppression de toutes les armes nucléaires avec en tête plusieurs objectifs.

Le premier relève de la diplomatie publique. Offrir au monde la perspective d'un monde sans armes nucléaires touchera beaucoup plus l'opinion internationale que l'exportation de la démocratie par la force, d'autant qu'il existe un grand nombre de pays où l'opinion est sensible au désarmement nucléaire.

Le second objectif est de nature plus politique. L'option zéro ne fait pas l'unanimité aux États-Unis, car il existe dans ce pays un lobby nucléaire militaire extraordinairement puissant. En revanche il existe bel et bien des forces politiques bipartisanes qui, sans adhérer à l'option zéro, sont favorables à la réduction simultanée des arsenaux nucléaires américain et russe. Des personnalités comme George Shultz, ancien ministre des Affaires étrangères de Ronald Reagan, Henry Kissinger, Sam Nunn ou William Perry ont officiellement appuyé l'initiative du président américain[2]. Il en va de même pour son ancien rival John

---

[1]. Ivo Daalder, Jan Lodal « The Logic of Zero », *Foreign Affairs*, vol. 87, n° 6, novembre-décembre 2008, p. 80-95.
[2]. « Statement by George Shultz, William Perry, Henry Kissinger, and Sam Nunn on START Follow-On Treaty », 26 mars 2010. http://www.nti.org/c_press/Statement_by_Four_on_START_Follow_On_032610.pdf

McCain[1]. Le soutien des républicains conservateurs à une telle démarche peut surprendre. Mais en y regardant de près, on peut en saisir facilement les motivations.

Le point de départ se trouve dans la transformation profonde du paysage stratégique consécutive à l'effondrement de l'Union soviétique. Celle-ci disparue et la Russie cessant d'être un adversaire, la valeur du dispositif nucléaire américain s'en trouve singulièrement amoindrie. Désormais, le danger nucléaire provient beaucoup moins des anciennes puissances nucléaires que des nouveaux États ou de groupes terroristes peu ou pas sensibles à la logique de la dissuasion nucléaire classique[2]. Quel serait donc l'intérêt des États-Unis ou de la Russie à maintenir ou développer des arsenaux colossaux et coûteux quand ceux que l'on voulait dissuader ne sont plus des adversaires, tandis que les nouveaux adversaires que l'on voudrait bien dissuader ne semblent pas facilement « dissuadables » ? Certes, même face à de nouveaux adversaires, l'arme nucléaire peut se révéler utile. Mais dans cette hypothèse, l'arsenal nucléaire des États-Unis demeure largement surdimensionné. La conséquence est que ce dernier ne permet plus par sa puissance, et encore moins par son développement, d'accroître la sécurité des États-Unis. Rationnellement, leur intérêt est donc de réduire cet arsenal nucléaire de concert avec la Russie. Cet objectif de bon sens n'a pourtant pas pu être atteint par l'Administration Bush qui, pour des raisons plus idéologiques que stratégiques, était

---

1. « Aujourd'hui nous déployons des milliers de têtes nucléaires. Mon espoir est d'arriver le plus vite possible à une réduction significative de cette force. » http://edition.cnn.com/2008/POLITICS/05/27/mccain.speech/
2. Department of Defense, *Nuclear Posture Review*, 2010, p. 9 *sq.*

faiblement intéressée par le désarmement ou le contrôle des armements. Dès son entrée en fonction, elle décida d'abroger le traité ABM (missiles antibalistiques) et refusa de ratifier le CTBT (*Comprehensive Test Ban Treaty*) destiné à interdire les essais nucléaires. Forte de l'appui du lobby nucléaire et militaire, elle lança au contraire de nouveaux programmes dits de prolifération verticale[1]. En réalité, à partir du moment où l'Administration Bush fit le choix de la guerre préventive, elle n'avait plus guère d'intérêt à renforcer la dissuasion classique. Son objectif n'était pas tant de dissuader ses adversaires d'attaquer les États-Unis, que d'attaquer ses adversaires avant qu'ils pensent pouvoir l'attaquer. La guerre contre la terreur poussait l'Administration Bush à voir en ses adversaires des acteurs par définition non rationnels. Le Livre blanc sur la politique nucléaire des États-Unis de 2001 (*Nuclear Posture Review*) accordait d'ailleurs aux armes nucléaires des missions allant au-delà de la dissuasion. Il indiquait de manière significative que les armes nucléaires pourraient « défaire des ennemis en menaçant des cibles qui ne pourraient pas être détruites par d'autres moyens[2] ». Il en découla un brouillage entre armes conventionnelles et armes nucléaires, conférant à celles-ci un caractère offensif et non plus simplement dissuasif.

Cette dynamique, l'Administration Obama cherche à la casser en revenant à une politique classique de réduction

---

1. La prolifération verticale se réfère aux États possédant l'arme nucléaire qui cherchent à développer de nouveaux types d'armes nucléaires, de technologies, de matériels et de lanceurs.
2. US Department of Defense, *Special Briefing on the Nuclear Posture Review. News Transcript*, 9 janvier 2002. Voir http://defenselink.mil/cgi-bin/dlprint.cgi

des armements sans pour autant altérer la sécurité nucléaire des États-Unis. L'accord Start avec la Russie, que l'Administration Bush avait refusé de renégocier, fera ainsi passer l'arsenal américain de 5 113 ogives à 1 550, soit une réduction de 30 % des arsenaux des deux pays qui détiennent 90 % des armes nucléaires mondiales[1]. Outre le fait que cet objectif ne sera pas atteint avant 2017, il laisse aux États-Unis un arsenal impressionnant. Il semblerait en effet que ces derniers n'auraient guère besoin de plus de 311 têtes nucléaires pour maintenir intact leur niveau de dissuasion[2]. Cela revient donc à dire que, même en réduisant leur arsenal de 90 %, les États-Unis n'entameraient pas la qualité de leur dissuasion. On comprend donc l'intérêt politique de l'Administration Obama à défendre tranquillement la perspective lointaine de l'option zéro. Quand bien même celle-ci n'aurait aucune chance de voir le jour, elle laisse une marge de progression considérable vers cet objectif. Un objectif qui ne peut que servir le prestige politique des États-Unis sans nuire à leur sécurité. De surcroît, et même dans l'hypothèse invraisemblable où un tel scénario viendrait à se concrétiser, les États-Unis en sortiraient largement gagnants dans la mesure où leur suprématie conventionnelle sur le reste du monde demeure écrasante. Il faut savoir que les États-Unis disposent par exemple de 11 porte-avions alors qu'aucun autre pays au monde n'en dispose de plus d'un[3]. On comprend ainsi pourquoi

1. Hans Blix, « A Season for Disarmament », *The New York Times*, 5 avril 2010.
2. Gary Schaub, James Forsyth Jr, « An Arsenal We Can All Live With », *The New York Times*, 24 mai 2010.
3. *The New York Times*, 18 mai 2010.

même les faucons de l'école réaliste ne semblent guère effarouchés par l'audace apparente du président Obama.

Adouber Moscou

La nouvelle posture des États-Unis en faveur de la réduction des armes nucléaires répond à deux autres considérations complémentaires tout aussi importantes. La première a consisté à utiliser clairement l'accord Start pour réamorcer le dialogue politique avec la Russie (le fameux *reset*), dont les termes n'avaient cessé de se dégrader depuis le début de la guerre en Irak. Or cette politique de confrontation ou de non-dialogue avec Moscou s'est révélée contre-productive car privant les États-Unis de moyens d'action conjoints avec la Russie sur un nombre considérable de problèmes [1]. Le point culminant de cette dégradation ayant été atteint en 2007 lorsqu'à Munich Vladimir Poutine mena une attaque en règle contre la politique américaine, accusée de vouloir dominer le monde dans tous les domaines de manière unilatérale [2]. Un an plus tard, la guerre russo-géorgienne raviva la ten-

---

[1]. « Notre éloignement de la Russie dans le domaine du dialogue nucléaire [...] a considérablement réduit notre connaissance de ce qui se passe en Russie, porté atteinte à notre capacité de consulter Moscou sur les questions nucléaires de sécurité nationale, grevé nos ressources militaires, affaibli notre diplomatie de lutte contre la prolifération nucléaire et potentiellement accentué la course aux armements. » Déclaration du sénateur Lugar, *The New York Times*, 19 mai 2010.
[2]. « Putin's Prepared Remarks at 43rd Munich Conference on Security Policy, Russian President, Delivered Feb. 10, 2007 », *Washington Post*, 10 février 2007. http://www.washingtonpost.com/wp-dyn/content/article/2007/02/12/AR2007021200555.html

sion entre les deux pays, Moscou accusant Washington d'avoir poussé les dirigeants géorgiens à la guerre[1]. Jusqu'à la toute fin du mandat du président Bush, les relations entre les deux pays n'ont d'ailleurs cessé de se dégrader, comme en a témoigné l'annonce par le secrétaire américain Robert Gates, alors ministre de George Bush, du lancement d'une nouvelle génération d'armes nucléaires. Cette annonce sera immédiatement suivie par la décision russe de développer à son tour 70 nouvelles têtes nucléaires[2]. Ainsi, en ayant paraphé avec Moscou, en 2010, un nouvel accord Start, Washington a signifié sa volonté de promouvoir un partenariat réaliste qui à terme viserait à intégrer la Russie au système de sécurité européen[3]. D'un côté Washington reconnaît à Moscou le rôle d'interlocuteur de premier plan et s'engage implicitement à prendre en considération ses intérêts régionaux (gel de l'extension de l'OTAN à la Géorgie et l'Ukraine, abandon du projet initial de bouclier antimissiles). Mais de l'autre, les États-Unis attendent de Moscou un soutien là où son consentement est décisif : dans la lutte contre la prolifération nucléaire iranienne. Aidez-nous efficacement contre la prolifération nucléaire de l'Iran, en échange de quoi nous n'aurons aucune raison de poursuivre la mise en place d'un dispositif antimissiles en Europe centrale et orientale que vous pourriez considérer comme étant dirigé contre vous[4]. Pour l'heure, cet objec-

[1]. On notera, par exemple, que la Géorgie apparaît au 11ᵉ rang des pays cités par Bush au cours de son second mandat, juste derrière la Chine !
[2]. *The Guardian*, 23 décembre 2008.
[3]. À ce sujet, se reporter au chapitre VII.
[4]. *The New York Times*, 2 mars 2009. Cette offre fut proposée à la fin du

tif semble avoir été partiellement atteint. Certes, Moscou n'est guère disposée à s'aligner purement et simplement sur la stratégie iranienne des États-Unis. Mais elle a d'ores et déjà amorcé trois gestes forts : elle s'est pleinement associée au vote des dernières sanctions contre l'Iran, à ce jour les plus fortes jamais votées contre ce pays ; elle s'est clairement dissociée de l'effort de médiation brésilo-turc ; et elle a suspendu la vente de missiles à Téhéran même si elle a accepté de continuer à honorer ses obligations dans le cadre de sa coopération nucléaire avec l'Iran à Busher.

La place de la Russie dans le discours américain[1]

Obama : 4e rang des pays cités après les trois pays de l'arc de crise (Afghanistan, Iran, Irak) presque à égalité avec la Chine.
Bush : 8e rang des pays cités derrière l'Irak, l'Afghanistan, l'Inde, Israël, la Corée du Nord et le Liban.

La normalisation des rapports avec la Russie reste donc à ce jour l'acquis majeur de la politique extérieure d'Obama. Ce processus a cependant été facilité par l'évolution favorable des relations entre la Russie et certains de ses voisins. L'arrivée de M. Yanukovich à la tête de l'Ukraine a permis à Moscou de lever l'hypothèque de sa présence militaire en mer Noire. En échange, Kiev bénéficiera d'un accès au gaz russe à des condi-

---

mandat Bush mais resta sans suite compte tenu du manque de confiance entre Moscou et Washington.

1. Le classement complet ainsi que sa méthodologie figurent en annexe de cet ouvrage.

tions financières très avantageuses[1]. Simultanément, l'amélioration sensible des rapports russo-polonais, que la tragédie de Smolensk n'a fait qu'accélérer, a entraîné à son tour un très net réchauffement des rapports russo-européens[2]. Ceci au grand soulagement de la France et de l'Allemagne, pour qui les opportunités d'accès au marché russe en période de crise sont tout à fait essentielles et en tout état de cause plus significatives qu'un éventuel retour de l'Ukraine dans l'orbite russe ou qu'une nouvelle crise liée à l'occupation par la Russie de l'Ossétie du Sud et de l'Abkhazie. La *realpolitik* n'est pas, comme on le voit, une spécialité américaine.

Crédibiliser la lutte contre la prolifération

Au-delà de la Russie, Obama a compris qu'il serait impossible de désamorcer la crise nucléaire iranienne sans redonner davantage de crédibilité au TNP et à la lutte pour le désarmement. Le Livre blanc sur la politique nucléaire américaine (*Nuclear Posture Review*, 2010) n'en fait guère mystère : « En réduisant le rôle et le nombre des armes nucléaires américaines [...] nous nous plaçons en bien meilleure position pour persuader nos partenaires du TNP de nous rejoindre afin d'adopter les mesures destinées à revigorer le régime de

---

1. *International Herald Tribune*, 22 juillet 2010.
2. La tragédie de Smolensk fait référence à l'accident d'avion qui en avril 2010 coûta la vie au président polonais et à de nombreux hauts responsables polonais au moment où ils s'apprêtaient à venir commémorer en terre russe l'anniversaire du massacre de Katyn.

non-prolifération et sécuriser le matériel nucléaire dans le monde[1]. »

À cette fin, les États-Unis ont symboliquement reconnu que leur arsenal nucléaire était *fondamentalement* destiné à dissuader leurs adversaires de les attaquer[2]. Mais dans les faits, cette postulation est bien plus ambivalente qu'elle n'y paraît. En effet, si l'Administration Obama avait voulu affirmer qu'elle ne recourrait désormais aux armes nucléaires qu'à des fins dissuasives, elle aurait indiqué dans Le Livre blanc que le *seul objectif* des armes nucléaires est de dissuader les adversaires. Or, entre dire que les armes nucléaires sont *fondamentalement* destinées à dissuader les adversaires, et que ces mêmes armes nucléaires ont pour *seul* objectif de dissuader les adversaires, il y a bien sûr une nuance importante. Considérer les armes nucléaires comme *fondamentalement* destinées à dissuader n'exclut pas d'y recourir exceptionnellement en dehors de ce contexte. *A contrario*, considérer ces armes nucléaires comme destinées *exclusivement* à garantir la dissuasion nucléaire revient par définition à se priver de leur usage en dehors de ce contexte. D'où une formulation habile dont le Livre blanc a bien résumé la teneur : « Le rôle des armes nucléaires est fondamentalement de dissuader d'éventuelles attaques nucléaires et la priorité des États-Unis est de faire de l'usage dissuasif des armes nucléaires le seul objectif des États-Unis[3]. »

---

1. US Department of Defense, *Nuclear Posture Review Report*, avril 2010, http://www.defense.gov/npr/docs/2010%20Nuclear%20Posture%20Review%20Report.pdf, p. VI.
2. *Ibid.*, p. 32.
3. US Department of Defense, *Nuclear Posture Review Report*, avril 2010, op. cit. http://www.defense.gov/npr/docs/2010%20Nuclear%20Posture%20Review%20Report.pdf, p. VIII.

Autrement dit, les États-Unis aspirent à limiter l'usage des armes nucléaires à la seule dissuasion, tout en conservant une marge d'appréciation en la matière. Cette ambivalence rejaillit assez naturellement sur l'affirmation d'un second objectif que le jargon appelle les *assurances négatives* : s'engager à ne jamais recourir aux armes nucléaires contre des pays qui n'en détiendraient pas, y compris dans l'hypothèse où ils viendraient à attaquer les États-Unis avec des armes chimiques ou biologiques. C'est ce dernier point qui constitue la nouveauté de la doctrine nucléaire de l'Administration Obama[1]. L'engagement américain est pourtant loin d'être inconditionnel. Il demeure soumis au respect du TNP et aux « obligations de non-prolifération ». Là encore, les États-Unis souhaitent se laisser une marge d'appréciation au-delà de l'adhésion à un principe formel, notamment dans l'hypothèse d'une attaque chimique de la Corée du Nord contre la Corée du Sud[2]. Car tout le problème est de savoir ce que l'on entend effectivement par obligations, et surtout à quelles institutions on envisage de confier la responsabilité de juger de leur respect : les États-Unis, le Conseil de sécurité ou l'AIEA[3] ? Enfin, et

---

1. « L'assurance de sécurité négative que nous n'utiliserons pas d'armes nucléaires contre des États non nucléaires, en conformité ou en accord avec le Traité de Non-Prolifération, n'est pas nouvelle. La nouveauté, c'est que nous disons que nous n'utiliserons pas d'armes nucléaires contre un État non nucléaire qui nous attaquerait avec des armes chimiques ou biologiques. » Déclaration de Robert Gates le 11 avril 2010, cité *in* Daryl G. Kimball, Greg Thielmann, « Obama's NPR : Transitional, Not Transformational », http://www.armscontrol.org/act/2010_05/Kimball-Thielmann

2. Daryl G. Kimbal, Greg Thielmann, « Obama's NPR : Transitional, Not Transformational », *art. cit.*

3. Paul Meyer, « Prague One Year Later : From Words to Deeds ? » http://www.armscontrol.org/act/2010_05/LookingBack

même dans l'hypothèse, somme toute assez théorique, où un agresseur viendrait à attaquer les États-Unis avec des armes chimiques ou biologiques, tout en étant totalement respectueux des obligations qui lui sont faites dans le cadre du TNP et de ses protocoles additionnels, le Livre blanc américain précise bien que « les États-Unis se réservent le droit de faire tout ajustement dans les assurances qui pourraient être contrariées par l'évolution et la prolifération de menaces concernant les armes biologiques et la possibilité pour les États-Unis de contrer cette menace [1] ».

Ainsi, si la portée du changement introduit par l'Administration Obama à la doctrine nucléaire américaine demeure limitée, le souci de cette administration d'accroître symboliquement la valeur des assurances négatives n'en est pas moins réel, comparé à celles offertes par l'Administration Bush [2].

Ce changement même modeste a permis à l'Administration Obama d'aborder dans de bien meilleures conditions le second chantier prioritaire qu'elle s'est assignée en la matière : renforcer l'autorité du TNP. En effet, lors de la huitième conférence d'évaluation du Traité, tenue à New York en mai 2010, les États-Unis ont accepté que soit organisée en 2012 une conférence consacrée à la dénucléarisation du Moyen-Orient. Malgré leurs réserves ultérieures sur la partie de la déclaration finale appelant

---

1. US Department of Defense, *Nuclear Posture Review Report*, avril 2010, *op. cit.*
2. Celle-ci considérait : « Nous ferons tout ce qui est nécessaire pour prévenir l'utilisation d'armes de destruction massive contre les États-Unis, ses alliés, ses intérêts. Si une arme de destruction massive est utilisée contre les États-Unis ou ses alliés, nous n'excluons aucune forme de réponse militaire. » Déclaration de M. Richard Boucher, 22 février 2002.

LE GRAND RETOUR DU RÉALISME

Israël à rejoindre le TNP et à autoriser le contrôle de ses installations nucléaires, les États-Unis ne l'ont pas bloqué pour autant. Il s'agissait pour eux de prévenir un échec qui aurait été politiquement coûteux, un an à peine après le discours de Prague et cinq ans après une conférence analogue qui avait débouché sur un échec[1]. Il semblerait même que les États-Unis soient allés jusqu'à éviter que l'on cite l'Inde et le Pakistan pour qu'ils rejoignent le TNP, ce qui ne pouvait que provoquer la fureur d'Israël dont le nom était en revanche explicitement mentionné[2]. On ne saurait pour autant exclure l'existence d'un accord tacite entre les États-Unis et certains pays concernés comme l'Égypte, afin que le projet de conférence sur le désarmement au Moyen-Orient soit entériné[3]. Quitte à ce que les États-Unis expriment dès la fin

---

1. En fait, si la déclaration finale de la conférence mentionne explicitement le cas d'Israël, l'appel à l'adhésion au TNP et à ses obligations a été lancé dans des termes à peu près similaires aux deux autres puissances nucléaires non membres du TNP que sont l'Inde et le Pakistan. Cf. Peter Crail, *NPT Parties Agree on Middle East Meeting*, http://www.armscontrol.org/act/2010_06/NPTMideast
2. William Potter, Patricia Lewis, Gaukhar Mukhatzhanova, Miles Pomper, « The 2010 NPT Review Conference: Deconstructing Consensus », *CNS Special Report*, 17 juin 2010. http://cns.miis.edu/stories/pdfs/100617_npt_2010_summary.pdf
3. « Jusqu'au milieu de la dernière matinée de la conférence, personne ne savait quelle serait en définitive l'attitude des États-Unis. Finalement, Washington donna son accord au texte qui faisait référence à Israël de manière atténuée, de sorte que ni l'Égypte ni ses alliés arabes ne pourraient le refuser. Dès lors, il ne restait pas à l'Iran d'autre choix que celui de rejoindre le consensus ou de s'en écarter. Quand à la dernière minute l'Iran accepta de se joindre au consensus et que le document final fut adopté, les États-Unis mirent alors en place leur stratégie de limitation des dégâts destinée à leur opinion publique et à Israël. [...] Il est à noter que les États arabes, y compris l'Égypte, ne répondirent pas officiellement aux réserves formulées par les États-Unis. Ceci tendrait à prouver que les

de la conférence leurs réserves sur la déclaration finale qui rappelle Israël à ses obligations sans faire référence à l'Iran et à la violation de ses obligations dans le cadre du TNP[1]. Ainsi, tout le monde obtient gain de cause. Les Indiens et les Pakistanais ne sont pas nominalement ostracisés, les Israéliens sont couverts par les réserves américaines exprimées après la fin de la conférence, tandis que les Égyptiens et les pays arabes du Golfe voient leur initiative validée. Certes, les chances de succès de cette conférence demeurent extrêmement faibles, compte tenu du refus d'Israël d'y participer, de la reconnaissance par les États-Unis d'une forme d'exception nucléaire israélienne et du refus de l'Iran de jouer la transparence sur son programme. Mais le fait que Téhéran n'ait pas eu d'autre choix que de se joindre à la déclaration appelant à la convocation d'une conférence sur la dénucléarisation du Proche-Orient constitue, pour les États-Unis comme pour les États arabes du Golfe, un succès symbolique notable.

Les contraintes de l'exercice

Ceci étant, quelle que soit la capacité des États-Unis à restaurer la légitimité du TNP et l'habileté de leur diploma-

---

déclarations américaines faites après la conférence avaient soit fait l'objet d'un accord tacite, soit avaient été anticipées par les États arabes. » *Ibid.*, p. 12-13.

1. « Statement by the National Security Advisor, General James L. Jones, on the Non-Proliferation Treaty Review. Conference », The White House, Office of the Press Secretary, 28 mai 2010. http://www.whitehouse.gov/the-pressoffice/statement-national-security-advisor-general-james-l-jones-non-proliferation-treaty

tie à satisfaire, en apparence tout au moins, les nombreuses parties prenantes à un jeu très complexe, la stratégie de lutte contre la prolifération nucléaire demeure structurellement confrontée à quatre types de contraintes : contraintes politiques, stratégiques, économiques et technologiques.

Sur le plan politique tout d'abord on assiste à une dialectique de plus en plus forte entre, d'un côté, des puissances nucléaires désireuses de limiter les risques de prolifération en « externalisant » le cycle de combustion du carburant nucléaire en dehors du pays souhaitant se doter d'un programme civil et, de l'autre côté, des pays désireux de maîtriser chez eux tout le cycle de production quand bien même ils ne nourriraient pas l'intention de se doter de l'arme nucléaire. Accepter que le cycle d'enrichissement du combustible nucléaire s'effectue à l'étranger constitue pour beaucoup d'États une atteinte à leur souveraineté politique[1]. Ce problème est de nature à susciter une forme de ressentiment en Turquie ou en Jordanie, par exemple. Un ancien ministre israélien estimait d'ailleurs récemment que le refus américain d'implantation en Jordanie d'une usine d'enrichissement nucléaire alors que ce pays dispose localement d'uranium constitue à ses yeux une erreur politique[2]. Mais contrairement à ce que l'on pense souvent, ce problème ne concerne pas que le Proche-Orient. Les États-Unis auront à se prononcer

---

1. Leonard S. Spector, « The Future of US International Nuclear Cooperation », Given Before a Hearing of the House Committee on Foreign Affairs, Subcommittee on Terrorism, Nonproliferation, and Trade, 6 mai 2010. http://www.internationalrelations.house.gov/111/spe050610.pdf
2. Yossi Beilin, « Let Jordan Enrich Its Own Uranium », *The New York Times*, 28 juin 2010.

très bientôt sur la construction d'une seconde usine de retraitement des déchets au Japon. Or s'ils y répondent favorablement, il leur sera alors difficile d'empêcher la Corée du Sud de se doter d'une usine de retraitement au moment de la renégociation en 2014 de l'accord de coopération nucléaire entre les États-Unis et la Corée du Sud[1]. Celle-ci s'inquiète déjà du refus américain et regrette que ce qui a été accordé à l'Inde non signataire du TNP ne le soit pas à la Corée signataire du Traité et allié politique majeur des États-Unis dans la sous-région[2].

Le second problème est de nature stratégique. Il concerne la perception qu'ont les différents acteurs de la dangerosité de la possession de l'arme nucléaire. À tort ou à raison, l'idée qu'il existerait chez les puissances nucléaires « deux poids et deux mesures » est difficile à nier lorsque les États-Unis incitent les pays pourvoyeurs de technologie nucléaire et réunis au sein du NSG à durcir leur contrôle, alors qu'eux-mêmes ont demandé au NSG de déroger à ses obligations pour permettre la signature de l'accord nucléaire entre les États-Unis et l'Inde[3]. Ironie de l'histoire, le NSG avait été créé à l'instigation des États-Unis suite aux essais nucléaires indiens.

Le troisième enjeu est de nature économique. L'exportation de technologie nucléaire constitue une arme commerciale à laquelle aucun État ne semble disposé à renoncer aisément. La tentation de se montrer moins regardant vis-à-vis d'un important client pour décrocher

---

1. Leonard S. Spector, « The Future of US International Nuclear Cooperation », *op. cit.*, p. 9.
2. *The New York Times*, 13 juillet 2010.
3. Sur ce point, voir George Perkovich, « Global Implications of the US-India Deal », *Daedalus*, vol. 139, n° 1, hiver 2010.

un marché n'est pas négligeable[1]. Pour les États-Unis, la concurrence la plus vive viendra de la Chine, qui pourrait devenir d'ici dix ans le plus puissant pourvoyeur de technologie nucléaire après eux[2].

Enfin, il existe un enjeu technologique aux conséquences politiques considérables. Il concerne le développement par les États-Unis du premier prototype d'enrichissement de l'uranium par laser : « Une fois son efficacité prouvée, il deviendra virtuellement impossible de vérifier et contrôler les États qui y recourent tant cette technique peut être utilisée à partir d'un programme nucléaire militaire de faible dimension et aux installations difficiles à détecter. La difficulté à détecter les centrifugeuses comme celles de Qom en Iran ou d'El Kibar en Syrie est bien modeste au regard du défi qui consisterait à déceler des installations d'enrichissement nucléaire au laser[3]. »

Tout ceci ne condamne certes pas la politique d'Obama à l'échec mais en contraint sérieusement la réussite, à supposer d'ailleurs que l'on puisse réellement penser le problème de la prolifération nucléaire en ces termes.

---

1. Henry Sokolski, « Keeping US International Nuclear Cooperation Peaceful », The Non Proliferation Policy Education Center, Washington, D.C., 6 mai 2010. Cet auteur donne en exemple la France qui négocierait actuellement l'accord nucléaire avec l'Irak à des conditions moins draconiennes que celles imposées par les États-Unis aux Émirats arabes unis dans le cadre de leur accord bilatéral. http://www.npolicy.org/files/123_TESTIMONY_6_May_2010__FINAL.pdf
2. Mark Hibbs, « China Can't Break the Rules », The New York Times, 21-22 août 2010.
3. Leonard S. Spector, « The Future of US International Nuclear Cooperation », op. cit., p. 10.

IV

Sortir de l'idéologie du 11 Septembre

Dans leur histoire, les États-Unis n'ont été attaqués sur leur territoire que par trois fois. En août 1814 lorsque les Britanniques brûlèrent la Maison-Blanche et le Capitole. Le 7 décembre 1941 lorsque les Japonais bombardèrent la base navale de Pearl Harbor. Enfin le 11 septembre 2001, lorsque des terroristes islamistes à bord de deux avions de ligne s'en prirent aux deux tours du World Trade Center, à New York. Dans les trois cas, « les Américains ont généralement répondu aux menaces et tout particulièrement aux attaques par surprise en prenant l'offensive, en se montrant plus ferme, en jouant de la confrontation, de la neutralisation et dans la mesure du possible en exerçant une domination écrasante sur les sources du danger plutôt qu'en tentant de s'en éloigner. L'expansion, avons-nous pensé, serait le chemin de la sécurité[1]. »

---

1. John Lewis Gaddis, *Surprise, Security, and the American Experience*, Cambridge, Harvard University Press, 2004, p. 13.

L'attaque de 1814 n'entraîna pas de riposte immédiate, mais déboucha, quelques années plus tard, sur la fameuse doctrine Monroe de 1823, doctrine dont le véritable inspirateur était en réalité John Quincy Adams.

Ce dernier ne peut penser l'influence américaine dans le monde indépendamment des valeurs morales humanistes qui l'animent. Mais il mesure dès cette époque les risques et les dérives d'un certain messianisme. Alors que le Texas n'est pas encore américain, il s'inquiète de voir l'Amérique user sans modération de sa puissance au nom des valeurs qui sont les siennes. Si la politique américaine passait de la défense de la liberté à l'usage de la force, alors, dit-il, « elle risquerait de devenir le dictateur du monde[1] ». Nous ne sommes pourtant qu'en 1821...

Après 1814, l'Amérique commence donc à se penser comme grande puissance hémisphérique. Après 1941 elle s'érige en leader du monde occidental en prenant définitivement l'ascendant sur une Europe qui l'avait tant gênée tout au long du XIXe siècle. Au lendemain du 11 Septembre, l'ambition américaine est décuplée. Il s'agit, en l'absence de tout concurrent stratégique, de consacrer la suprématie des États-Unis sur le monde en empêchant l'émergence de tout rival potentiel et en légitimant la poursuite de cet objectif par la blessure indéniable qu'ils venaient de subir. C'est pour cela d'ailleurs que le 11 Septembre donna naissance non pas simplement à une stratégie de lutte contre le terrorisme mais à une véritable idéologie, l'idéologie du 11 Septembre.

Or, une idéologie ne renvoie pas seulement à un

---

1. Cité *in* Edward Howland Tatum Jr., *The United States and Europe, 1815-1823. A Study in the Background of the Monroe Doctrine*, Berkeley, University of California Press, 1934, p. 244-245.

ensemble d'idées et de représentations mais à une interprétation du monde érigée en vérité, reliant tous les événements entre eux et leur assignant une signification conjointe. Tout fut alors entrepris du côté américain pour faire en sorte que le nouveau récit du monde ait comme point de départ le 11 Septembre, que toute la lecture du monde s'ouvre sur cette rupture et que le reste du monde admette la pertinence et la légitimité de cette rupture. Ainsi, de manière significative, le Livre blanc sur la sécurité de 2002 (*National Security Strategy*) estime que « les événements du 11 Septembre 2001 ont fondamentalement changé le contexte des relations entre les États-Unis et les autres principaux centres du pouvoir en ouvrant de vastes et nouvelles opportunités[1] ».

Le message a en fait une double signification : indiquer aux autres puissances non seulement que l'affront qui venait de leur être infligé ne devait en aucun cas être interprété comme un signe de faiblesse et de vulnérabilité, et tout entreprendre pour proposer une nouvelle narration du monde légitimée par le 11 Septembre leur permettant d'asseoir leur hégémonie sans le moindre complexe : « L'Amérique a pour intention de maintenir sa puissance militaire au-delà de toute contestation, de rendre sa déstabilisation par la course aux armements sans effet et de limiter les rivalités au commerce et aux autres formes de conduites pacifiques[2]. »

---

1. *The National Security Strategy of the USA*, septembre 2002, p. 28. http://www.globalsecurity.org/military/library/policy/national/nss-020920.pdf
2. « Remarks by the President Bush at 2002 Graduation Exercise of the United States Military Army ». Disponible sur http://www.mtholyoke.edu/acad/intrel/bush/westpoint.htm

SORTIR DE L'IDÉOLOGIE DU 11 SEPTEMBRE

Les impasses de l'idéologie du 11 Septembre

Pourtant, cette narration du monde proposée par l'Administration Bush a débouché sur un échec qui s'explique par trois facteurs principaux.

La première tient au fait que la « guerre contre la terreur » a dès le départ été érigée non pas en un combat politique mais en une croisade idéologique et militaire. Or, la mesure des résultats en la matière est extrêmement difficile à apprécier compte tenu de la multiplicité des paramètres. En Afghanistan, les premiers mois de l'intervention américaine consécutive aux attentats du 11 Septembre furent couronnés de succès : le régime des talibans fut renversé, Al Qaida contraint à l'exil, tandis que Kaboul voyait arriver un nouveau régime sous la houlette du président Karzaï. Mais sept années plus tard, la situation est très différente. Les talibans que l'on présentait à juste titre comme les alliés inséparables d'Al Qaida sont désormais considérés comme pouvant contribuer à la solution politique du conflit. L'idée même d'une victoire en Afghanistan est abandonnée tout simplement parce qu'aucun acteur, pas même les États-Unis, ne peut conférer de sens précis à un tel mot. Selon la formule imagée d'un général russe, gagner en Afghanistan n'est pas comme planter le drapeau soviétique sur le Reichstag en ruine[1]. Dès 2005, le général Myers, ancien chef d'état-major de l'armée américaine, confiait qu'il avait « dès le départ objecté au recours aux termes de guerre contre la terreur parce que, quand on parle de guerre, on pense que la solution viendra

1. *Financial Times*, 21 juin 2010.

d'hommes en uniforme. Mais sur le long terme, le problème est autant diplomatique et économique que militaire, en fait plus économique et politique que militaire[1]. »
Le paradoxe est que, lorsque les États-Unis eurent en Afghanistan en décembre 2001 la possibilité réelle d'arrêter ou d'éliminer le dirigeant d'Al Qaida, ils se refusèrent à engager les moyens militaires nécessaires pour y parvenir. Il existe désormais un nombre considérable de témoignages qui tendent à prouver qu'en décembre 2001 les forces spéciales américaines avaient clairement identifié la présence physique de Ben Laden dans les grottes de Tora Bora. Or, en dépit d'appels répétés des forces spéciales à des renforts qui auraient permis soit de l'arrêter soit de couper sa retraite vers les zones tribales, l'état-major américain et le ministre de la Défense repoussèrent cette option. Les raisons pour lesquelles Donald Rumsfeld refusa d'engager des moyens supplémentaires dans cette opération sont multiples : la volonté de maintenir un schéma stratégique fondé sur l'idée que les opérations militaires doivent mobiliser un nombre très limité de personnes au sol, le refus de prendre le risque de voir une opération conduire à des pertes militaires significatives, le souci politique de ne pas mener une opération à risque au moment où arrivait à Kaboul Hamid Karzaï, enfin le souci de ne pas engager de forces supplémentaires en Afghanistan au moment où la décision d'intervenir en Irak avait en réalité déjà été prise[2].

---

1. Cité *in* Eric Schmitt et Thom Shanker, « New Name for "War on Terror" Reflects Wider US Campaign », *The New York Times,* 25 juillet 2005.
2. « Tora Bora Revisited : How we Failed to Get Bin Laden and Why it Matters Today », *Committee on Foreign Relations United States Senate,* présidée

La seconde raison de l'échec tient au fait que la guerre contre la terreur déniait par avance toute rationalité politique au terrorisme. Celui-ci fut réduit à un ensemble indifférencié d'acteurs dont la seule motivation reposerait sur la volonté de détruire les valeurs incarnées par les États-Unis, valeurs sur lesquelles il serait impossible de transiger et donc de discuter ou de négocier. Tout un discours a ainsi été construit sur l'idée « qu'il existait une barrière infranchissable entre eux et nous et cela afin de démoniser et de déshumaniser l'ennemi à un point tel que toute contre-violence dirigée contre lui apparaisse acceptable et proportionnée[1] ».

Pourtant, les études les plus sérieuses dont on dispose aujourd'hui montrent par exemple que 95 % des attaques terroristes menées à travers le monde entre 1980 et 2004 revêtaient un caractère irrédentiste en ce qu'elles visaient à récupérer un territoire musulman occupé par des non-musulmans. Selon Robert Pape, professeur à l'université de Chicago et auteur de cette recherche, il importe de comprendre les enjeux et les motivations du terrorisme pour le combattre efficacement plutôt que de s'en tenir à des interprétations religieuses ou culturelles telles que le djihad ou le martyre, qui sont faiblement opératoires pour apprécier les choix des tactiques terroristes à certains moments : « Ce que presque tous les attentats-suicides ont en commun, c'est de répondre à un objectif stratégique et politique précis : forcer les démocraties

---

par John F. Kerry, 30 novembre 2009. http://foreign.senate.gov/imo/media/doc/Tora_Bora_Report.pdf
1. Jackson Richard, *Writing the War on Terrorism : Language, Politics and Counter-Terrorism. New Approaches to Conflict Analysis*, Manchester, Manchester University Press, 2005, p. 5.

modernes à retirer leurs forces militaires des territoires que les terroristes considèrent comme étant leur patrie[1]. »

Il en conclut logiquement que « la présence militaire américaine dans le golfe Persique a probablement été le facteur pivot ayant conduit au 11 Septembre[2] ». De fait, lorsqu'on observe de manière même cursive les motivations initiales de groupes aussi différents que le Hezbollah libanais, le Hamas palestinien, le Laskhar e Taiba pakistanais ou les Shabab somaliens, force est de constater que le point de départ de leur action se situe bel et bien dans la volonté de combattre ce qu'ils considèrent, à tort ou à raison, comme l'occupation de leur territoire par des forces étrangères : le Sud-Liban pour le Hezbollah, la Palestine pour le Hamas, le Cachemire pour le Laskhar e Taiba. Le dernier exemple en date, confirmant à la fois l'hypothèse de Pape et les dangers politiques de sous-estimer cet enjeu dans la lutte contre le terrorisme, nous est donné par la Somalie. Les États-Unis ont légitimement craint au lendemain du 11 Septembre que ce pays, sans État depuis 1991, se transforme sur le modèle afghan en une plateforme pour Al Qaida. Aussi aideront-ils à la création en 2004 d'un gouvernement fédéral de transition (GFT). Mais à peine mis en place, ce gouvernement, qui pendant deux ans restera d'ailleurs en exil, provoqua dans le sud du pays une violente réaction de la part d'une milice radicale islamiste : les Shabab. Alarmés par la présence d'Al Qaida sur le sol somalien, les États-Unis cherchent alors la parade en favorisant la création de

---

1. Robert A. Pape, *Dying to Suicide. The Strategic Logic of Suicide Terrorism*, New York, Random House, 2006, p. 38.
2. *Ibid.*, p. 114.

contre-milices rassemblées dans l'Alliance pour la restauration de la paix et du contre-terrorisme. La création de ces milices a pour effet de mobiliser contre elles tout un ensemble d'acteurs (chefs de clans, hommes d'affaires, religieux) qui, au terme d'une bataille de quatre mois, parviennent à prendre le contrôle de la capitale et à y instaurer le Conseil suprême des tribunaux islamiques. S'amorce alors un début de talibanisation du pays qui ne manque pas d'alarmer les États-Unis et les voisins de la Somalie. C'est pourquoi, avec l'appui de Washington, l'Éthiopie décide d'envahir le pays en décembre 2006 et de rétablir à Mogadiscio le pouvoir du GFT.

La réaction se fait immédiatement sentir. L'occupation du territoire somalien par l'Éthiopie, ennemi séculaire de la Somalie, favorise la reconstitution d'un sentiment national très fort que les islamistes vont capter avec l'appui de djihadistes étrangers liés à Al Qaida.

« Durant les deux années d'occupation du pays par l'Éthiopie, Mogadiscio allait connaître un niveau de souffrance humaine, de violence, de désordre inconnu depuis le début de la guerre civile, pendant que le sentiment antiaméricain atteignait des sommets[1]. »

C'est au demeurant l'outrage de l'occupation éthiopienne qui conduira une vingtaine de jeunes Américains d'origine somalienne à quitter le Minnesota pour aller combattre aux côtés des Shabab[2]. En janvier 2009, l'Éthiopie, qui ne parvint en définitive qu'à coaliser les

---

1. Bronwyn E. Bruton, « Somalia : A New Approach », *Council Special Report*, n° 52, mars 2010, http://www.cfr.org/content/publications/attachments/Somalia_CSR52.pdf
2. *Ibid.*, p. 9.

Somaliens contre elle, n'a guère d'autre choix que de retirer ses troupes. S'ensuivent d'innombrables tractations, qui débouchent sur la mise en place d'un nouveau gouvernement fédéral de transition. Pour survivre, celui-ci donne alors des gages aux islamistes. Mais sa légitimité reste faible. Il apparaît toujours comme l'agent de forces étrangères. L'aide extérieure censée lui permettre de s'imposer est en réalité avant tout dépensée à l'étranger. Sur les 213 millions de dollars levés par les donateurs à la conférence de Bruxelles en 2009, 3,5 millions seulement ont pu atteindre le gouvernement[1]. Par ailleurs, le retrait des troupes éthiopiennes a laissé place à une force africaine d'interposition qui n'est pas parvenue à dissiper le sentiment d'occupation étrangère. Le gouvernement fédéral ne tient plus guère que la capitale et ses abords immédiats, tandis que les Shabab intensifient leur pression allant jusqu'à lancer des actes terroristes en Ouganda en juillet 2010, en représailles contre ce pays, principal contributeur en hommes à la force africaine d'interposition[2]. Ainsi, et comme dans bien d'autres régions du monde musulman, « le Shabab a capitalisé sur la catégorisation trop générique aux États-Unis des islamistes somaliens comme des extrémistes, et sur la présence des troupes de l'Union africaine en Somalie, afin d'unifier une large diversité d'acteurs derrière lui. Dans le même temps, les tentatives américaines d'isoler le Shabab comme une organisation terroriste se trouvent en contradiction avec la réalité du terrain, où les acteurs humanitaires entrent en contact tous les jours avec les dirigeants

---

1. *Financial Times*, 30 juillet 2010.
2. *International Herald Tribune*, 29 juillet 2010.

du Shabab afin de fournir une aide vitale à la population somalienne qui souffre[1]. »

Pourtant, si centrale soit-elle, la revendication territoriale n'est pas la seule motivation du terrorisme. Les groupes terroristes ou insurrectionnels, car la frontière est très souvent poreuse entre les deux, sont aussi des pourvoyeurs de services sociaux divers que les États ne parviennent pas à proposer généralement par incurie, ou par choix, pour punir une partie de la population jugée hostile au gouvernement en place : les sunnites par exemple dans l'est de l'Irak après 2003. C'est la raison pour laquelle une des manières les plus efficaces de lutter contre le terrorisme consiste à évaluer les besoins auxquels les populations sont sensibles et que les terroristes exploitent à leur avantage. C'est la conclusion à laquelle est arrivé le général David Petraeus pour combattre l'insurrection en Irak, avant d'étendre son raisonnement et son analyse à la situation afghane. Une large partie de la théorie de la contre-insurrection est consacrée à l'étude des moyens que celle-ci doit utiliser pour offrir à la population de meilleurs services dans les villages ou les regroupements tribaux, et combattre ainsi le terrorisme sur son propre terrain[2]. Il insiste en revanche sur la nécessité de prendre en compte la particularité de chaque situation

1. Bronwyn E. Bruton, « Somalia : A New Approach », *op. cit.*, p. 26.
2. « On attend des soldats et des Marines qu'ils soient des *nation builders* autant que des guerriers », déclare l'introduction du manuel. « Ils doivent être préparés à aider au rétablissement des institutions et des forces de sécurité locales, ainsi qu'à la reconstruction des infrastructures et des services de base. Ils doivent être capables de faciliter l'établissement d'une gouvernance locale et de l'État de droit. » Cité *in* Nicholas Lemann, « Terrorism Studies : Social Scientists Do Counterinsurgency », *The New Yorker*, 26 avril 2010.

locale[1]. Cette démarche sonne comme une réfutation des principes de la guerre contre la terreur, même si le paradoxe veut que le général Petraeus ait été le général préféré de George Bush après la mise à l'écart de Rumsfeld et l'artisan du fameux « *surge* » en Irak[2].

La question de savoir si les terroristes sont ou non des acteurs politiques rationnels peut paraître purement abstraite. Pourtant, dans les faits, ce débat a des implications concrètes extrêmement importantes. En fait, si l'on en vient aujourd'hui à parler de dialogue possible avec les talibans, à condition qu'ils rompent avec Al Qaida, alors que cette hypothèse était au départ exclue au regard des accointances très fortes entre les talibans et Ben Laden, cela tendrait à prouver qu'on en vient à admettre la rationalité politique de leur comportement, au point d'envisager une discussion avec eux susceptible de déboucher sur une solution politique[3]. Et ce qui vaut pour les talibans en Afghanistan vaut bien sûr pour le Hamas à Gaza qui n'a de surcroît jamais eu partie liée à Al Qaida[4].

La dernière raison de l'échec américain sous George Bush tient au fait que même dans les sociétés musulmanes où le terrorisme islamique était souvent rejeté et où la démocratie politique était ardemment espérée, l'idéologie du 11 Septembre a eu pour conséquence paradoxale de rendre encore plus délicate l'adhésion de ces sociétés

---

1. *Ibid.*
2. Steve Coll, « The General's Dilemma », *The New Yorker*, 8 septembre 2008.
3. *The New York Times*, 30 juin 2010.
4. Voir sur ce point la position réaliste de l'Israélien David Grossman, « Israël doit se réapproprier son destin ! », *Le Monde*, 17 juillet 2010.

au projet démocratique tant celui-ci apparaissait imposé de l'extérieur. De surcroît, il est vite apparu que la lutte contre le terrorisme impliquait la collaboration de régimes répressifs à l'efficacité inversement proportionnelle à leurs performances démocratiques[1]. S'ajoute à cela un obstacle essentiel lié à l'importance de l'enjeu palestinien dans l'imaginaire arabe. Certes, l'Administration Bush a cherché à justifier son engagement en Irak par la mise en place d'un cercle vertueux susceptible de conduire les pays arabes de l'autoritarisme à la démocratie et de la démocratie au dialogue naturel avec Israël : « Quand les terroristes auront été annihilés, dispersés et discrédités [...], nous verrons alors que les vieux et sérieux conflits peuvent être réglés dans un cadre raisonnable avec de la bonne volonté et sur la base du principe de sécurité mutuelle. J'entrevois un monde pacifique après la guerre contre la terreur et avec courage et unité nous sommes en train de construire ce monde ensemble[2]. »

Mais dans la mesure où le problème palestinien demeure un problème national, on ne voit pas comment le passage à la démocratie faciliterait comme par

---

1. Jane Mayer, « The C.I.A.'s Travel Agent », *The New Yorker*, 30 octobre 2006.
2. Conférence de presse du président Bush à l'occasion de la réception du Premier ministre japonais. Maison-Blanche, communiqué de presse 18 février 2002. Cette tentative de lier l'affaire irakienne au règlement palestinien avait déjà été affirmée par l'Administration de George Bush senior au lendemain de la première guerre du Golfe en 1991. D'une certaine manière, cet engagement a été officiellement tenu dans la mesure où les États-Unis ont, au lendemain de cette guerre, forcé Israël à rejoindre la table des négociations lors de la conférence de Madrid. Les États-Unis allèrent d'ailleurs jusqu'à menacer de suspendre leurs garanties de financement à des programmes de logements en Israël.

enchantement la résolution de ce problème. L'invraisemblance de ce raisonnement, délibérément développé par les néoconservateurs, se trouva confirmée lors des élections palestiniennes. L'indéniable absence de démocratie au sein de l'autorité palestinienne de Yasser Arafat fut dans un premier temps présentée à Washington comme un obstacle majeur sur la voie de la paix. La complication est venue du fait que, lorsque des élections démocratiques furent organisées dans les territoires palestiniens, c'est le Hamas qui en sortit largement vainqueur. Washington découvrit alors avec effroi que la légitimation par les urnes avait pour conséquence non seulement de ne pas régler le problème que l'on prétendait régler, mais de l'aggraver pour ainsi dire dans la mesure où il souhaitait faire émerger un partenaire palestinien jugé acceptable par Israël. En vérité, là encore, l'idéologie du 11 Septembre a détourné les États-Unis de la tâche qui incombe à tous les États : trouver des solutions concrètes à des problèmes qui sont avant tout politiques.

La répudiation de « la guerre contre la terreur »

Cette volonté de revenir à une gestion plus politique qu'idéologique du terrorisme, ce souci de ne pas rentrer dans le jeu des islamistes qui à dessein cherchent à globaliser leur combat pour le transformer en un Jihad planétaire, se traduisent chez Obama par l'abandon de toute référence au concept de « guerre contre la terreur ». Cette rupture est d'autant plus significative que, si le concept de guerre contre la terreur a été abandonné, les impératifs de lutte contre le terrorisme ne l'ont pas été. Simplement, au lieu de s'en tenir à un discours très général et idéologique sur le terrorisme, l'Administration Obama préfère se concentrer sur les acteurs spécifiques du terrorisme qu'elle veut combattre. C'est ce qui explique pourquoi en dix-huit mois de pouvoir Barack Obama a beaucoup plus cité nommément Al Qaida que George Bush tout au long de son second mandat.

Le discours sur le terrorisme [1]

Bush	Obama
« Guerre contre la terreur »	
72	0
« Al Qaida »	
104	155

La justification la plus explicite et la plus officielle de l'abandon du concept de « guerre contre la terreur » a été donnée par le conseiller pour la Sécurité intérieure et le Contre-Terrorisme du président Obama, John Brennan, dans les termes suivants :

> « Notre ennemi n'est pas le terrorisme parce que le terrorisme n'est qu'une tactique. Notre ennemi n'est pas la terreur par ce que la terreur est un état d'esprit et que les Américains ne veulent pas vivre dans la peur. Nous refusons de présenter notre ennemi comme étant des "djihadistes" ou des

---

1. Ces chiffres mesurent les occurrences des termes énoncés dans les discours de George Bush pendant son second mandat et de Barack Obama depuis son arrivée au pouvoir. Les sources et la méthodologie de ce résultat sont indiquées en annexe de l'ouvrage.

"islamistes" parce que le Jihad est une lutte sainte [*holy struggle*], un pilier légitime de l'islam, destiné à purifier chaque individu ou sa communauté ; or il n'y a rien de sacré ou de légitime ou d'islamique dans le fait d'assassiner des hommes, des femmes ou des enfants innocents. En fait, caractériser de la sorte nos adversaires serait contre-productif. Cela entretiendrait une fausse perception, celle de leader religieux défendant une cause sacrée, alors qu'il ne s'agit en fait que de criminels, responsables de meurtres et notamment de milliers de musulmans. C'est la raison pour laquelle d'ailleurs de nombreux responsables musulmans se sont exprimés très clairement là-dessus et parfois au péril de leur vie pour rejeter Al Qaida et son extrémisme violent. Et très franchement, leurs propos n'ont pas eu l'écho qu'ils méritent et notamment dans les médias. [...] Les États-Unis sont en guerre. Mais ils le sont contre Al Qaida et ses alliés [1]. »

Ce message est très important. Il aspire à dissocier la lutte contre le terrorisme d'une lutte contre l'islam, pour ne pas conférer de légitimité religieuse à un mouvement terroriste, mais surtout pour ne pas entretenir l'idée d'une lutte des États-Unis contre le monde musulman. C'était d'ailleurs le sens principal du message délivré par Barack Obama lui-même lors de son fameux discours du Caire en juin 2009 : « Je suis venu ici au Caire en quête d'un nouveau départ pour les États-Unis et les musulmans du monde entier, un départ fondé sur l'intérêt mutuel et le respect mutuel, et reposant sur la proposition vraie que l'Amérique et l'islam ne s'excluent pas et qu'ils n'ont pas

---

1. Remarques de l'Assistant du Président pour la Sécurité intérieure et le Contre-Terrorisme. John Brennan à la CSIS, 26 mai 2010. http://www.whitehouse.gov/the-press-office/remarks-assistant-president-homeland-security-and-counterterrorism-john-brennan-csi

lieu de se faire concurrence. Bien au contraire, l'Amérique et l'islam se recoupent et se nourrissent de principes communs, à savoir la justice et le progrès, la tolérance et la dignité de chaque être humain[1]. »

La nouvelle politique de l'Administration Obama vise donc à combattre, y compris par la force, le terrorisme d'origine islamiste en s'attaquant de manière spécifique aux acteurs qui gênent ses intérêts, que ces acteurs se trouvent en Afghanistan, au Yémen ou en Somalie. Ce faisant, elle fait sienne la recommandation de bon nombre de sociologues du terrorisme qui ont toujours déploré la globalisation de la lutte contre le terrorisme et préconisé au contraire de couper les liens entre l'islam et les contextes locaux[2]. Autrement dit, même si au Yémen, en Somalie, en Irak, en Afghanistan ou au Mali des groupes terroristes se réclament d'Al Qaida, cela ne signifie pas pour autant qu'il faille y voir la marque d'une action orchestrée depuis les grottes de Tora Bora indépendamment des contextes locaux dans lesquels ils s'inscrivent. Ceci est d'autant plus vrai que la quasi-totalité des analystes du terrorisme considèrent désormais Al Qaida beaucoup plus comme une marque politique à laquelle différents groupes terroristes locaux font plus ou moins formellement allégeance, davantage dans le souci d'acquérir une certaine légitimité que pour y prendre

1. « Le discours de Barack Obama au Caire. M. Obama préconise un nouveau départ avec les musulmans de par le monde », 4 juin 2009, *Département d'État des États-Unis.* http://www.america.gov/st/peacesec-french/2009/June/20090604162956eaifas0.5829126.html
2. Audrey Kurth Cronin, *How Terrorism Ends: Understanding the Decline and Demise of Terrorist Campaigns,* Princeton, Princeton University Press, 2009.

leurs ordres[1]. Au demeurant, le terme même d'Al Qaida, qui signifie en arabe « la base », renvoie plus à l'idée d'un réseau social de la terreur qu'à une institution caporalisée sur le mode du Komintern. Al Qaida au sens strict du terme a considérablement perdu de ses capacités opérationnelles, y compris en Afghanistan sous les coups de boutoir militaires des États-Unis.

> « Al Qaida n'est plus la même organisation que celle à laquelle nous avons fait face le 11 septembre 2001. De plusieurs manières, elle a été décimée et contrainte dans ses capacités, ses principaux éléments se trouvent dans les cordes. Le leadership d'Al Qaida a été méthodiquement détruit, son principal repaire est fragilisé, son idéologie est en train d'être rejetée parmi les communautés musulmanes à travers le monde, et sa stratégie doit encore produire les résultats promis[2]. »

Pour autant, rien n'est réglé. Si l'affaiblissement de la centrale est indéniable, la recomposition du terrorisme islamique l'est tout autant. Al Qaida demeure plus que jamais partie prenante dans une nébuleuse de mouvements terroristes affiliés entre eux de manière souple mais complémentaire. D'où les évaluations extrêmement contradictoires concernant son influence. À certains égards, elle peut sem-

---

1. Le meilleur moyen de comprendre Al Qaida comme une organisation et comme une idée en 2010 est de la décomposer en trois parties : le noyau d'Al Qaida, les affiliations régionales d'Al Qaida et les compagnons de route ; la radicalisation et les menaces inspirées par Al Qaida. Cf. Juan C. Zarate devant le Comité des services armées de la Chambre, « Al Qa'ida in 2010 : How Should The US Respond ? », *Center for Strategic and International Studies (CSIS)*, 27 janvier 2010, p. 3. http://csis.org/files/ts_100127_Zarate.pdf
2. *Ibid.*, p. 2.

bler très faible si l'on envisage le terrorisme islamique sous une forme pyramidale. À d'autres elle peut apparaître très forte si on l'imagine comme une structure en réseau où tous les acteurs sont à la fois importants et interdépendants. Parmi les membres de cette nébuleuse figurent Al Qaida au Maghreb Islamique (AQMI), dans la péninsule arabique (AQAP), en Irak (AQI). Viennent s'y agglomérer ensuite des mouvements autonomes entre lesquels il existe des synergies politiques opérationnelles avec Al Qaida : les talibans en Afghanistan, les talibans pakistanais (*Tehrik i Taliban Pakistan*), les *Shabab* en Somalie, l'IJU (*Islamic Jihad Union*) et les IMU (*Islamic Mouvement of Uzbekistan*) en Asie centrale, *Ansar el Sunna* et *Ansar el Islam* en Irak, *Laskhar e Taiba* au Cachemire et *Harakat i Islami* au Bangladesh[1]. Mais quelle que soit l'hypothèse retenue, l'important est de voir que cette nébuleuse terroriste ne peut s'analyser que par référence aux contextes locaux qui la rendent possible. Sans règlement des problèmes qui l'alimente, le terrorisme survivra à Al Qaida. En revanche, la résolution des conflits locaux réduira l'importance ou la valeur d'une affiliation à Al Qaida et donc du recours au terrorisme.

Le défi est par conséquent de penser le terrorisme non plus comme une pathologie incurable mais comme un problème appelant un traitement politique, avec toute la gradation de moyens dont un acteur dispose. Or si la stratégie de la guerre contre la terreur a partiellement échoué, c'est parce que, en en globalisant les enjeux, elle a servi la cause d'Al Qaida qui s'efforce « d'exploiter et de déplacer les facteurs locaux des Tchétchènes, des Ouïgours, du mouvement islamique ouzbek, des salafistes algériens, et de bien

---

1. *Ibid.*, p. 5.

d'autres encore, pour les replacer dans un contexte international[1] ». Plus grave encore fut la tentation de « surréagir, de traiter une campagne contre le terrorisme comme si elle s'inscrivait dans le cadre d'une campagne militaire traditionnelle où l'usage de la force brute forcerait l'ennemi à la soumission[2] ».

Il importe donc de décomposer le combat contre le terrorisme, de le décharger de sa valeur émotive et idéologique trop générale.

« Parler d'Al Qaida comme d'un mouvement jihadiste international, ainsi que le font les services de renseignement israéliens, […] incite à regrouper des menaces disparates qui portent atteinte au contre-terrorisme. C'est exactement l'erreur que nous avons commise lorsque nous avons rassemblé les Chinois et les Russes dans les années 50 et 60 en les qualifiant de communistes internationalistes[3]. »

Or, c'est bien ce que fit l'Administration Bush en considérant dans le très officiel rapport national sur la sécurité de 2006 que « le combat contre le radicalisme islamiste militant constitue le plus grand conflit idéologique du début du XXIe siècle[4] ». Sa vision du terrorisme calquée sur celle d'Israël a ainsi contribué à radicaliser la politique américaine, ce qui était précisément l'objectif recherché par Al Qaida. Il en résulta un rejet des États-Unis dans l'ensemble du monde musulman, y compris dans les milieux les plus hostiles aux terroristes islamiques.

---

1. Audrey Kurth Cronin, *How Terrorism Ends*, *op. cit.*
2. *Ibid.*, p. 198.
3. Citée *in idem.*
4. *National Security Strategy*, 2006, p. 36.

L'échec de l'Administration Bush a gagner la sympathie des modérés musulmans est patent. Il est attesté par les résultats d'une étude d'opinion qui montre que 73 % des Indonésiens, 73 % des Pakistanais, 92 % des Égyptiens et 78 % des Marocains étaient à des degrés divers convaincus de la volonté américaine de combattre l'islam [1].

La permanence des objectifs américains

La volonté de l'Administration Obama de réévaluer la stratégie américaine de lutte contre le terrorisme est manifeste. Mais de nombreux infléchissements étaient déjà intervenus sous l'Administration Bush, sous le poids de contraintes opérationnelles, législatives (Congrès) et juridiques (Cour suprême) [2]. Pour autant, les impératifs de lutte contre le terrorisme demeurent constants et se sont même étendus à de nouveaux terrains comme le Yémen par exemple. Les États-Unis ont pour souci prioritaire de prévenir de nouvelles attaques d'Al Qaida sur leur sol. Mais ils doivent désormais tenir compte de l'émergence d'un terrorisme endogène (*homegrown terrorism*)

---

[1]. «Muslims Believe US Seeks to Undermine Islam», 24 avril 2007. http://www.worldpublicopinion.org/pipa/articles/brmiddleeastnafricara/346.php

[2]. La Cour suprême, avec la décision Ramdan (2006), a fermé les tribunaux militaires, tandis que l'arrêt Boumediene vs Bush (2008) octroie l'Habeas Corpus aux détenus de Guantanamo ; en outre, l'amendement McCain du Congrès (2006) sur les méthodes d'interrogatoire a renforcé cette tendance. Cité *in* Marc Lynch, *Rhetoric and Reality : Countering Terrorism in the Age of Obama*, Center for a New American Security, juin 2010, p. 12. http://www.cnas.org/files/documents/publications/CNAS_Rhetoric%20and%20Reality_Lynch.pdf

dont ils ont eu du mal à admettre initialement l'existence, sans doute parce qu'elle portait atteinte à l'idée rassurante selon laquelle les musulmans américains étaient bien mieux intégrés que ceux d'Europe[1]. Or la multiplication d'incidents terroristes aux États-Unis depuis 2009, mettant en cause des citoyens américains reliés plus ou moins directement à des réseaux terroristes ou à des prédicateurs radicaux, les a contraints à réviser leur jugement[2]. Enfin ils doivent s'adapter à la fluidité et à la mobilité géographique des foyers terroristes vers le Yémen et la Somalie[3].

Pourtant, si la rupture dans le discours est manifeste, la pratique politique n'est pas forcément différente. Vis-à-vis

---

1. Cf. Myriam Benraad, « Facing Homegrown Radicalization », *Policy Watch #1575*, Washington Institute, 3 septembre 2009. http://www.washingtoninstitute.org/templateC05.php?CID=3113

2. Ces incidents ont concerné les affaires suivantes : Najibullah Zazi, un Afghan vivement légalement aux États-Unis, a été arrêté au motif de conspiration visant à utiliser des armes de destruction massive. Les autorités prétendent qu'il a voyagé au Pakistan pour recevoir une formation ; huit personnes ont été accusées en novembre d'avoir recruté plus de 20 Somaliens-Américains pour le compte d'Al Shabab, un groupe somalien lié à Al Qaida ; en décembre, le FBI a accusé le citoyen américain David Coleman de conspiration avec des agents d'un groupe terroriste pakistanais, Lashkar e Taiba, dans les attaques de Mumbai en 2008 ; également en décembre, cinq hommes de Virginie du Nord ont été arrêtés au Pakistan où ils auraient tenté d'obtenir une formation ; par ailleurs, le major Nidal Hassan est l'auteur de la tuerie de Fort Hood de novembre 2005. Il faut ajouter à cela l'attentat manqué de Times Square du 1er mai 2010. Cf. Dennis C. Blair, Annual Threat Assessment of the US Intelligence Community for the Senate Select Committee on Intelligence Director of National Intelligence, 2 février 2010. http://www.dni.gov/testimonies/20100202_testimony.pdf

3. Michael Leiter, Hearings before the Senate Committee on Homeland Security & Governmental Affairs, « Eight Years After 9/11 : Confronting the Terrorist Threat to the Homeland », 30 septembre 2009. http://hsgac.senate.gov/public/index.cfm ?

de la Somalie par exemple, dernier foyer de tension du terrorisme, la politique américaine consiste toujours, faute de mieux, à soutenir le gouvernement fédéral de transition (GFT). Or ce gouvernement est dépourvu de toute autorité. La plupart des ministres vivent à l'étranger, les ministères sont des coquilles vides et les forces armées ne sont guère plus que des bandes armées. Plus grave encore, la plupart des militaires entraînés par l'étranger pour contrer la menace des islamistes ont déserté vers ces mouvements islamistes en raison des pratiques prédatrices, violentes et corruptrices du gouvernement fédéral de transition. À cet égard, l'adhésion croissante des populations aux Shabab n'exprime en aucun cas un soutien politique ou idéologique à ce mouvement mais une volonté de survie face à un gouvernement inefficace et corrompu, incapable d'assurer la sécurité élémentaire de la population[1].

Malgré cela, Barack Obama a justifié, en juillet 2010, la poursuite du soutien américain au gouvernement fédéral de transition par le fait que « si les Shabab prennent de plus en plus le contrôle de la Somalie, il en résultera une exportation de la violence comme on a pu le voir en Ouganda[2] ». Mais toute la question est de savoir si le soutien au gouvernement fédéral de transition, appuyé par un surcroît de forces étrangères même africaines, ne viendra pas renforcer les Shabab au lieu de les affaiblir.

En outre il existe, entre tous les pays occidentaux et les

---

1. Témoignage de Ken Menkhaus, « Hearing before the House Committee on Foreign Affairs, Subcommittee on Africa and Global Health », 17 juin 2010. http://foreignaffairs.house.gov/111/men061710.pdf
2. John Vandiver, « US to Step up Efforts to Train, Equip African Peacekeepers in Somalia », *Stars and Stripes*, 24 juillet 2010.

autorités somaliennes, un malentendu politique fondamental que l'on retrouve d'ailleurs en Afghanistan. Ce que l'extérieur considère comme une source de problèmes essentiels à résoudre (crise humanitaire, effondrement de l'État, conflits armés, piraterie, extrémisme) est perçu par les élites somaliennes comme de formidables opportunités à exploiter. Certes, elles ne manqueront pas de se montrer enthousiastes à l'idée de reconstruire le pays, de lutter contre le terrorisme ou la piraterie, d'apporter des réponses aux crises humanitaires tant que ces idées resteront à l'état de projets et de projets seulement. Car dès lors que la lutte contre le terrorisme, la construction de l'État ou l'aide humanitaire procurent des revenus considérables d'origine étrangère, on a peine à voir pourquoi des responsables politiques rationnels chercheraient à régler à tout prix ces problèmes[1].

Dans ces conditions, on ne voit pas en quoi l'accroissement des troupes africaines en Somalie décidée par l'Union africaine et que les États-Unis ont choisi de soutenir, probablement faute de mieux, modifiera en quoi que ce soit la difficile équation politique dans ce pays. On peut même craindre qu'elle stimule le sentiment national auquel s'identifient les *Shabab* et intensifie le processus de ralliement à eux de la part de forces politiques implantées dans des régions où ils étaient eux-mêmes jusqu'à présent absents (Puntland)[2].

---

1. Témoignage de Ken Menkhaus, « Horn of Africa : Current Conditions and US Policy », *op. cit.*, Hearing before the House Committee on Foreign Affairs, Subcommittee on Africa and Global Health, 17 juin 2010.
2. *International Herald Tribune*, 30 juillet 2010.

SORTIR DE L'IDÉOLOGIE DU 11 SEPTEMBRE

Le nombre très limité d'options qui s'offrent aux États-Unis en Somalie explique pour beaucoup l'extrême prudence de l'Administration Obama sur ce dossier. Mais au-delà du cas somalien qui, rappelons-le à des implications sur la perception du phénomène terroriste aux États-Unis compte tenu de l'existence d'une diaspora somalienne, il y a pour le nouveau président américain une autre contrainte. Celle de ne pas voir son nouveau discours contre le terrorisme s'interpréter, en cas d'attaque terroriste, comme un signe de laxisme par des opposants républicains et des médias bien décidés à ne lui concéder aucune erreur[1]. Il se trouve donc contraint à la prudence. Aussi les choix qu'il a effectué, depuis son entrée en fonction, ont-ils soigneusement été pesés au trébuchet : d'un côté il a demandé la suppression des interrogatoires impliquant le recours à la torture et autorisé la publication des mémorandums de la CIA relatifs aux questionnaires des terroristes ; mais de l'autre, il n'a ni trouvé d'alternative à la fermeture de Guantanamo[2], ni renoncé à expulser vers leur pays d'origine d'anciens détenus de la prison de Guantanamo, ni abandonné le recours aux commissions militaires destinées à juger les détenus de Guantanamo en

---

[1]. On a pu remarquer cela lorsqu'en décembre 2009 les États-Unis échappèrent à un attentat terroriste aérien pendant le vol Amsterdam-Detroit. C'est pourquoi, dès le 7 janvier 2010, Barack Obama en revient à un discours plus classique : « Nous sommes en guerre. Nous sommes en guerre contre Al Qaida. » Remarks by the President on Strengthening Intelligence and Aviation Security. http://www.whitehouse.gov/the-press-office/remarks-president-strengthening-intelligence-and-aviation-security

[2]. Cette décision reste conditionnée par l'obtention d'un financement par le Congrès pour la construction d'une prison dans l'Illinois.

vertu du *Military Commission Act* de 2006 qu'il s'était pourtant engagé à abroger[1]. Comme la précédente Administration, l'Administration Obama déclare mener ses opérations de transfèrement après s'être assurée auprès des gouvernements locaux qu'aucun tort ne leur sera fait. Mais on a peine à imaginer que des régimes pratiquant la torture de manière routinière en viennent comme par enchantement à y renoncer pour satisfaire aux exigences formelles des États-Unis[2]. Il n'a pas davantage répudié le *Patriot Act*, pas plus que le système de surveillance des personnes mis en place au lendemain du 11 Septembre. De surcroît, la structure administrative de lutte contre le terrorisme n'a guère été remise en cause et la quasi-totalité de ses responsables, nommés par la précédente Administration, sont restés en poste[3].

---

1. *The New York Times*, 1er mai 2009. Le *Military Commission Act* de 2006 a toutefois été modifié en 2009. Sur les différences juridiques entre les deux textes, cf. Joanne Mariner, « A First Look at the Military Commission Act of 2009 », 4 novembre 2009. http://writ.news.findlaw.com/mariner/20091104.html
2. *The New York Times*, 26 juillet 2010.
3. Ces responsables sont Michael Vickers, chargé des opérations spéciales au département de la Défense, engagé dès les années 1980 dans les opérations de la CIA en Afghanistan, Steven Kappes, en charge des opérations à la CIA, Stuart Levey, chargé de la lutte contre le financement du terrorisme, Nick Rasmussen, chargé du contre-terrorisme auprès du Conseil national de sécurité, et enfin Michael Leiter, directeur du centre national du contre-terrorisme.

Le dispositif antiterroriste de Bush à Obama[1]

	BUSH 2001-2006	BUSH 2007-2008	OBAMA
Guantanamo	ouverte	efforts limités pour la fermer	obstacles juridiques et politiques à sa fermeture*
Tribunaux militaires	oui	oui mais encadrés par la loi de 2006	oui mais encadrés par la loi de 2009**
Prisons secrètes	oui	détenus transférés	presque toutes fermées
Limitations de l'Habeas Corpus	oui	encadrement par décision de la Cour suprême***	encadrement par décision de la Cour suprême***
Détentions indéterminées	oui	oui	oui mais limitées
Torture (interrogatoires avancés)	oui	non	non
Secrets d'État	oui	oui	oui
Patriot Act	oui	oui	oui
Écoutes sans mandat	oui	oui	oui

1. Source : adaptation à partir des études de Marc Lynch, *Rhetoric and Reality : Countering Terrorism in the Age of Obama, op. cit.*

	BUSH 2001-2006	BUSH 2007-2008	OBAMA
Assassinats ciblés	oui	oui	oui
Drones	oui	oui	oui***** (étendus)
Extradition vers les pays d'origine	oui	oui	oui
Lettres de sécurité nationale ****	oui	oui	oui (avec restrictions)

* Refus du Congrès de voter les crédits pour fermer la prison en 2009 ; problème du transfert des détenus vers le pays d'origine ou un pays d'accueil.
** Élargissement des droits de la défense.
*** L'Habeas Corpus s'applique aux détenus de Guantanamo (cf. supra note 2 p. 127)
**** Requêtes contraignantes permettant d'obtenir toute information nominative à des fins de surveillance sans aucune supervision judiciaire.
***** Les tirs de drones sont passés de 35 pour toute l'année 2008 à 53 pour le seul premier semestre 2010.

Il est à cet égard particulièrement intéressant de voir qu'au sein d'un État, continuités et discontinuités transcendent les personnes et les clivages partisans. Sur la question du terrorisme par exemple, il est frappant que des responsables de l'équipe Bush incarnent un changement de cap alors qu'au même moment de nouveaux responsables, jusque-là fort critiques sur la politique de la précédente Administration, en viennent à entériner les choix de celle-ci. Ainsi, John Brennan, dont nous avons dit qu'il était à l'origine de la nouvelle approche politique de la lutte contre le terrorisme, passe pour avoir été un des partisans des techniques d'interrogatoires « avancés » au sein de la CIA pendant les années noires de la guerre contre la terreur[1]. C'est la raison pour laquelle son nom fut retiré de la liste des prétendants à la direction de la CIA, de crainte de voir sa nomination entravée par le Congrès[2]. À l'inverse, le nouveau responsable de la CIA, Leon Panetta, qui condamna avec véhémence les méthodes de lutte antiterroriste de l'Administration Bush, s'est montré, une fois à la tête de la CIA, hostile à toute mise en cause de ses agents[3].

---

1. « Nous avons obtenu beaucoup d'informations grâce à ces procédures d'interrogatoire que la CIA a utilisées contre un noyau dur de terroristes. Elles nous ont permis de sauver des vies », cité in *Media Matters*, 7 janvier 2009. http://mediamatters.org/research/200901070010
2. *The New York Times*, 25 novembre 2008.
3. Jane Mayer, « The Secret History. Can Leon Panetta Move the C.I.A. Forward Without Confronting Its Past ? », *The New Yorker*, 22 juin 2009.

V

Un trait sur l'Irak

Dès son entrée en campagne en 2007, Barack Obama réitère sa vive opposition à la guerre en Irak, ayant dégénéré entre-temps en une guerre civile meurtrière que les États-Unis peinent à contrôler. Son engagement sur le sujet lui offre un triple avantage : réaffirmer la constance de ses choix puisqu'il s'était opposé à la guerre dès 2002, construire sa différence avec sa rivale Hillary Clinton qui avait soutenu George Bush dans cette affaire sans grand discernement, creuser l'écart avec ses rivaux républicains prisonniers de l'héritage de George Bush. Il développa alors la fameuse thèse des deux guerres : la guerre par choix (Irak) et la guerre par nécessité (Afghanistan)[1]. Cette habile distinction permet de démontrer à l'opinion

---

1. Richard N. Haass, « In Afghanistan, the Choice Is Ours », *The New York Times*, 20 août 2009. Cette distinction entre guerre par choix et guerre par nécessité a été initialement forgée par Richard Haass à propos de la première et de la seconde guerre du Golfe. Obama a étendu la comparaison à l'Irak et à l'Afghanistan, mais Richard Haass conteste l'idée que la guerre d'Afghanistan soit une guerre par choix.

américaine qu'un retrait d'Irak serait d'autant moins coûteux qu'il ne répondait à aucune nécessité stratégique, tandis qu'un engagement accru en Afghanistan se justifierait par le combat contre Al Qaida responsable des attentats du 11 Septembre [1].

Ainsi, à peine entré en fonction, il fait procéder à une évaluation complète de la politique américaine en Irak. Moins d'un mois plus tard, il en énonce les conclusions fort convenues, convenues car attendues : retrait des troupes combattantes à la date du 31 août 2010 et retrait total des forces américaines en décembre 2011 [2].

En fait, si Barack Obama est parvenu en moins d'un mois à définir une stratégie de sortie d'Irak, alors qu'il s'agissait là de la plus importante intervention militaire américaine depuis la guerre du Vietnam, c'est tout simplement parce que les conditions militaires et politiques de ce retrait avaient été négociées par son prédécesseur juste avant son départ. Dès janvier 2009, l'Administration Obama s'emploiera donc à mettre en œuvre les deux accords signés entre les États-Unis et l'Irak en novembre 2008 : le *Strategic Framework Agreement* définissant les termes de la coopération entre les deux pays, et l'accord de sécurité (*Security Agreement*) prévoyant les modalités de retrait des forces américaines et de coopération militaire entre les deux États. Ce dernier accord entré en vigueur le 1er janvier 2009 constituera d'ailleurs le dernier acte majeur de la politique étrangère de l'Administration

---

1. Barack Obama, « The World Beyond Iraq », Fayetteville, N.C., 19 mars 2008. Cité in *Time*, http://thepage.time.com/full-text-of-obamas-iraq-speech

2. Discours d'Obama à Camp Lejeune, N.C., 27 février 2009. http://www.nytimes.com/2009/02/27/us/politics/27obama-text.html

Bush, qui voulait ainsi symboliquement clore un dossier irakien qu'elle avait ouvert en envahissant ce pays au mois de mars 2003.

Cet accord fut signé aux conditions des Irakiens, tant ceux-ci comprirent le bénéfice qu'ils pouvaient retirer de la volonté de l'Administration Bush de clore cette affaire sur un succès si symbolique soit-il[1].

Mais cette guerre, qui domina tant la politique étrangère américaine que la politique internationale pendant plus de six ans (2002-2008), est aujourd'hui tombée dans l'oubli. Le regard américain s'est ainsi reporté sur l'Afghanistan et le Pakistan, comme si cette guerre n'avait pas eu lieu, comme si les enseignements de cette guerre n'avaient pas à être tirés, comme si l'étanchéité entre la guerre par choix et la guerre par nécessité était aussi grande qu'on le prétend officiellement[2]. Cette faculté d'oubli politique est probablement la première grande leçon de la guerre en Irak. Elle découle sans conteste de la surpuissance matérielle et politique des États-Unis, qui se trouvent amenés pour la première fois de leur histoire à enchaîner deux conflits politico-militaires : l'Irak puis l'Afghanistan. Pourtant, le simple retrait militaire d'Irak est loin de constituer une opération anodine. Ce sont 128 000 hommes de troupe et 119 000 contractuels civils qu'il convient de rapatrier, sans compter les 3,3 millions de pièces d'équipement militaire représentant la somme colossale de 45,8 milliards de dollars[3]. À cela s'ajoutent

---

1. R. Chuck Mason, « Status of Forces Agreement (SOFA) : What Is It, and How Has It Been Utilized ? », *CRS Report for Congress*, 18 juin 2009. http://www.fas.org/sgp/crs/natsec/RL34531.pdf
2. *The Washington Post*, 3 août 2010.
3. Anthony H. Cordesman, « Iraq and the United States : Creating a

tous les projets lancés depuis 2003 mais dont le financement ne sera plus forcément assuré compte tenu de la volonté des États-Unis de se désengager financièrement de ce pays. À lui seul, ce conflit aura coûté aux États-Unis la somme de 784 milliards de dollars constants depuis 2003[1]. Au même moment, 100 000 soldats se trouvent à la fin 2010 déployés sur le terrain d'opérations afghan, comme si l'Amérique avait désormais vocation à toujours être en guerre dans le Grand Moyen-Orient. Aucun pays au monde ne peut agir simultanément de la sorte à une si vaste échelle.

Malgré cela, l'Irak tend désormais à se lire rétrospectivement comme une sorte d'erreur politique imputable aux seuls néoconservateurs. Pourtant, si la responsabilité de ces derniers est écrasante, rien ne serait plus contestable que de se dispenser de tirer les leçons profondes de ce conflit. Car, indépendamment de l'opportunité qu'il y avait à le mener, il soulève nombre de questions essentielles que l'on retrouve même sous une forme différente, en Afghanistan et auxquelles l'Amérique est confrontée depuis la fin de la guerre froide : à quoi servent des opérations militaires dans des sociétés complexes, segmentées, où l'État est souvent faible mais où le nationalisme reste très puissant[2] ? Quel est l'intérêt stratégique des États-

---

Strategic Partnership », *CSIS*, juin 2010, p. 3. http://csis.org/files/publication/100622_Cordesman_IraqUSStrategicPartner_WEB.pdf

1. Stephen Daggett, « Costs of Major US War », *CRS Report for Congress*, 29 juin 2010, p. 2. http://www.fas.org/sgp/crs/natsec/RS22926.pdf

2. Un récent audit d'excellente qualité évaluant le contrat de formation de la police civile en Afghanistan, préparé conjointement par les inspecteurs généraux des départements d'État et de la Défense, est arrivé à des conclusions très similaires à celles obtenues par l'audit de la SIGIR. Voir Stuart W. Bowen, Jr., « Oversight : Hard Lessons Learned in Iraq and

Unis à intervenir militairement dans des pays où ils savent que leur présence ne peut s'éterniser et où les élites seront amenées un jour ou l'autre à se défaire de la tutelle américaine, ne serait-ce que pour asseoir leur légitimité interne déjà très fragile ? Pourquoi le Grand Moyen-Orient est-il devenu depuis vingt ans l'espace où les États-Unis ont conduit trois guerres dont l'une n'est pas encore achevée ? Tous ces conflits ont-ils partie liée à des conflits non résolus comme celui qui oppose Palestiniens et Israéliens ? Quel type de coopération politique établir avec des régimes qui, même lorsqu'ils ont bénéficié du soutien direct américain pour arriver au pouvoir, n'en conservent pas moins des objectifs spécifiques et pas nécessairement congruents avec les intérêts à long terme des États-Unis ? Le fait d'ailleurs que le *surge* afghan ait été calqué sur celui d'Irak et que sa mise en œuvre ait été confiée à son concepteur irakien, le général Petraeus, souligne la porosité manifeste entre les situations insurrectionnelles, quand bien même elles ne seraient que partiellement comparables. C'est la raison pour laquelle l'idée de tirer un trait sur l'Irak ne fait guère de sens. Car de Bagdad à Kaboul le chemin est beaucoup plus court qu'on ne le pense, surtout lorsqu'il transite par Islamabad.

Quelles sont donc les leçons de la guerre en Irak pour les États-Unis ? Elles sont au nombre de trois. Certaines étaient attendues, d'autres moins : la destruction de l'État dont le relèvement sera forcément très long, la vivacité du

---

Benchmarks for Future Reconstruction Efforts », *Committee on Foreign Affairs House of Representatives One Hundred Eleventh Congress Second Session*, 24 février 2010. http://www.sigir.mil/files/USOCO/SIGIR_Testimony_10-002T.pdf

sentiment national qui ne joue ni en faveur des États-Unis ni de l'Iran, l'émergence enfin d'une « ethno-démocratie électorale », parfaitement réversible mais indéniable.

La destruction de l'État irakien

La première leçon est que l'intervention américaine a contribué à détruire un État irakien profondément délabré depuis 1982 dans des proportions inouïes. Entre le début et la fin des années 1990, le PNB irakien s'effondre. Ce délabrement entamé dès le début du conflit avec l'Iran a non seulement saigné la société et l'économie irakiennes mais a accentué en son sein tous les clivages sectaires latents qui le traversaient depuis sa création. La destruction par les États-Unis des lambeaux de l'État irakien qui restaient en place n'était évidemment pas l'objectif de l'invasion du pays en 2003. Bien au contraire, la doctrine Rumsfeld visait à renverser le régime de Bagdad et à lui substituer le plus vite possible un régime plus conforme aux intérêts du peuple irakien et à ceux des États-Unis. Il s'agissait de changer de régime et non de construire un État. Mais cet objectif politique profondément idéologique qui prétendait substituer une démocratie à une dictature en changeant simplement les hommes à la tête de l'État s'est révélé intenable. Le fait que Washington pense son intervention en Irak par rapport à la seule question du renversement de Saddam Hussein a conduit les États-Unis à négliger ce qui adviendrait une fois l'opération militaire achevée[1]. Cela ne les empêcha pas pour autant de mettre

---

1. Pour quiconque s'intéresse à la politique étrangère américaine, à

en place un programme d'aide massive non préalablement planifiée, contrôlée par le seul ministère de la Défense qui n'eut de cesse d'exclure d'autres acteurs américains plus sensibles aux questions de développement et de reconstruction. Il fut géré par une autorité d'occupation, la *Coalition Provisional Authority,* elle-même bien peu dotée en moyens humains, et pas du tout préparée à ce type d'opération. Son responsable, Paul Bremer, qui n'avait pour référence que la dénazification en Allemagne ou l'occupation américaine au Japon, n'eut de cesse de vouloir détruire les restes de l'État irakien au prétexte de le purifier de ses éléments baassistes. Ce choix terrible eut pour conséquence de détruire les derniers fragments de l'État encore en place, dans la mesure où la plupart des baassistes étaient sunnites et que la plupart de ces sunnites étaient fonctionnaires de l'État, notamment parmi les officiers de l'armée. Pire encore, il livra le pays à une armée colossale de consultants américains ou étrangers pour reconstruire le pays mais sans penser le moins du monde à consulter les Irakiens sur la pertinence des projets à mettre en œuvre[1]. Ces projets, concentrés sur des programmes d'infrastructures lucratifs pour le secteur privé américain, négligèrent totalement des domaines d'intervention aussi essentiels que l'agriculture où pourtant il aurait été utile d'investir ne serait-ce que pour prévenir

---

l'Irak ou aux problèmes posés par une intervention étrangère, on ne peut que recommander la lecture du rapport magistral du SIGIR : SIGIR, « Hard Lessons : The Iraq Reconstruction Experience », février 2009, http://www.sigir.mil/files/HardLessons/Hard_Lessons_Report.pdf. Ce document très riche et d'une rigueur exceptionnelle dresse le constat le plus accablant de l'intervention américaine en Irak.

1. *Ibid.*, p. 98.

l'hémorragie des jeunes vers les villes et donc vers l'insurrection ou le banditisme[1].

« Les États-Unis ont envahi l'Irak en 2003 sans véritable plan de stabilisation ou de reconstruction nationale. Ils ont mis en place un programme d'aide massive sans planification préalable et sans cette combinaison de données et d'expertise indispensable à la réussite de tels plans. Cette responsabilité en incomba à des consultants et à des idéologues qui mirent en place ces programmes durant les phases initiales de l'occupation en 2004. À ce moment-là, la responsabilité fit l'objet d'une coordination intergouvernementale *ad hoc* qui souffrait d'un manque de coordination et de centralisation, de l'insuffisance des fonds, des contraintes de temps et des actions du Congrès[2]. »

En réalité, la chute de Saddam Hussein était le seul but de guerre des États-Unis. De sorte que la valeur de ce résultat était en soi l'aune à laquelle Washington évaluait son intervention en Irak. Au-delà, c'est la confusion la plus totale qui prévalut. Sur le plan politique, le proconsul américain étouffa très vite l'idée d'un passage rapide du témoin aux Irakiens comme cela avait été initialement convenu, préparant ainsi l'Irak à une occupation longue. Au même moment pourtant, le chef des forces armées travaillait à retirer les troupes américaines de l'ensemble de l'Irak à la fin du mois de juillet 2003[3] ! Ces deux objectifs, totalement contradictoires mais n'ayant donné lieu à

---

1. *Ibid.*, p. 75.
2. Anthony H. Cordesman, "Iraq and the United States : Creating a Strategic Partnership", *CSIS*, juin 2010, p. 225. http://csis.org/files/publication/100622_Cordesman_IraqUSStrategicPartner_WEB.pdf
3. « Hard Lessons : The Iraq Reconstruction Experience », *op. cit.*, p. 72.

aucun arbitrage politique, eurent cependant pour conséquence d'accélérer le processus de destruction de l'État et de donner naissance à une insurrection de très grande ampleur dont le développement n'était pas inévitable si la transition politique avait été mieux gérée.

En effet, outre la décision de procéder à une massive débaassification (par référence au Baas, le parti unique irakien), le proconsul américain accompagna cette décision d'une seconde décision tout aussi lourde de conséquences : la dissolution de l'armée irakienne et de toutes les forces de sécurité, c'est-à-dire des derniers organes pouvant assurer un semblant d'ordre dans un pays en déréliction. Ce deuxième acte de destruction de l'État entraîna la mise en chômage d'environ 500 000 personnes dont bon nombre n'eurent guère d'autre choix que de rejoindre le camp de l'insurrection sunnite[1]. Bremer vivait avec l'idée que le Baas était le parti nazi, ses services secrets la Gestapo et lui le McArthur de l'Irak[2]. Le plus grave dans cette affaire est que toutes ces décisions furent prises sans avoir préalablement donné lieu à la moindre forme de délibération avec les Irakiens, qui commencèrent alors à se préoccuper de la mise en place d'un véritable régime d'occupation, ni même avec Washington dont la position officielle restait celle d'une

---

[1]. *Ibid.*, p. 75.
[2]. Dans ses mémoires, Paul Bremer indique qu'il est arrivé à Bagdad avec dans ses bagages les mémoires de McArthur. Il n'est pas sûr qu'il ait bien retenu les leçons du Japon puisque, contrairement à ce que l'on croit, le succès américain au Japon doit au fait que les États-Unis ont travaillé avec les institutions impériales, cf. John W. Dower, *Embracing Defeat: Japan in the Wake of World War II*, New York, W.W. Norton and Company, 1999.

rétrocession rapide de la souveraineté aux autorités de ce pays : « Quand l'Armée a été dissoute, rappelle le secrétaire d'État Colin Powell, j'ai appelé Mme Rice et lui ai dit : "Que s'est-il passé ?". Personne ne semblait le savoir et [sa] réponse était : "Nous devons soutenir Jerry [Bremer]." Il n'y a pas eu de réunion à ce sujet ; on ne s'est pas demandé : "Au fait, est-ce une bonne idée ?". Vous ne pouviez même pas dire qui a pris cette décision... J'ai vu Peter Pace, le vice-président de l'autorité d'occupation, un petit peu plus tard et lui ai dit : "Peter, le saviez-vous ?". Il m'a dit : "Diable non."[1] »

Face à la gravité de la situation, les autorités de Washington changent alors brutalement de stratégie. Elles décident d'organiser dans un délai de sept mois un processus de rétrocession à l'Irak de sa souveraineté pleine et entière : « Nous avons fait notre travail, aux Irakiens désormais de faire le leur en assurant la relève[2]. » Des efforts réels furent entrepris pour corriger les erreurs abyssales commises par l'autorité d'occupation. Mais l'aggravation de la situation sécuritaire limita considérablement les effets de ce changement. Les élections pour l'Assemblée constituante de janvier 2005 se déroulèrent dans d'assez bonnes conditions, même si elles furent entachées par un boycott massif des populations sunnites. Mais elles ne règlent rien. Bien au contraire, elles plongent, à partir de janvier 2006, l'Irak dans une guerre civile violente. Des conflits sanglants opposent alors milices chiites et milices sunnites, milices sunnites et forces américaines, milices chiites et forces américaines appuyées par l'armée

---

1. « Hard Lessons », *op. cit.*, p. 76.
2. *Ibid.*, p. 121.

irakienne, elle-même dominée par des milices confessionnelles (les brigades Badr), ennemies déclarées de l'Armée du Mahdi de l'imam Moqtada al-Sadr, milices chiites entre elles, milices sunnites contre Al Qaida. Au début de l'année 2007, l'Irak n'est pas loin d'être dans la situation décrite par Hobbes, de la guerre de tous contre tous. Mais cette dynamique de la terreur, qui confirme avec éclat l'impossible réduction du problème à un conflit confessionnel entre chiites et sunnites, s'accompagne progressivement de trois recompositions capitales.

La première et la plus importante intervient en mai 2007 à la faveur de la rupture politique entre les tribus sunnites de l'est du pays et Al Qaida dont le nihilisme violent lui aliène une frange importante de la population[1]. Elle débouche sur un rapprochement entre tribus sunnites et forces américaines. Les sunnites qui avaient boycotté les élections de 2005 subissaient le contrecoup politique de la chute de Saddam Hussein. Ils se rendent alors compte que l'avenir passe par la recherche réaliste d'un compromis avec les chiites garanti par les États-Unis. Ce fut d'ailleurs l'intelligence du général Petraeus de comprendre l'importance de cette dynamique et de la faire fructifier en acceptant de financer substantiellement les tribus sunnites avant de les enrôler dans la bataille contre Al Qaida[2]. Les États-Unis comprennent

---

1. International Crisis Group, « Iraq after the Surge I : The New Sunni Landscape », *Middle East Report*, n° 74, 30 avril 2008. http://www.crisisgroup.org/~/media/Files/Middle%20East%20North%20Africa/Iraq%20Syria%20Lebanon/Iraq/74_iraq_after_the_surge_i_the_new_sunni_landscape.ashx

2. D'après un analyste américain, « les États-Unis ont inscrit au budget 150 millions de dollars pour soudoyer les groupes tribaux Sunnites cette

alors que la paix peut s'acheter plus efficacement en rémunérant les tribus qu'en lançant des programmes de reconstruction dispendieux qui profitent trop peu souvent à ceux qui sont censés en bénéficier. Le second facteur de recomposition politique a été l'instauration en août 2007 d'un cessez-le-feu unilatéral décrété par Moqtada al-Sadr, le chef de la milice chiite la plus puissante. Cette décision capitale résulte de trois facteurs : l'efficacité des coups de boutoir américains, le rejet y compris par certains chiites de la violence des milices, l'achèvement du processus du nettoyage ethnique à Bagdad au profit des chiites[1]. Enfin, le dernier facteur aura été l'envoi de troupes supplémentaires (le fameux *surge*) auquel personne ne croyait, pas même Barack Obama qui vota contre ce choix au Sénat américain, mais qui se révéla efficace dans la pacification de Bagdad où l'existence de zones résidentielles mixtes avait considérablement exacerbé les violences interconfessionnelles[2]. Ce n'est donc pas le *surge* en lui-même qui a modifié l'équation insurrectionnelle en Irak mais le fait qu'il soit intervenu dans un contexte le rendant

---

année, et les Cheikhs prennent jusqu'à 20 % de chaque paiement à un ancien insurgé – ce qui signifie que commander 200 combattants peut rapporter plus de 100 000 dollars par an à un chef tribal. Steven Simon, « The Price of the Surge. How US Strategy is Hastening Iraq's Demise », *Foreign Affairs*, vol. 87, n°3, mai-juin 2008, p. 65.

1. International Crisis Group, « Iraq's Civil War, the Sadrists and the Surge », *Middle East Report*, n° 72, 7 février 2008. http://www.crisisgroup.org/~/media/Files/Middle%20East%20North%20Africa/Iraq%20Syria%20Lebanon/Iraq/72_iraq_s_civil_war_the_sadrists_and_the_surge.ashx

2. Sur l'histoire du *surge* américain en Irak qui fut mis en œuvre par le général Petraeus mais non conçu par lui, cf. Steve Coll, « The General's Dilemma, David Petraeus, the Pressures of Politics, and the Road out of Iraq », *The New Yorker*, 8 septembre 2008.

pertinent[1]. Depuis cette date, l'Irak a connu un incontestable déclin de la violence, même si celle-ci demeure réelle et semble reprendre dans les régions de l'Est irakien compte tenu de l'extrême lenteur avec laquelle les autorités de Bagdad procèdent à la réintégration sociale des anciens miliciens sunnites (100 000 environ) depuis que ces derniers ne sont plus rémunérés directement par les États-Unis[2]. Aujourd'hui, l'intégrité territoriale de l'Irak ne semble plus menacée, même si les clivages internes restent profonds. La reconstruction de l'État reste néanmoins la condition essentielle du maintien de cette unité. Or ce processus sera dans le meilleur des cas extrêmement long. Malgré 40 milliards de dollars de revenus pétroliers annuels et une aide civile américaine cumulée de 50 milliards de dollars, l'Irak est aujourd'hui l'un des pays du monde au niveau de vie par habitant le plus bas. Il se situe au 160e rang, juste devant Gaza[3]. Plus de la moitié de la population irakienne est au chômage et celle qui ne l'est pas dépend massivement de l'emploi étatique, dans des proportions au moins équivalentes à celles qui prévalaient sous l'ancien régime. La reconstruction de l'État passe toutefois par un processus essentiel : la reconquête de sa légitimité auprès des citoyens en satisfaisant leurs besoins élémentaires en matière de sécurité, et d'accès aux services de base comme l'eau,

1. International Crisis Group, « Iraq after the Surge II : The Need for a New Political Strategy », *Middle East Report*, n° 75, 30 avril 2008.
2. « Integration of Sons of Iraq Delayed Until Mid-2010 », Musings on Iraq, 4 janvier 2010. http://musingsoniraq.blogspot.com/2010/01/integration-of-sons-of-iraq-delayed.html
3. « Iraq » *in* CIA, *World Factbook*, 24 juin 2010, https://www.cia.gov/library/publications/the-world-factbook/geos/iz.html

l'électricité ou l'évacuation des déchets. Or sur ces différents plans, hormis peut-être celui de la sécurité, la vie quotidienne des Irakiens reste plus que précaire. La situation est particulièrement critique dans le domaine de l'approvisionnement électrique. L'Irak, 10ᵉ pays producteur de pétrole au monde, est tenu aujourd'hui d'importer plus de 10 % de sa consommation d'électricité d'Iran et de Turquie face aux déficiences de son système électrique[1]. Cette réalité fait contraste avec les promesses lyriques de Paul Bremer annonçant en août 2003 que « d'ici environ un an, pour la première fois dans l'histoire, chaque Irakien dans chaque ville, bourg et village aura autant d'électricité qu'il pourra en utiliser ; et il l'aura 24 heures par jour, tous les jours[2] ». Ces déficiences doivent beaucoup à la désorganisation du pays et à l'immense corruption qui y règne. Une corruption que l'aide américaine gérée sans planification ni cohérence, au regard des évaluations officielles qui en ont été faites, n'a fait qu'aggraver[3]. Pour prendre la mesure de cette impréparation, il faut par exemple savoir que le montant de l'aide pour la reconstruction de l'Irak a finalement été vingt-cinq fois supérieure à ce qui avait été initialement décidé. De fait, plus du quart des projets de reconstruction financés par les États-Unis n'ont à ce jour pas été achevés ou même lancés[4]. L'intervention américaine se solde donc par un échec accablant en matière de reconstruction de l'État, faute d'une

---

1. *The New York Times*, 1ᵉʳ août 2010.
2. Cité *in* « Hard Lessons », *op. cit.*, p. 150.
3. *Ibid.*, p. 210.
4. *Ibid.*

doctrine en la matière et d'une cohérence opérationnelle pour la mettre en œuvre[1].

La vigueur du sentiment national

Pourtant, si l'intervention américaine a indiscutablement contribué à détruire l'État irakien malgré l'immense effort de guerre consenti, elle n'a pas fait reculer le sentiment national irakien. On peut même penser que celui-ci sort renforcé de l'épreuve, même si d'une certaine manière son expression ne profite pas directement aux États-Unis. Pour prendre la mesure de cette réalité, il est par exemple intéressant de partir des termes de l'accord de retrait des troupes américaines du 17 novembre 2008, et qu'il incombe à l'Administration Obama de mettre en œuvre. Cet accord, baptisé SOFA dans le jargon militaire américain (Accord sur le Statut des Forces), présente par rapport à la centaine d'accords du même type signés par les États-Unis plusieurs caractéristiques intéressantes. La première est qu'à la différence des autres accords il fixe une date formelle de retrait total et définitif des troupes américaines d'Irak, ce que l'Administration Bush a pendant longtemps refusé[2]. Elle craignait qu'une date butoir profite aux insurgés qui attendraient en embuscade le départ des forces américaines pour repasser à l'offensive[3].

1. Stuart W. Bowen, Jr., *op.cit.*, 24 février 2010.
2. R. Chuck Mason, « Status of Forces Agreement (SOFA): What Is It, and How Has It Been Utilized ? », *op. cit.*
3. Kenneth Katzman, « Iraq : Post-Saddam Governance and Security », *CRS Report for Congress*, 28 octobre 2009, p. 42. http://www.fas.org/sgp/crs/mideast/RL31339.pdf

La seconde est que, selon les termes de cet accord, les personnels civils contractuels et leurs employés des forces américaines sont placés sous la juridiction exclusive de l'Irak[1]. Dans le même ordre d'idées, l'accord autorise Bagdad à revendiquer le droit de juger des membres des forces américaines qu'ils soient civils ou militaires de « crime grave et prémédité », si ces personnes ne se trouvent pas en service ou agissent en dehors des zones où elles sont censées être assignées[2]. L'article 12, qui règle les conditions dans lesquelles un État souverain définit ses rapports juridiques avec les forces étrangères stationnées sur son territoire, présente de surcroît une caractéristique inédite dans ce type d'accords : il est soumis à une évaluation bisannuelle alors que l'accord dans son ensemble court sur trois ans[3].

Une autre caractéristique de l'accord américano-irakien est de définir les conditions dans lesquelles l'armée américaine peut assurer la sécurité et la stabilité de l'Irak. À cette fin, les accords créent un comité de coordination des opérations militaires conjointes. Il est toutefois précisé que les opérations menées ne devront en aucun cas porter atteinte à la souveraineté de l'Irak et à ses intérêts nationaux tels qu'ils sont définis par l'Irak lui-même[4]. L'examen de quelques-unes des dispositions

---

1. « Agreement Between the United States of America and the Republic of Iraq on the Withdrawal of United States Forces from Iraq and the Organization of Their Activities during Their Temporary Presence in Iraq », Article 12, 17 novembre 2008. http://www.globalsecurity.org/military/library/policy/dod/iraq-sofa.htm
2. *Id.*, article 12.1.
3. *Id.*, article 12.10.
4. *Id.*, article 4.3.

de l'accord américano-irakien sur le statut des forces américaines est très instructif. En effet, la présence de troupes étrangères dans un pays souverain constitue un enjeu politique de première importance, y compris aux yeux des opinions publiques. Les difficultés que rencontrent encore à ce jour les États-Unis à redéfinir les conditions de leur présence militaire au Japon, un allié indéfectible des États-Unis depuis plus de soixante ans, souligne l'importance de l'enjeu. Or il apparaît patent que les autorités irakiennes ont tout entrepris pour négocier au plus près les termes d'un retrait définitif des troupes américaines dans un délai relativement court. En 2004, au moment où ils transférèrent leur pouvoir de puissance occupante à l'Irak redevenu souverain, les États-Unis cherchèrent à négocier un accord sur leur présence militaire. Mais les autorités irakiennes déclinèrent la proposition, craignant que les termes de cet accord soient moins avantageux pour eux, à un moment où leur dépendance vis-à-vis des États-Unis était considérable[1]. Lorsqu'en 2008 ils finirent par signer un accord avec les États-Unis, ils estimaient que le rapport de forces leur était plus favorable et leur permettrait de négocier un retrait total et définitif des troupes américaines en 2011, alors que les États-Unis espéraient ou pensaient encore à cette date pouvoir maintenir un contingent américain même après 2011[2]. Il est au demeurant significatif que l'accord de

---

1. R. Chuck Mason, « US-Iraq Withdrawal/Status of Forces Agreement: Issues for Congressional Oversight », *CRS Report for Congress*, 13 juillet 2009. http://www.fas.org/sgp/crs/natsec/R40011.pdf
2. Robert Gates évaluait à quelques milliers le nombre de soldats américains susceptibles de rester en Irak après 2011, tout en précisant qu'il s'agissait d'un choix souverain des Irakiens. « Robert Gates talks

sécurité américano-irakien ne prévoie pas de garantie de sécurité américaine comme on en trouve par exemple dans le traité entre les États-Unis et le Japon de 1951 qui stipule que « chaque partie reconnaît que toute attaque armée contre l'une ou l'autre partie dans les territoires sous administration du Japon serait dangereuse pour sa propre paix et sa sécurité et déclare qu'elle agirait pour faire face au danger commun conformément aux dispositions et processus constitutionnels[1] ».

Pourquoi donc un gouvernement d'obédience chiite n'ayant pu accéder au pouvoir qu'à la faveur d'une intervention militaire américaine se montre-t-il aujourd'hui extrêmement sourcilleux sur sa souveraineté et décidé à réduire à sa plus simple expression l'influence politique des États-Unis en Irak[2] ? Il n'y a naturellement pas une seule explication à cela. Certaines d'entre elles méritent toutefois d'être rappelées. La première tient au fait qu'à la différence des Kosovars par exemple, les Irakiens (à l'exception des Kurdes qui bénéficient de la protection américaine depuis 1991) n'ont jamais perçu l'intervention américaine comme une opération destinée à les libérer d'une tyrannie. Beaucoup y ont vu un prétexte pour s'implanter au Proche-Orient. De ce point de vue, il n'y avait pas d'un côté des chiites attendant les Américains en

---

about residual forces in Iraq after 2011 », http://www.charlierose.com/topic/current_affairs, 17 décembre 2008.

1. Cité *in* Gerard Russell, « Foreign Policy, Staying for the longer-term in Iraq and Afghanistan ? », *Foreign Policy*, 16 août 2010. http://afpak.foreignpolicy.com/posts/2010/08/16/staying_for_the_longer_term_in_iraq_and_afghanistan

2. Il sera toutefois intéressant de savoir si l'Irak sera intéressé à négocier un nouvel accord de sécurité avec les États-Unis et quelles en seraient les modalités après le retrait total de leurs troupes en décembre 2011.

libérateurs et de l'autre des sunnites les percevant comme des occupants. Les deux les voyaient dès le départ comme des occupants, à la différence près que les chiites ont vu dans cette intervention une opportunité politique pour prendre le pouvoir à Bagdad, ce qui bien entendu ne pouvait que susciter des craintes de la minorité sunnite au pouvoir dans le pays depuis l'indépendance. Dès le départ, la quasi-totalité des dirigeants chiites n'avait pas d'autre objectif que d'instrumentaliser les États-Unis en obtenant qu'ils renversent Saddam Hussein et se retirent au plus vite une fois le travail fait. Cette donnée majeure en dit long à la fois sur la réalité politique arabe, la force du sentiment national, et nous éclaire sur ce qui se produisit. La réalité politique est celle de sociétés arabes incapables de choisir librement leurs dirigeants et contraintes de ce fait de faire appel à des forces extérieures pour y parvenir. Sans l'intervention américaine, les chiites n'auraient probablement jamais pris le pouvoir à Bagdad. Jusqu'en 2008, le gouvernement d'Anouar El Maliki n'hésita pas à faire appel aux troupes anglo-américaines pour s'imposer notamment à Bassorah en mars 2008 face aux milices chiites sadristes (en référence à l'imam Moussa Sadr, adversaire chiite du Premier ministre) qui contrôlaient la ville[1]. Mais recourir à l'appui des Américains ne signifie pas pour autant assumer ce choix, surtout dans le monde arabe où le contentieux avec les États-Unis est si fort. Même ceux que l'on présentait ou qui se présentaient comme les hommes des Américains (Ahmed Chalabi par

---

1. Kenneth Katzman, « Iraq : Post-Saddam Governance and Security », *CRS Report for Congress,* 28 octobre 2009, p. 12. http://www.fas.org/sgp/crs/mideast/RL31339.pdf

exemple, allié des néoconservateurs) n'ont en réalité fait qu'utiliser les États-Unis pour renforcer leurs positions de pouvoir. Le même Ahmed Chalabi passe d'ailleurs aujourd'hui pour très proche de Téhéran, faute d'avoir réussi à s'imposer localement. Au demeurant, les deux grands mouvements politiques chiites irakiens (*El Dawa* et l'*ISCI*) n'ont eu avant l'invasion américaine de 2003 que bien peu de rapports avec Washington. L'actuel Premier ministre Maliki n'en avait pratiquement pas. Pour autant ses relations avec l'Iran n'étaient pas au beau fixe. Réfugié dans ce pays après le début de la guerre Iran-Irak de 1980, il le quitta précipitamment pour la Syrie afin de ne pas se trouver enrôlé au sein d'une milice chiite irakienne constituée par Téhéran pour combattre l'Irak[1]. La question iranienne est d'ailleurs au cœur du conflit entre les deux grands mouvements chiites. Iyad Allawi, le challenger chiite mais non religieux auquel beaucoup de sunnites se sont ralliés depuis les dernières élections, entretenait des rapports plus étroits avec les États-Unis, notamment avec la CIA[2]. Mais il s'agissait d'une relation politique et non d'une relation de subordination. Le fait que les deux coalitions politiques irakiennes arrivées en tête aux élections législatives de 2010 sont celles de l'actuel Premier ministre irakien Anouar El Maliki et d'Iyad Allawi n'est pas le fruit d'un hasard. Tous les deux passent pour très indépendants vis-à-vis des puissances étrangères. Iyad Allawi rentre dans l'épure des nationalistes arabes modérés, méfiants envers l'Occident et très hostiles à l'Iran bien qu'étant lui-même chiite. Il est demeuré fondamen-

1. *Ibid.*, p. 12.
2. *Ibid.*, p. 4.

talement baassiste même si Saddam Hussein chercha à le faire assassiner[1]. Anouar El Maliki paraît beaucoup plus sectaire, en ce qu'il est particulièrement désireux de conforter la suprématie chiite en Irak. Cela n'enlève toutefois rien à son immense méfiance tant à l'égard des États-Unis, qui lui sont d'ailleurs totalement étrangers sur tous les plans, que de l'Iran. *A contrario*, l'échec des partis politiques représentant l'ensemble des forces politiques irakiennes proches de l'Iran confirme cette appréciation[2]. Pour les États-Unis, ces données politiques sont profondément ambivalentes. Par certains côtés, ils peuvent se féliciter de voir que l'arrivée au pouvoir de la majorité chiite en Irak n'a pas modifié l'équilibre des forces entre le monde arabe et le monde iranien. De fait, cet équilibre a profité au troisième pôle de la région : la Turquie. Les États-Unis ont d'ailleurs compris leur intérêt à maintenir l'intégrité territoriale de l'Irak après avoir eu des velléités sinon de diviser l'Irak, tout au moins d'affaiblir son pouvoir central au moment où la guerre civile dégénérait[3]. En définitive, la guerre en Irak n'aura offert aux États-Unis qu'un gain stratégique faible voire insignifiant au regard du coût de leurs interventions. Car sur tous les sujets sensibles qui intéressent les États-Unis, le nouvel Irak ne se montrera pas radicalement différent du précédent, sauf paradoxalement sur le dossier iranien, où Bagdad est contraint à la

[1]. *The Guardian*, 5 août 2010.
[2]. Kenneth Katzman, « Iran's Activities and Influence in Iraq », *CRS Report for Congress*, 4 juin 2009. http://www.fas.org/sgp/crs/mideast/RS22323.pdf
[3]. Anthony H. Cordesman, « Pandora's Box : Iraqi Federalism, Separatism, "Hard" Partitioning, and US Policy », *Center for Strategic and International Studies*, 9 octobre 2007. http://csis.org/files/media/csis/pubs/071009_pandorasbox.pdf

prudence. Ceci d'autant plus qu'en Irak la mémoire antioccidentale et antiaméricaine est historiquement beaucoup plus chiite que sunnite. C'est l'Occident qui a véritablement garanti pendant très longtemps le maintien d'un pouvoir sunnite à Bagdad. À l'inverse, toutes les insurrections antioccidentales (1920, 1941) ont été dominées par les chiites, dont la marginalisation politique a renforcé l'hostilité à l'Occident.

Tout ceci fait que, en dehors peut-être des Kurdes dont le soutien américain a permis de renforcer le sentiment national et de consolider l'autonomie politique depuis 1991, la plupart des responsables ainsi que l'opinion irakienne n'exprimeront jamais la moindre reconnaissance pour les États-Unis[1]. Tout au contraire, ils n'auront de cesse d'exprimer leur indépendance vis-à-vis de Washington, même lorsqu'ils en ont besoin, et peut-être surtout lorsqu'ils en ont besoin. Ce processus politique en cours depuis plusieurs années fait qu'aujourd'hui l'influence américaine à Bagdad est relativement faible au regard de l'investissement politique colossal consenti dans ce pays. Et le fait remarquable est que Washington semble avoir pleinement intégré cette réalité[2]. Même les adjudications pétrolières faites en 2009 n'ont pas profité aux compagnies américaines[3].

1. Anthony H. Cordesman, « Iraq and the United States : Creating a Strategic Partnership », *CSIS*, juin 2010, p. 6. http://csis.org/files/publication/100622_Cordesman_IraqUSStrategicPartner_WEB.pdf. Un sénateur américain, Rohrabacher, indiquait : « J'entends rarement un remerciement de nos amis Irakiens qui viennent nous rendre visite, et je pense que nous, le peuple américain, le méritons. » 24 février 2010. http://www.internationalrelations.house.gov/111/55125.pdf
2. « Iraq : The Impasse », *The New York Review of Books*, 19 août 2010. http://www.nybooks.com/articles/archives/2010/aug/19/iraq-impasse/
3. Anthony H. Cordesman, « Iraq and the United States : Creating a Strategic Partnership », *op.cit.*

Une éthno-démocratie électorale

Les élites irakiennes se sont en effet largement réapproprié la dynamique politique ouverte par l'intervention américaine de 2003. Cette dynamique repose sur trois facteurs à la fois indissociables et contradictoires : la domination des chiites sur la vie politique irakienne, l'existence d'une forte autonomie kurde, et le risque improbable d'une partition compte tenu de la multiplicité des lignes de fracture qui offrent l'avantage, pourrait-on dire, de ne pas se recouper forcément. En effet, si au départ la dynamique politique en 2003 reposait largement sur une alliance entre Kurdes et chiites pour évincer les sunnites du pouvoir, sept ans plus tard la situation est bien plus complexe. Parce que les sunnites ont sans doute été définitivement évincés du pouvoir, leur soutien devient essentiel aux forces chiites qui se disputent ce pouvoir. Il n'y a donc pas de contradiction à avoir d'un côté les chiites unis sur le fait qu'ils ne veulent en aucun cas revenir sur l'après-2003, mais qu'en même temps ce point d'accord essentiel les conduit à se diviser pour exercer le pouvoir[1]. Cette réalité n'a d'ailleurs rien de spécifiquement irakien. Le problème se pose plus ou moins de la même façon pour les sunnites. Ils savent selon toute vraisemblance qu'ils ne pourront pas reprendre le pouvoir à Bagdad, et que dans ces conditions ils se doivent de négocier au plus offrant leur ralliement au pouvoir chiite. C'est le sens qu'il faut donner au soutien que la plupart d'entre eux ont

---

1. Kenneth Katzman, « Iraq Politics, Elections and Benchmarks », *CRS Report for Congress*, 28 avril 2010. http://www.fas.org/sgp/crs/mideast/RS21968.pdf

apporté au parti d'Iyad Allawi lors des élections législatives de mars 2010. De surcroît, si chiites et Kurdes sont fondamentalement unis pour ne pas revenir sur la nouvelle donne ouverte par l'intervention américaine en 2003, chiites et sunnites sont de nouveau unis pour ne pas voir s'étendre l'influence kurde, notamment dans les zones contestées du nord de l'Irak (Kirkouk)[1]. Ils ne veulent de surcroît pas voir le partage de la rente rendre les Kurdes indépendants du pouvoir central. L'absence de consensus sur la répartition de la rente pétrolière confirme la réalité du clivage entre Arabes et Kurdes. Le fait que le système irakien soit avant tout organisé sur des bases confessionnelles et ethniques, mais qu'en même temps les clivages qu'il suscite ne peuvent en aucune manière absorber toute la dynamique politique, constitue paradoxalement la meilleure garantie de préservation du nouvel ordre politique dans la mesure où aucune faction ne peut gouverner seule sauf à prendre le pouvoir par la force. L'Irak est aujourd'hui à des années-lumière d'une démocratie politique fonctionnelle et apaisée. Il s'apparente à une forme d'ethno-démocratie électorale extraordinairement fragile et peut-être provisoire. Le fait qu'il ait fallu plus de sept mois pour trouver un accord politique à Bagdad en vue de former un nouveau gouvernement souligne à la fois les immenses difficultés qui minent l'Irak ainsi que le risque de voir un gouvernement élu démocratiquement refuser à terme toute alternance[2]. Quoi qu'il en soit, l'entrée probable des partisans de Moqtada Sadr au sein

1. Anthony H. Cordesman, « Iraq and the United States : Creating a Strategic Partnership », *op. cit.*, p. 54.
2. *International Herald Tribune*, 2-3 octobre 2010.

du gouvernement confirme bel et bien le déclin de l'influence américaine en Irak à l'heure où la violence politique semble s'intensifier à nouveau. Pour le meilleur comme pour le pire, les Irakiens sont en un sens redevenus maîtres de leur destin, même si celui-ci n'est bien sûr pas celui qu'avaient imaginé les néoconservateurs américains. L'Irak a mis en évidence la capacité des États-Unis à modifier un ordre politique en même temps que sa difficulté à en construire un nouveau conforme à ses objectifs et ses intérêts. Cette leçon capitale valable pour Bagdad semble devoir également s'imposer à Kaboul.

VI

Afghanistan : partir sans s'enfuir

Si les États-Unis semblent décidés à quitter l'Irak en 2011 pour solde de tout compte, ils ne veulent ni ne peuvent se retirer brutalement d'Afghanistan, où l'échec de l'Administration Bush aura été là encore patent. Barack Obama sait que les États-Unis ne pourront s'éterniser dans un pays où le coût de la guerre croît de manière vertigineuse bien que ne présentant pas d'intérêt stratégique intrinsèque pour eux[1]. Les nouvelles demandes de financement faites par l'Administration auprès du Congrès porteraient la contribution américaine en Afghanistan à 71 milliards de dollars, soit plus que le montant des aides économiques dépensées en Irak au cours des huit dernières années. Mais il sait aussi qu'un retrait précipité mettrait en péril leur crédibilité de grande puissance et leur sécurité à laquelle veulent porter atteinte les

1. Audition d'Arnold Fields, « Oversight Issues in Afghanistan », 20 mai 2010. http://www.sigar.mil/pdf/testimony/05_20_10SIGARTestimonyHouseIOSubcommittee.pdf

djihadistes. Tout l'enjeu est donc pour eux de se préparer à partir sans accréditer l'idée qu'ils cherchent à s'enfuir.

Pour parvenir à ce résultat, Barack Obama s'est en apparence assigné un objectif politique limité : « interrompre, démanteler et défaire Al Qaida ainsi que ses bases arrière au Pakistan pour prévenir aussi bien leur retour en Afghanistan qu'au Pakistan[1] ». Il s'agit en quelque sorte de revenir aux sources de l'engagement militaire américain dans ce pays. Pourtant, derrière cet objectif délibérément circonscrit, se profile une ambition stratégique de grande ampleur : empêcher l'effondrement du Pakistan et son inexorable talibanisation. Une telle éventualité constituerait pour Washington une catastrophe géopolitique sans commune mesure avec une retraite d'Afghanistan. Une talibanisation du Pakistan permettrait à des groupes islamistes extrémistes de prendre le contrôle de l'arsenal nucléaire pakistanais, d'entraîner *ipso facto* un retour des talibans à Kaboul, de redonner un souffle exceptionnel au djihadisme, et de déclencher presque inévitablement un conflit militaire avec l'Inde. Il s'ensuivrait alors un embrasement régional sans précédent car ni la Russie, ni la Chine, ni l'Iran ne pourraient rester indifférents face à une telle éventualité.

L'indissociabilité absolue de l'avenir de l'Afghanistan et de celui du Pakistan constitue un fait géopolitique majeur. L'originalité de l'Administration Obama est donc non seulement d'avoir pris la pleine mesure de cette indis-

---

1. « White Paper of the Interagency Policy Group's Report on US Policy toward Afghanistan and Pakistan », site de la Maison-Blanche, mars 2009. http://www.whitehouse.gov/assets/documents/Afghanistan-Pakistan_White_Paper.pdf

sociabilité, mais de tenter de mettre en place une stratégie cohérente reposant sur quatre grands paris : réviser la stratégie militaire des forces américaines dont l'échec est devenu patent, préparer la relève des troupes étrangères par une armée afghane jusque-là inconsistante, redonner une légitimité politique à un gouvernement afghan profondément discrédité quitte à négocier avec les talibans et enfin, et surtout, impliquer le Pakistan dans un règlement du conflit en lui offrant des incitations politiques et stratégiques plus crédibles et plus stables dans le temps. Car sans le Pakistan toute solution en Afghanistan demeurera illusoire. Le tout sur fond d'une annonce d'un début de retrait en 2011, pour à la fois rassurer l'opinion américaine qui voit cette guerre rentrer dans sa dixième année, même si les pertes militaires ont été jusque-là limitées, et pour signifier au gouvernement Karzaï que le soutien qui lui sera accordé sera millimétré[1]. C'est d'ailleurs la fraude massive à laquelle a donné lieu la réélection de Karzaï, en août 2009, qui a contraint l'Administration Obama à procéder à une deuxième réévaluation de sa stratégie afghane à l'automne 2009[2]. La vérité est que les États-Unis n'ont plus d'interlocuteur sur lequel sérieusement s'appuyer, ce qui limite leurs chances de succès sauf à réduire de plus en plus leurs exigences et leurs attentes

1. Dexter Filkins, « Leader of Afghanistan Finds Himself Hero No More », *The New York Times*, 7 février 2009 ; Jon Boone, « Too Nice, Too Weak : How West's Own Man Fell out of Favour », *The Guardian*, 23 mars 2009 ; Haseeb Humayoon, « The Re-election of Hamid Karzai », *Institute for the Study of War*, 18-19 janvier 2010 ; Elizabeth Rubin, « Karzai in His Labyrinth », *New York Times Magazine*, 9 août 2009.
2. Kenneth Katzman, « Afghanistan : Post-Taliban Governance, Security, and US Policy », 21 juillet 2010, *CRS Report for Congress*, http://www.fas.org/sgp/crs/row/RL30588.pdf

vis-à-vis du pouvoir afghan, ce qui semble d'ailleurs être le cas.

Le legs soviétique

Pour comprendre les enjeux de cette nouvelle stratégie et en évaluer les conséquences, il importe de rappeler les données de base du conflit que l'Administration Obama a trouvé à son arrivée au pouvoir en janvier 2009.

L'Afghanistan a toujours été un territoire convoité mais jamais réellement dominé. Ses frontières étatiques modernes sont le fruit d'un compromis entre Britanniques et Russes qui délimite son espace pour le différencier de l'Inde, de la Russie et de la Perse. Le souverain Abderrahmane au cours des vingt dernières années du XIXe siècle s'efforça de développer de manière très classique un sentiment national afghan en tentant de diluer les identités ethniques et tribales traditionnelles. Il fit ainsi en toute logique la guerre aux Ouzbeks, aux Hazaras et aux Tadjiks, tous non pachtounes, en faisant en sorte qu'ils se plient à l'ordre de Kaboul. À ceci près qu'il ne reconnut jamais la fameuse ligne Durand, du nom de sir Mortimer Durand, qui divisait les tribus pachtounes entre Pachtounes afghans et Pachtounes pakistanais[1]. Cette division artificielle pèse d'un poids décisif dans l'indissolubilité du lien entre l'Afghanistan et le Pakistan. Mais les dirigeants pakistanais ne semblent jamais avoir exigé de

---

1. Ahmed Raschid, *Descent into Chaos. The United States and the failure of nation building in Pakistan, Afghanistan, and Central Asia*, New York, Viking, 2008, p. 267.

Kaboul la reconnaissance de la fameuse ligne Durand, même lorsqu'ils étaient en mesure de le faire, car dès 1947 ils ont mesuré l'avantage à utiliser cette zone frontalière de non-droit pour y entretenir des forces politico-militaires susceptibles d'être instrumentalisées face au seul enjeu qui les préoccupe : l'Inde[1].

Malgré cette hypothèque, l'Afghanistan a connu jusqu'en 1973 une exceptionnelle stabilité à laquelle toutes les puissances régionales et extrarégionales, dont les États-Unis et l'URSS, ont contribué. Ce qui montre d'ailleurs à quel point la stabilité d'un pays comme l'Afghanistan demeure fondamentalement tributaire d'un équilibre régional donné. Cet équilibre sera rompu par le renversement du roi en 1973. Il amène en effet au pouvoir à Kaboul un régime républicain aux sympathies prosoviétiques. Il s'ensuit mécaniquement une radicalisation des partis communistes désireux de pousser leur avantage ainsi que des islamistes très inquiets de l'avènement d'un tel régime. Beaucoup de ces islamistes commencent alors à se réfugier dans les zones tribales de la frontière afghano-pakistanaise, où ils se trouvent pris en charge par l'armée pakistanaise, et notamment par ses services spéciaux (ISI).

Pour l'armée pakistanaise en effet, l'avènement d'un régime prosoviétique à Kaboul ne peut que modifier l'équilibre régional au profit de l'Inde, grand allié régional de l'URSS. En avril 1978, les communistes afghans renversent le régime de Kaboul et mettent aussitôt en place des réformes de modernisation aux accents

---

1. Cf. Shuja Nawaz, *Crossed Swords,* New York, Oxford University Press, 2008.

staliniens. Cette politique brutale ne peut alors que leur aliéner la sympathie d'une population rurale extrêmement traditionnelle, qui se tourne assez naturellement vers les islamistes.

« Ainsi, au moins à partir de 1973, le Pakistan a commencé à instrumentaliser des milices islamistes pachtounes pour poursuivre ses objectifs de politique étrangère en Afghanistan[1]. » Cette violence contre les populations réfractaires à une modernisation forcée se trouve doublée d'une lutte acharnée pour le pouvoir entre les deux factions communistes, et cela dans un pur style soviétique. Le premier président communiste Taraki fut renversé par son concurrent Amin, qui joua alors de la radicalisation révolutionnaire pour consolider son pouvoir. Mais l'ampleur des exactions communes et du désordre politique qui en résulta inquiéta les Soviétiques. Craignant l'arrivée des islamistes à Kaboul, ils décident d'intervenir militairement en décembre 1979. C'est le début de deux décennies de guerre et de chaos dont l'Afghanistan ne s'est pas encore remis aujourd'hui.

Dans un premier temps, les forces soviétiques rétablissent un semblant d'ordre autour de la capitale, en même temps qu'elles incitent leurs protégés à renoncer à la modernisation forcée. Mais entre-temps, le conflit s'est embrasé, prenant même les contours d'une guerre planétaire. Les États-Unis voient l'Afghanistan à travers le prisme de la compétition avec l'URSS et se jurent de la faire plier sous Ronald Reagan. Ils vont à cette fin s'appuyer sur trois acteurs majeurs puissamment motivés

---

1. Cf. Barnett R. Rubin, *The Fragmentation of Afghanistan,* New Heaven, Yale University Press, 2002.

par la perspective d'une défaite soviétique : l'Arabie Saoudite comme bailleur de fonds et comme protecteur politique de mouvements islamistes influencés par le wahhabisme jusque-là peu présent en Afghanistan, le Pakistan comme parrain politique et militaire de l'offensive anti-soviétique, et enfin des moudjahidines afghans comme opérateurs militaires, moudjahidines dont le nombre dépassera les 100 000 membres, contre 40 000 talibans aujourd'hui. L'intervention soviétique aura constitué un naufrage politique pour l'URSS, une catastrophe humanitaire pour la population afghane (1 million de morts, 2 millions de blessés, et 6 millions d'exilés). Elle aura aussi et surtout servi de certificat de baptême au jihadisme, que sa capacité à défaire une superpuissance athée va littéralement galvaniser. Aujourd'hui encore, la mémoire de ce combat contre les grandes puissances reste très vivace chez les talibans qui se verraient volontiers défaire l'autre et dernière grande puissance : les États-Unis.

Il va sans dire que le régime de Kaboul ne résista nullement à l'effondrement de l'URSS. L'Afghanistan entre alors dans une guerre civile dont le premier épisode se conclut en 1992 par l'avènement pour la première fois en trois cents ans d'un pouvoir non pachtoune[1]. La guerre civile redouble d'intensité sous la pression de la faction Hekmatyar soutenue par le Pakistan, bien décidé à renverser le cours des choses. Le pays se fragmente alors sur des bases ethniques et tribales compte tenu de la quasi-disparition de l'État central. C'est dans ce contexte que naissent en 1994 les talibans. Bien qu'exclusivement

---

1. Ahmed Raschid, *Descent into Chaos, op. cit.*, p. 11.

pachtounes, ces derniers se présentent avant tout comme une force d'ordre et d'unité sous la bannière d'un islamisme deobandi d'influence wahhabite, c'est-à-dire saoudienne, jusque-là largement absente de la scène afghane. Ils bénéficient alors non seulement du parrainage pakistanais mais des financements saoudiens et émiratis ainsi que du soutien idéologique et militaire d'Oussama Ben Laden, vétéran de la guerre contre les Soviétiques, revenu en Afghanistan après son expulsion du Soudan en 1996 sous la pression américaine. L'alliance des talibans et d'Al Qaida remonte à cette date. Elle ne va cesser de se renforcer sur la base d'un accord politique assez simple : aux talibans le contrôle de l'Afghanistan, à Al Qaida l'utilisation de l'Afghanistan comme base opérationnelle pour un Jihad mondial. Oussama Ben Laden étant arabe et non afghan, il ne peut prétendre prendre le pouvoir en Afghanistan, et donc concurrencer les talibans. La légion arabe de Ben Laden rendra ainsi de précieux services aux talibans, puisque c'est avec son aide qu'ils parviendront en 2000 à prendre le dessus sur leur principal adversaire politique et militaire : l'Armée du Nord du commandant Massoud.

Dans ce nouveau contexte, le Pakistan joue un rôle essentiel. Se sentant totalement abandonné par les États-Unis au lendemain de la chute de l'URSS et soumis de surcroît à d'importantes sanctions américaines consécutives à la mise en place d'un programme nucléaire (amendement Pressler), il n'aura de cesse de relancer le djihad en Afghanistan pour contrer son véritable et unique adversaire : l'Inde[1]. Le contrôle de l'Afghanistan sonne

---

1. C. Christine Fair, « The US Strategy in Afghanistan : Impacts upon

pour le Pakistan comme une revanche après la période de contrôle soviétique, ainsi que comme une compensation régionale à l'abandon américain.

Le legs du 11 Septembre

Il est désormais établi que cette talibanisation de l'Afghanistan préoccupa fort peu Washington, en dépit de multiples mises en garde et avertissements. Cette indifférence s'expliquait par le fait que l'islamisme n'était pas perçu comme un adversaire des États-Unis et que les parrains des talibans étaient pour l'essentiel des alliés des États-Unis. De surcroît, et c'est là une caractéristique majeure de la politique extérieure américaine, celle-ci a tendance à ne reconnaître que deux qualités de partenaires : les amis et les ennemis. Tant qu'un acteur n'est pas inscrit au tableau des ennemis de l'Amérique, il peut agir à sa guise, quitte d'ailleurs à interpréter à son corps défendant les intentions non explicites des États-Unis. Ce fut le cas de Saddam Hussein, qui avait cru à une neutralité américaine en cas d'invasion du Koweït. D'une certaine manière, c'est le calcul que pouvaient faire les talibans, d'autant que bon nombre d'entre eux avaient connu une longue décennie de compagnonnage avec les services secrets américains. Enfin, il ne faut pas perdre de vue le fait que la politique américaine est toujours le

---

US Interests in Pakistan », Testimony presented before the United States House of Representatives, Armed Services Committee, Subcommittee on Oversight and Investigations, 5 novembre 2009. http://www.humansecuritygateway.com/documents/USGOV_FairTestimony_StrategyInAfghanistan_ImpactUponUSInterestsInPakistan.pdf

produit d'arbitrages bureaucratiques nombreux et complexes, générateurs d'une puissante inertie.

Le point de rupture n'interviendra donc qu'au lendemain du 11 septembre 2001. Dès le 7 octobre de la même année, les États-Unis ripostent en lançant une opération militaire destinée à chasser du pouvoir les talibans de Kaboul et à anéantir Al Qaida. La stratégie américaine est basée sur la fameuse doctrine Rumsfeld, dont le principe consiste à réduire l'inhibition politique des États-Unis à intervenir militairement chaque fois qu'ils jugeront leurs intérêts menacés. En contrepartie, cet engagement militaire doit rester limité dans le temps et dans l'espace afin de prévenir tout risque d'enlisement ou de rejet par l'opinion publique. Son fondement est simple : oui au changement de régime, non au *nation building*. Aux États-Unis donc le soin de mettre en place de nouvelles équipes favorables à leurs intérêts. À celles-ci, redevables du soutien américain, de se montrer dignes de ce soutien en produisant les conditions de leur légitimité. Et de ce point de vue, l'Afghanistan devait ouvrir la voie à ce qui se préparait déjà aux États-Unis, c'est-à-dire l'invasion de l'Irak.

De fait, cette nouvelle stratégie, qui permettait de limiter les victimes américaines et de prévenir la lassitude de l'opinion, semble produire des résultats spectaculaires. Trois mois à peine après le 11 Septembre, un nouveau pouvoir est installé à Kaboul. Il bénéficie alors d'une forte légitimité internationale conférée par le sommet international de Bonn en décembre 2001. Dans ce contexte, les talibans sont contraints à la fuite vers les zones tribales lorsqu'ils ne sont pas mis hors de combat ou capturés par les forces spéciales américaines.

AFGHANISTAN : PARTIR SANS S'ENFUIR

D'une certaine manière, les États-Unis voient dans l'installation d'Hamid Karzaï en décembre 2001 la fin de leur intervention en Afghanistan, dans la mesure où ils sont parvenus à la fois à chasser les talibans du pouvoir et à placer Al Qaida dans une position défensive extrêmement précaire. La poursuite du travail se trouve confiée aux services spéciaux américains ainsi qu'au Pakistan, que l'on somme de combattre Al Qaida sur son territoire en échange de sa réinsertion dans le circuit de l'aide politique, économique et militaire des États-Unis après dix années de sanctions. Islamabad apporte un soutien logistique important aux États-Unis et tente d'affaiblir Al Qaida, pour mieux protéger les talibans afghans[1]. Les forces spéciales américaines et la CIA jouent la carte des chefs de guerre locaux qu'ils vont grassement rétribuer pour s'assurer leur soutien, sans bien évidemment voir que le renforcement des chefs de guerre locaux et donc de leurs milices les dotait de nouvelles ressources qui ne pouvaient qu'affaiblir le pouvoir central de Kaboul : « La stratégie non déclarée des États-Unis était de laisser Karzaï sans moyens dans la capitale, protégé par les forces étrangères, tout en s'appuyant sur les seigneurs de la guerre pour maintenir la *pax Americana* dans les campagnes et sur les forces spéciales pour chasser Al Qaida[2]. »

D'où le faible intérêt pour la mise en place d'une armée

---

1. C. Christine Fair, *The Counterterror Coalitions : Cooperation with India and Pakistan*, Santa Monica, RAND, 2004. http://www.rand.org/pubs/monographs/2004/RAND_MG141.pdf
2. Ahmed Raschid, *Descent into Chaos, op. cit.*, p. 133.

nationale afghane digne de ce nom, et encore plus pour une politique de développement.

C'est donc paradoxalement avec une extrême réticence que les États-Unis acceptèrent le déploiement de forces militaires en dehors de Kaboul à partir de 2003, condition indispensable au processus de contrôle politique du pays par le nouveau pouvoir. Mais ce choix se révéla pour le moins ambivalent. Si par certains côtés il avait pour but de renforcer la légitimité du nouveau pouvoir sur l'ensemble du pays, notamment dans la perspective des élections présidentielles de 2004, il se transforma *ipso facto* en facteur déclenchant d'une insurrection. La reprise de celle-ci ne fut pas instantanée car jusqu'en 2005 le soutien de la population afghane au gouvernement Karzaï demeurait relativement fort. Ce n'est qu'à partir de 2006 que la situation commença à se détériorer. Et c'est pour répondre à cette détérioration que les États-Unis réévaluèrent leur stratégie afghane après le départ de Donald Rumsfeld. Ils décidèrent alors d'accroître leur engagement et d'inciter leurs alliés à faire de même. De sorte que, entre 2006 et 2009, le contingent des forces étrangères passa de 30 000 à 64 000 hommes. Aujourd'hui il atteint les 100 000 hommes, soit un triplement en quatre ans. Mais loin de stabiliser la situation, cet engrenage militaire l'aggrava puisque rien ne fut véritablement entrepris au niveau du gouvernement de Kaboul pour satisfaire les attentes de la population. Il en découla une sorte d'interaction entre l'accroissement de l'engagement des troupes étrangères et l'intensification de la violence politique. De fait, depuis 2005, les campagnes militaires menées par les talibans ont été chaque année plus intenses que l'année précédente.

Comment expliquer l'échec de la stabilisation politique

en Afghanistan après 2001 ? On peut avancer trois explications. La première relève du malentendu politique inévitable entre, d'une part, un Hamid Karzaï dont la priorité a été et reste la construction d'un pouvoir personnel bâti autour de l'enrichissement de sa famille et de ses obligés et, d'autre part, une politique américaine dédiée en principe à la mise en place d'un État moderne et impartial. La seconde résulte de l'impéritie de la stratégie américaine qui a refusé de s'impliquer dans la reconstruction d'un État ravagé et d'une société déstructurée par vingt ans de guerre. La troisième enfin est liée à la très forte implication des acteurs régionaux dans le jeu politique afghan, et notamment du Pakistan qui a toujours vu en Hamid Karzaï l'homme des Indiens et de l'Alliance du Nord, dominée par les Tadjiks et les Panchiris bien qu'étant lui-même pachtoune[1].

L'inévitable malentendu entre Karzaï et Washington

Placé à la tête de l'Afghanistan en 2001 par les États-Unis, Hamid Karzaï a entretenu avec eux des relations plutôt confiantes jusqu'en 2006. Washington avait intérêt à renforcer son pouvoir quitte à fermer les yeux sur les méthodes qu'il utilisait, tandis qu'Hamid Karzaï était encore trop faible et isolé pour prétendre échapper à la tutelle de ses protecteurs. Avec l'aide de l'ambassadeur

---

1. Thomas Ruttig, « How Tribal Are the Taleban ? Afghanistan's Largest Insurgent Movement Between Its Tribal Roots and Islamist Ideology », *Afghanistan Analysts Networks, AAN Thematic Report 4,* juin 2010, p. 14. http://aan-afghanistan.com/uploads/20100624TR-HowTribalAretheTale ban-FINAL.pdf

américain à Kaboul, un Américain d'origine afghane, il est progressivement parvenu à éroder l'influence des moudjahidines issus de l'Alliance du Nord, pour la plupart d'origine tadjike et ouzbèke, qui l'avaient aidé à prendre le pouvoir au profit de réformistes pachtounes en charge des ministères[1].

Toutefois, les rapports entre Kaboul et Washington se sont détériorés à partir de 2006, au lendemain des émeutes antiaméricaines de Kaboul, malgré la chaleur apparente des relations personnelles qui liaient le président Karzaï au président Bush[2]. Karzaï comprend assez vite que sa survie politique passe par sa distanciation vis-à-vis des Américains, au moment même où l'aggravation de la situation sécuritaire contraint ces derniers à renforcer leur engagement militaire. Les États-Unis le pressent alors de jeter les bases d'un État moderne et impartial fondé sur la démocratie et l'État de droit, tandis que le chef de l'État afghan ne peut envisager la poursuite de cet objectif à ses yeux bien abstrait qu'à condition qu'il lui permette de consolider préalablement son pouvoir personnel et familial. Il en découle un malentendu politique inévitable qui ne cessera pas de s'amplifier avec l'arrivée au pouvoir de l'Administration Obama, laquelle présuma très nettement de ses forces. Elle vit en Karzaï l'homme des néoconservateurs, et tenta donc de profiter de la dépersonnalisation des rapports américano-afghans pour augmenter sa pression sur lui dans le domaine de la

---

1. Cf. Ahmed Raschid, *Descent into Chaos*, *op. cit.*, p. 140.
2. Carl Forsberg, « Politics and Power in Kandahar », *Institute for the Study of War, Afghanistan Report 5*, avril 2010. http://www.understanding war.org/files/Politics_and_Power_in_Kandahar.pdf

AFGHANISTAN : PARTIR SANS S'ENFUIR

lutte contre la corruption. Au demeurant, parce qu'il se sent relativement sûr de son pouvoir même frauduleux, qu'il mesure la difficulté pour les États-Unis de le renverser, et qu'il a bien intégré le fait que Washington a atteint les limites de son engagement dans son pays, Hamid Karzaï en a profité pour multiplier les critiques contre les États-Unis, allant jusqu'à les menacer de rejoindre les talibans si leurs pressions venaient à s'intensifier. Il en résultat une grave épreuve de force entre Washington et Kaboul. Contre toute attente, elle tourna à l'avantage du chef de l'État afghan, qui bénéficiait de l'absence de solution alternative et des contradictions au sein de l'Administration américaine divisée entre les militaires soucieux de le ménager et le département d'État particulièrement acerbe sur ses performances[1].

Le mariage américano-afghan est plus que jamais un mariage de pure convenance. Hamid Karzaï continue donc de jouer sur deux tableaux : renforcer sa base politique autonome pour le rendre moins vulnérable aux pressions américaines et plus crédible aux yeux de certains talibans, et utiliser les ressources américaines, notamment financières, pour asseoir son pouvoir personnel et familial quitte à se montrer de plus en plus critique vis-à-vis des Occidentaux suite aux dommages civils collatéraux occasionnés par les militaires de la coalition. Cette posture nationaliste commença d'ailleurs à se manifester quand un certain nombre de pays de la coalition, dont le Royaume-Uni et les Pays-Bas, exigèrent qu'il limoge des responsables

---

1. Sur les détails de cette crise cf. Kenneth Katzman, « Afghanistan : Politics, Elections, and Government Performance », 29 juin 2010, *op. cit.*, p. 6.

régionaux dont l'influence était jugée néfaste pour la stabilité du pays mais qui se trouvaient être des alliés précieux de la famille Karzaï[1]. Au plan national, ce dernier utilise les trois leviers du pouvoir d'État que sont la nomination stratégique des responsables régionaux, le contrôle des services de sécurité et l'octroi des contrats économiques procurés par l'aide étrangère. Régionalement, c'est dans la province de Kandahar qu'il a fait porter tous ses efforts pour se construire une puissante base politique, et cela par l'intermédiaire de son propre frère Wali Karzaï. Ce dernier a systématiquement veillé à prévenir l'émergence de tout concurrent politico-économique, même quand celui-ci pouvait avoir pour objectif de renforcer le pouvoir de l'État central[2]. Ainsi à partir de 2007, tous les responsables de la police nationale à Kandahar comprirent que la sécurité de leur propre emploi dépendait de leur habileté à ne pas entrer en conflit avec les intérêts de Wali Karzaï, qui bénéficie du soutien passif du ministère de l'Intérieur contrôlé lui aussi par la famille Karzaï[3].

Tous ces problèmes n'ont pas échappé au rapport McChrystal qui a servi de base à la réévaluation de la politique américaine en Afghanistan par l'Administration Obama : « Certains grands leaders locaux et régionaux ont été alliés au début du conflit, et contrôlent maintenant leurs propres territoires. Beaucoup d'actuels ou d'anciens membres du gouvernement disposent d'une indépendance financière et de bandes

---

1. Carl Forsberg, « Politics and Power in Kandahar », *op. cit.*, p. 17-27.
2. *Ibid.*
3. *Ibid.*, p. 48.

armées fidèles qui leur donnent de l'autonomie par rapport au gouvernement, ce qui entrave d'autant plus les efforts de construction d'un État afghan cohérent. Dans la plupart des cas, leurs intérêts ne sont alignés ni avec ceux du peuple afghan ni avec ceux du gouvernement, ce qui mène à des conflits offrant des opportunités à exploiter pour les groupes d'insurgés[1]. » Pourtant, et sans forcément le vouloir, les États-Unis participent à l'évidement du pouvoir d'État. Ils n'ont eu de cesse de consolider le pouvoir de seigneurs de la guerre, dont beaucoup n'existaient pas avant l'intervention américaine[2]. En témoigne le cas de Matiullah Khan, protecteur des convois militaires américains entre Kandahar et Oruzgan, et dont les revenus liés à cette activité s'élèveraient à 2,5 millions de dollars par mois, ce qui constitue une somme considérable en soi et phénoménale à l'échelle d'un pays comme l'Afghanistan[3]. Ce dernier n'a pu d'ailleurs consolider son pouvoir qu'avec l'accord

---

1. Stanley McChrystal, « COMISAF's Initial Assessment », 30 août 2009. http://www.washingtonpost.com/wp-dyn/content/article/2009/09/21/AR2009092100110.html
2. « Les seigneurs de la guerre, les commandants et les autres hommes forts locaux ont été ramenés par l'armée américaine pour être des hommes de main sur le terrain dans la guerre contre les talibans et Al Qaida. Ils ont reçu d'énormes quantités de dollars sans aucune contrepartie que ce soit, ce qui leur a permis de conserver des positions clés, ont été souvent soutenus par les forces militaires internationales, tant dans l'administration centrale que dans les régions. Ainsi, a été mis en place un système faible sur les plans constitutionnel, politique et administratif, en particulier en ce qui concerne la gouvernance locale, le pouvoir judiciaire et l'application de la loi. » Anders Fänge, « The State of the Afghan State », *Afghanistan Analysts Networks, AAN Thematic Report n°1,* janvier 2010, p. 3. http://www.operationspaix.net/IMG/pdf/AAN_StateOfAfghanState_2010-01-08_.pdf
3. *The New York Times,* 5 juin 2010.

d'Hamid Karzaï dont il est un ami d'enfance[1]. On a peine à imaginer l'intérêt rationnel d'un opérateur politique de ce type à se convertir aux règles et aux principes de l'État de droit, protecteur du bien public, lorsqu'il peut maximiser ses ressources en travaillant simultanément pour les forces de l'OTAN, pour le gouvernement qui rémunère directement une partie de ses milices qui affaiblissent l'armée afghane, pour la famille du président dont il est un des affidés, et même pour les talibans auxquels il offrirait parfois des cibles destinées à dissuader ceux qui refuseraient de recourir à sa protection[2]. La guerre constitue une opportunité économique inouïe dans un des pays les plus pauvres du monde, et où se trouve impliqué le pays le plus riche du monde. C'est un point fondamental qu'il faut avoir à l'esprit pour comprendre la dynamique afghane plutôt que de passer d'une idéalisation de Karzaï en héros antitaliban à une déception politique au prétexte que ces acteurs n'inscrivent pas leur action dans le schéma politique rationnel que les Occidentaux attendent qu'ils mettent en œuvre. Car, pour les bénéficiaires de cette manne, la construction d'un État n'a de sens que si elle leur permet de s'enrichir économiquement et de dominer politiquement. Il n'y a pas de pouvoir possible sans argent. En revanche, si elle vient à contrarier leurs intérêts personnels, familiaux ou claniques, ils feront tout pour bloquer cette dynamique tout en donnant des gages réels ou apparents à leurs bienfaiteurs occidentaux. C'est précisément ce à quoi se livre avec beaucoup

---

1. Carl Forsberg, « Politics and Power in Kandahar », *op. cit.*, p. 36.
2. *The New York Times*, 5 juin 2010.

d'habileté Wali Karzaï, tuteur de la province de Kandahar, fief historique des talibans mais également base de l'influence économique et politique de la famille Karzaï[1]. Il serait l'un des parrains du trafic de drogue dont il assurerait la protection des convois, tout en continuant de s'enrichir considérablement grâce à l'argent de la CIA à laquelle il fournit un soutien logistique précieux en raison de son contrôle sur l'immobilier à Kandahar[2]. Cela ne l'empêche pas pour autant d'être placé très haut sur la liste des personnalités que l'ambassade américaine souhaiterait ardemment voir démettre par le président Hamid Karzaï[3].

Ces exemples bien connus confirment la contradiction d'une politique américaine et occidentale qui d'un côté aspire à renforcer l'État central, mais qui de l'autre s'emploie à l'affaiblir au nom d'impératifs de sécurité à court terme. À lui seul, le gouvernement américain a par exemple recours à 26 000 personnes appartenant à 37 compagnies de sécurité privée pour assurer la sécurité de ses opérations[4]. Par ailleurs, pour contourner une police nationale corrompue, souvent infiltrée par des jihadistes, mal organisée et fort peu motivée, les forces spéciales américaines ont favorisé la mise en place de milices locales censées être plus proches des populations et donc capables de veiller à leur sécurité tout en empêchant leur infiltration par les talibans. C'est ainsi qu'en janvier 2009 a été lancé dans la province du Wardak le programme afghan de

---

1. Carl Forsberg, « Politics and Power in Kandahar », *op. cit.*, p. 20.
2. *Financial Times,* 11 mai 2010.
3. « Brother of Afghan Leader Said to Be Paid by C.I.A. », *The New York Times,* 27 octobre 2009.
4. *The New York Times,* 23 août 2010.

protection publique (AP3) en vue d'assurer la sécurité de la population et sa confiance dans le gouvernement afghan[1].

La responsabilité opérationnelle de ce programme fut confiée à un ancien taliban, arrêté pendant deux ans par les forces américaines à Bagram. Il s'empressa d'y faire recruter ses propres miliciens extérieurs à la région alors que ce programme tablait sur le recrutement de miliciens locaux plus fiables auprès de la population[2]. Les forces spéciales américaines avaient initialement insisté sur la nécessité de ne placer aucun chef de guerre à la tête de cette force auxiliaire, de crainte précisément qu'il succombe à la tentation de la convertir en une milice personnelle[3]. Malgré les instructions officielles auxquels il est censé se conformer, ce chef se refuse de rapporter au responsable régional de la police afghane et ne semble reconnaître que l'autorité des forces spéciales américaines[4]. Cette insubordination se comprend : ses propres forces sont supérieures de moitié à celles des forces de la police nationale dans la région[5]. Autant dire que cette force auxiliaire duplique en l'affaiblissant la police nationale alors qu'elle renforce son responsable qui n'est en fait qu'un chef de guerre local, dont beaucoup craignent qu'il finisse par rejoindre les talibans, compte

---

1. Mathieu Lefèvre, « Local Defence in Afghanistan. A review of government-backed initiatives », *Afghanistan Analysts Network, AAN Thematic Report 3*, mai 2010. http://www.aan-afghanistan.org/uploads/20100525 MLefevre-LDIpaper.pdf
2. *Ibid.*, p. 10.
3. *Ibid.*
4. *Ibid.*, p. 11.
5. *Ibid.*

tenu du caractère extrêmement fluctuant de ses anciennes alliances[1]. Le plus préoccupant reste que cette dynamique de création de structures parallèles dans le domaine de la sécurité ne cesse de s'amplifier alors que le pays manque terriblement de structures administratives pour les gérer et les évaluer. Elle a sa logique. Ces considérations économiques et politiques sont bien plus pertinentes pour comprendre les difficultés de l'Afghanistan à construire un État que les références culturalistes aux survivances tribales et ethniques.

Pourtant, contre l'avis de la plupart des États européens membres de la coalition mais également de l'ambassade américaine à Kaboul, les forces spéciales américaines ont favorisé la création de deux autres programmes du même type avec comme toujours la volonté d'accroître la sécurité locale préalable à l'intégration de ces programmes au sein des forces afghanes de sécurité[2]. Mais là encore, il est légitime de douter de l'efficacité de ce résultat quand on sait que le contrôle de l'État afghan sur ces dispositifs est très faible et qu'il n'existe même pas au sein du pouvoir afghan de consensus sur leur finalité. Certains à Kaboul voient dans ces dispositifs des sas de réintégration de combattants tandis que les forces spéciales américaines semblent repousser cette éventualité par crainte que de tels programmes favorisent y compris financièrement d'anciens jihadistes tout en marginalisant ceux qui se seraient tenus jusque-là à l'écart des combats[3].

Il faut pourtant éviter d'avoir de cette crise de la

1. *Ibid.*, p. 10.
2. *Ibid.*, p. 20.
3. *Ibid.*, p. 12.

gouvernance afghane une lecture ethnique qui conduirait à voir dans l'Afghanistan un État structurellement ingouvernable compte tenu de l'existence de puissants réseaux d'allégeance de nature ethnique ou tribale. Les études les plus sérieuses dont on dispose désormais pour évaluer la gravité de la crise politique afghane montrent que l'effondrement de la confiance placée en l'action de M. Karzaï résulte avant tout de l'incapacité profonde de ce dernier à apporter des réponses aux trois fléaux auxquels sont quotidiennement confrontés les Afghans : l'insécurité, la corruption et le chômage[1]. Or il est établi que ces trois facteurs de crise ont fortement tendance à s'auto-entretenir. L'accroissement du mécontentement fait que la population prend ses distances vis-à-vis du gouvernement, en même temps qu'il aggrave la corruption, source essentielle d'enrichissement personnel et de contrôle politique sur des populations. Celles-ci perdent confiance dans la puissance publique et se tournent vers des structures traditionnelles (tribus, religieux, intermédiaires, seigneurs de la guerre) qui ethnicisent alors les conflits. La corruption pose problème non pas seulement parce qu'elle serait moralement indéfendable, mais parce qu'elle ponctionne les plus faibles et les plus démunis en même temps qu'elle participe au processus de destruction de l'État. Le fait que l'Afghanistan soit devenu un des États les plus corrompus du monde (178e sur 180) signifie concrètement que 25 % du revenu national va à la corruption de fonctionnaires ou d'intermédiaires pour accéder à la terre, à l'électricité ou obtenir gain de cause auprès de

---

1. «Assessment of Corruption in Afghanistan», USAID, 15 janvier-1er mars 2009, p. 61. http://pdf.usaid.gov/pdf_docs/PNADO248.pdf

la justice[1]. Sur un revenu moyen de 500 dollars par habitant, 156 sont prélevés à des fins de corruption[2]. Ce sont d'ailleurs les trois ministères régaliens (Intérieur, Justice, Sécurité) qui sont perçus comme les institutions les plus corrompues du pays[3].

L'affaiblissement de l'État par l'aide étrangère

La faiblesse des structures étatiques et de l'ethos public explique pour une bonne part la crise de la gouvernance afghane. Mais celle-ci a été indiscutablement amplifiée par la très rapide monétarisation de l'économie, elle-même résultant largement de l'ampleur prise par l'économie de la drogue, qui procurerait aux talibans entre 70 et 100 millions de dollars par an, et de la place considérable jouée par l'aide étrangère[4]. Comme ils le font dans de nombreux autres pays, les bailleurs de fonds n'ont pas hésité à dépenser beaucoup de temps et d'énergie à construire sur le papier des indicateurs et des institutions censées renforcer l'État et réduire la corruption endémique qui y règne[5]. Pourtant, la première condition de réduction de celle-ci passe par l'intériorisation d'un ethos public par les élites, une intériorisation qui implique de leur part une très forte réappropriation du changement,

---

1. « Afghan Perceptions and Experience of Corruption : A National Survey 2010 », *Integrity Watch Afghanistan*, p. 66.
2. *Ibid.*, p. 10.
3. *Ibid.*, p. 30.
4. Kenneth Katzman, « Afghanistan : Post-Taliban Governance, Security, and US Policy », *op. cit.*, p. 20.
5. USAID, « Assessment of Corruption in Afghanistan », *op. cit.*

de ses enjeux, de ses priorités et de sa mise en œuvre. Tant que ces élites ne trouvent pas avantage à une modernisation de l'État autour d'un certain nombre de principes et d'objectifs, elles feront tout pour tirer avantage de son dysfonctionnement et de son opacité. De ce point de vue, les appels rhétoriques des États-Unis ou des bailleurs de fonds luttant contre la corruption n'ont aucune chance d'être entendus s'ils n'intègrent pas cette donnée de base.

Malheureusement, rien n'atteste de la capacité de l'aide étrangère à hâter le processus de réappropriation du changement par les acteurs locaux. On peut même craindre le contraire au regard de l'expérience de ces dernières années. En effet, dans un État fort démuni en ressources humaines qualifiées, en institutions organisées et compétentes, l'aide étrangère mérite bien son nom : elle reste étrangère à ceux auxquels elle est censée bénéficier. Elle fonctionne en circuit fermé. Elle est attribuée et déboursée par des bailleurs de fond pour des bailleurs de fonds[1]. 40 % de son montant revient vers les pays donateurs en raison de son caractère lié et de l'inflation considérable du nombre de consultants impliqués dans sa mise en œuvre[2]. De fait, dans un pays où l'aide étrangère repré-

---

1. « Une pléthore de ministères et d'institutions avec des conseillers et des consultants internationaux essentiellement improductifs mais très bien payés, qui le plus souvent ne connaissent rien ou très peu de choses sur le pays, son peuple, sa culture et son histoire, et dont la fonction principale a été d'éloigner encore l'État des citoyens ; l'abandon de secteurs importants comme l'agriculture, l'enseignement supérieur, et de la gouvernance locale, et le recours à des pratiques d'appel d'offres qui ont facilité la corruption et la mauvaise gestion des fonds d'aide au développement. » Anders Fänge, « The State of the Afghan State », *op. cit.*, p. 3.
2. Matt Waldman, « Falling Short : Aid Effectiveness in Afghanistan »,

sente 90 % de la dépense publique, le principe de réappropriation locale des projets a un caractère surréaliste[1]. Les deux tiers de l'aide étrangère contournent le gouvernement central, soit parce qu'il manque de capacités administratives pour la gérer, soit parce que les bailleurs extérieurs appréhendent de le voir divertir les ressources recueillies à d'autres fins que celles initialement prévues, ce qui est d'ailleurs loin d'être faux. L'assistance technique étrangère bute sur les mêmes obstacles. Quand bien même elle aspirerait à aider le gouvernement à accroître ses capacités d'action, dans les faits elle se réduit à une injection massive de consultants étrangers travaillant avant tout pour leurs bailleurs de fonds. Récemment, les États-Unis ont cherché à remédier à ce problème en tentant d'accroître la part des fonds versés directement au gouvernement afghan. Mais parce qu'ils demeurent très suspicieux à l'égard d'une administration profondément corrompue et mal dotée en moyens humains, ils en viennent à détourner eux-mêmes les procédures qu'ils mettent en place. Ainsi, même lorsque l'aide est officiellement accordée au gouvernement, elle continue d'être gérée en son nom par les services de l'ambassade américaine[2]. Ce sont donc très souvent des contractants étrangers qui gèrent l'aide sans se soucier

---

ABCAR *Advocacy Series*, mars 2008, p. 1. http://www.ciaonet.org/pbei/oxfam/0003419/f_0003419_2530.pdf
   1. *Ibid.*
   2. United States Government Accountability Office, « Afghanistan Development USAID Continues to Face Challenges in Managing and Overseeing US Development Assistance Programs », *Testimony Before the Subcommittee on State, Foreign Operations, and Related Programs, Committee on Appropriations*, 15 juillet 2010, p. 8. http://www.gao.gov/products/GAO-10-932T

véritablement des priorités des Afghans eux-mêmes. Cela ne les empêche toutefois pas de s'attacher les services du rare personnel local qualifié. Cet exercice a toutefois un effet débilitant sur l'État, puisque ce sont autant de ressources humaines qualifiées qui lui sont soustraites, compte tenu de l'écart abyssal qui sépare les salaires offerts par les organismes étrangers et par l'État. Ce problème fondamental concerne aussi la police en raison du rôle considérable joué par les forces privées de sécurité. L'aide étrangère contribue ainsi à débiliter l'État qu'elle prétend renforcer en créant des circuits parallèles et en captant les ressources humaines disponibles localement. Elle alimente aussi indirectement la corruption dans la mesure où la moitié de l'aide va à la rémunération de consultants étrangers qui sous-traitent à leur tour à d'autres consultants étrangers ou locaux et pousse à un déboursement rapide des sommes octroyées. Se construisent ainsi des réseaux d'intermédiaires dont le nombre s'accroît avec l'insécurité, rendant fort délicate l'évaluation des projets réalisés. Ainsi en 2009, l'US-AID n'est parvenue à évaluer que 2 des 9 projets qu'elle avait engagés dans le secteur agricole, alors qu'en 2006 elle avait pu en évaluer trois sur quatre[1]. Enfin, ni les bailleurs de fonds ni les Afghans eux-mêmes ne semblent avoir de vision synthétique des programmes engagés. L'aide américaine souffre à cet égard d'un déficit de coordination considérable déjà clairement identifié en Irak mais encore plus flagrant en Afghanistan[2]. On peut y voir le signe

---

1. *Ibid.*, p. 5.
2. « Malgré de nombreux rapports mettant en évidence ce problème en Irak et en Afghanistan au cours des huit dernières années, l'un de nos

d'une impréparation politique des États-Unis à mettre en place des programmes de *nation building* si contraires à leurs traditions politiques. Dans ces conditions, on est en droit de se demander si l'intensification de l'aide économique à l'Afghanistan décidée par l'Administration Obama pour contrebalancer l'orientation excessivement militaire de la politique de l'Administration Bush parviendra à surmonter même partiellement ces immenses difficultés.

Faire la guerre autrement ?

La réévaluation de la politique afghane de l'Administration Obama s'est effectuée en deux temps. En mars où fut annoncé un premier envoi supplémentaire de troupes, puis à l'automne 2009 où fut dévoilée la nouvelle politique américaine suite notamment à l'élection frauduleuse d'Hamid Karzaï[1]. Cette nouvelle politique repose très largement sur le rapport du chef des forces américaines en Afghanistan, le général McChrystal, du 30 août 2009[2]. Ce rapport a souvent été lu comme un document de

---

précédents audits a conclu que les États-Unis n'ont pas encore un système qui permettrait aux organismes de partager des informations sur les programmes de reconstruction. » Statement of Arnold Fields Special Inspector General for Afghanistan Reconstruction before the House Armed Services Committee Hearing, « Oversight Issues in Afghanistan », 20 mai 2010, p. 2. http://www.sigar.mil/pdf/testimony/05_20_10SIGAR TestimonyHouseIOSubcommittee.pdf

1. Cf. Kenneth Katzman, « Afghanistan : Post-Taliban Governance, Security, and US Policy », *op. cit.*
2. Stanley McChrystal, « COMISAF's Initial Assessment », *op. cit.*, 30 août 2009.

préconisation d'une nouvelle doctrine militaire en Afghanistan fondée sur la mise en œuvre d'une stratégie de contre-insurrection. En réalité, sa portée est bien plus grande. Il s'agit d'un document éminemment politique qui tire les leçons de l'échec américain dans ce pays depuis 2001 en même temps qu'il avance un certain nombre de propositions pour y mettre un terme. Sa densité politique souligne de manière éclatante l'influence acquise par les militaires dans la définition de la politique étrangère américaine.

Indépendamment du panorama relativement sombre qu'il dresse de la situation politico-militaire en Afghanistan, ce rapport frappe par l'absence de toute vision idéologique du conflit afghan. On est à des années-lumière d'une interprétation manichéenne héritée du 11 Septembre, opposant d'un côté les tenants de la liberté (Karzaï) aux adeptes de l'obscurantisme (les talibans). Le secrétaire d'État à la défense Robert Gates concéda d'ailleurs en janvier 2010 qu'à ses yeux les talibans faisaient parti de la fabrique sociale de l'Afghanistan, ce qui revient à reconnaître leur légitimité politique et leur place dans un éventuel règlement[1]. De manière très significative, le rapport McChrystal identifie non pas deux principaux acteurs (le gouvernement et les talibans) mais cinq : la population afghane, le gouvernement afghan, l'insurrection, les forces de la coalition et enfin les acteurs régionaux. Implicitement, il concède donc que le gouvernement afghan ne fait clairement pas corps avec la population et que dans ces conditions sa perte de légitimité couplée à l'existence d'une insurrec-

---

1. *The New York Times*, 22 janvier 2010.

tion sont non seulement les deux principaux dangers que connaît l'Afghanistan mais surtout deux dynamiques qui s'entretiennent l'une l'autre. Au rebours d'un discours convenu, McChrystal considère qu'il n'existe pas de ligne de démarcation claire entre «les insurgés, les groupes criminels y compris les trafiquants de drogue, et les membres corrompus du gouvernement afghan. Certains acteurs au sein du gouvernement afghan soutiennent directement les groupes insurgés ainsi que les réseaux criminels qui leur sont liés et alimentent la corruption qui permet à son tour de nourrir l'insurrection[1]. »

Il reconnaît volontiers qu'en Afghanistan l'insurrection est très largement afghane, tout en considérant à juste titre que le renforcement des liens entre l'insurrection et Al Qaida est de nature à faciliter son retour en Afghanistan même si pour le moment sa présence demeure symbolique[2]. Le rapport McChrystal attache une importance considérable au rôle du Pakistan dans le règlement du problème. Mais le fait nouveau réside dans l'insistance mise sur l'impossibilité d'associer le Pakistan à un règlement du conflit sans prendre en compte ses préoccupations stratégiques face à l'influence de l'Inde en Afghanistan : « Bien que les activités indiennes bénéficient largement au peuple afghan, l'accroissement de l'influence indienne en Afghanistan est de nature à

1. Stanley McChrystal, « COMISAF's Initial Assessment », *op. cit.*
2. James Jones, conseiller pour la Sécurité d'Obama, a évalué la présence d'Al Qaida à 100 membres en Afghanistan. À ce sujet, voir « State of the Union », *CNN*, 4 octobre 2009. http://transcripts.cnn.com/TRANSCRIPTS/0910/04/sotu.05.html

exacerber les tensions régionales et à encourager des contre-mesures pakistanaises en Afghanistan ou en Inde[1]. »

À partir de ces différents éléments, le rapport McChrystal propose une nouvelle stratégie militaire destinée non plus à quadriller un pays immense aux nombreuses zones sous-peuplées où l'insurrection fait preuve d'une très grande mobilité ainsi que d'un très bon réseau d'information, mais à se rapprocher des populations locales là où elles vivent et travaillent pour répondre à leurs besoins économiques et sociaux. Il ne s'agit donc plus d'occuper le terrain mais de gagner à sa cause ceux qui y vivent[2]. D'où l'indispensable complémentarité proposée entre les actions militaires destinées à « nettoyer » (*clean*) les régions soumises à la pression des insurgés et les actions civiles destinées à proposer et mettre en œuvre des projets de développement en étroite collaboration avec les populations (*hold and build*). Protéger les populations plutôt que les contingents des forces étrangères, réduire l'usage de la force chaque fois que la vie des populations civiles est en danger, gagner la confiance des acteurs locaux, assurer une relève des forces étrangères par des forces afghanes, telles sont donc les principales propositions du rapport McChrystal, propositions dont le succès passe par l'envoi sur place de nouveaux renforts.

Rien pourtant ne garantit le succès de cette stratégie et cela pour plusieurs raisons. La première est que, fondamentalement, la stratégie de contre-insurrection repose

1. Stanley McChrystal, « COMISAF's Initial Assessment », *op. cit.*
2. *Ibid.*

sur des principes fort anciens et bien identifiés[1]. Gagner le cœur et les esprits (*hearts and minds*) des populations en les aidant sur le plan économique et social pour les soustraire aux forces insurrectionnelles est un des grands classiques coloniaux, théorisé d'ailleurs par les Britanniques pendant la guerre de Malaisie, et mis en œuvre aussi par la France en Algérie après ses déboires en Indochine[2]. Mais ces stratégies ont rarement été politiquement efficaces, quand bien même ont-elles été parfois militairement couronnées de succès, comme celle de la France en Algérie.

Quoi qu'il en soit, les forces américaines ont à grand renfort de publicité lancé en février 2010 une opération de contre-insurrection dans la région du Helmand (sudouest) qui offre la caractéristique d'être fortement infiltrée par les talibans, par l'économie de la drogue et d'être celle aussi où les forces américaines et celles de la coalition ont eu à déplorer les plus fortes pertes militaires. Pourtant, malgré l'ambition des objectifs affichés et l'optimisme politique initial exprimé par les autorités américaines, les

---

[1] « Les meilleures pratiques de contre-insurrection (COIN) intègrent et synchronisent les dimensions politiques, sécuritaires, économiques et les éléments d'information qui renforcent la légitimité et l'efficacité du gouvernement tout en réduisant l'influence des insurgés sur la population. Les stratégies contre-insurrectionnelles (COIN) devraient être conçues pour renforcer la légitimité et la capacité des institutions gouvernementales à gouverner de façon responsable et à marginaliser les insurgés politiquement, socialement et économiquement. » « Counterinsurgency Guide : United States Government Interagency Counterinsurgency Initiative », *US Department of State, Bureau of Political-Military Affairs*, Washington, D. C., janvier 2009, p. 12. http://www.state.gov/documents/organization/119629.pdf

[2] Sir Robert G.K. Thompson, *Defeating Communist Insurgency : The Lessons of Malaya and Vietnam*, New York, Praeger, 1966, p. 112-113.

résultats de cette opération menée autour de la ville de Marjah (opération Moshtarek) ne semblent pas très probants[1]. Sa réédition à Kandahar en juin 2010 a été reportée au regard notamment des médiocres performances de l'armée afghane.

Une étude d'opinion menée par une organisation non-gouvernementale dans la région peu de temps après l'intervention américaine révèle les limites d'une stratégie contre-insurrectionnelle dont on semble peut-être trop attendre[2]. Tout d'abord, en dépit d'un discours insistant sur l'importance des facteurs non militaires, l'opération Moshtarek s'est énormément appuyée sur l'emploi de forces militaires. Cet emploi a généré beaucoup plus de pertes civiles que prévu (un civil tué pour quatre insurgés), il a substantiellement accru le nombre de réfugiés contraints de s'entasser par milliers dans de nouveaux camps, il s'est heurté à l'opposition très forte de la population à renoncer à la culture de l'opium en l'absence de ressources de substitution : « Malgré les déclarations et les promesses pour les cœurs et les esprits, l'offensive montre que le paradigme actuel de

---

1. « Au Helmand, la protection de la population est notre priorité absolue, tout comme le fait de s'assurer que nos opérations militaires pour "nettoyer" Marjah ouvrent la voie à une gouvernance véritablement dirigée par les Afghans, ainsi qu'au développement des activités économiques pour "tenir" et "construire" ». « The Meaning of Marjah : Developments in Security and Stability in Afghanistan », Prepared Statement of David Samuel Sedney and Brigadier General John W. Nicholson, Jr. Testimony before the Senate Foreign Relations Committee, 6 mai 2010, p. 5. http://foreign.senate.gov/imo/media/doc/NicholsonTestimony100506a.pdf

2. ICOS, « Operation Moshtarak : Lessons Learned », mai 2010. http://www.icosgroup.net/documents/operation_moshtarak.pdf

lutte contre les crises de sécurité repose encore trop sur la force militaire. Le développement, l'aide économique, les questions de lutte contre les stupéfiants ne sont pas au même niveau de soutien politique et financier que les efforts militaires, ce qui crée une situation où les efforts militaires sont considérés avec une franche hostilité par la population locale, que nous recherchons et dont nous avons besoin[1]. » Le fait que cette opération ait notamment cherché à éradiquer la culture du pavot, alors que le représentant américain pour l'Afghanistan, l'ambassadeur Holbrooke, indiquait en juillet 2009 que les États-Unis renonçaient à faire de l'éradication de la culture du pavot un de leurs objectifs en raison des effets politiques contre-productifs d'une telle action, souligne la persistance des contradictions internes de la politique américaine[2]. En fait, il semblerait qu'une stratégie de contre-insurrection serait beaucoup plus efficace si elle venait à s'intéresser aux régions où l'insurrection n'est pas encore fortement établie pour éviter précisément qu'elle y renforce ses positions, plutôt que d'engager des actions dans des régions où celle-ci est déjà très implantée et où les chances de la déloger sont faibles[3]. C'est d'ailleurs implicitement le sens des résultats donnés par l'enquête sur Marjah : la plupart des personnes interrogées estiment que cette opération ne pourra que conduire au retour des talibans, alors que ceux-ci ne recueillent nul-

1. *Ibid.*, p. 15.
2. Kenneth Katzman, « Afghanistan : Post-Taliban Governance, Security, and US Policy », *op. cit.*, p. 20.
3. Gilles Dorronsoro, « Fixing a Failed Strategy in Afghanistan », *Carnegie Report*, novembre 2009. http://www.carnegieendowment.org/publications/index.cfm?fa=view&id=24176

lement la sympathie des personnes interrogées[1]. Même le rapport aux forces de la coalition est plus ambigu qu'il n'y paraît. C'est moins l'hostilité à ces forces qui est mise en avant que le caractère contre-productif de leur action sur le vécu des habitants[2]. En réalité, le succès de telles opérations passe par un certain nombre d'actions qui relèvent bel et bien du *State building* vis-à-vis duquel les États-Unis entretiennent une relation ambiguë. D'un côté, ils comprennent bien qu'il n'y a pas de solution militaire au conflit afghan et que le renforcement des institutions au service de la population est une des clés du problème. De l'autre, ils craignent fortement que la prise en charge du *State building* afghan vienne à accroître leur responsabilité et prolonger ainsi leur présence, ce qu'ils veulent à tout prix éviter. Cette contradiction est au cœur de la politique américaine et explique ses difficultés. Ceci d'autant plus que ce que l'on appelle localement le *State building* renvoie à des objectifs précis qui nécessitent une présence locale forte ainsi qu'une appréciation relativement fine des besoins de la population. Pour gagner la population de Marjah, il faudrait par exemple recourir à un certain nombre d'actions qui sont ni plus ni moins celles d'un État-providence : allocations de mariage, restauration de mosquées, distribution de corans, instauration d'allocations familiales et de logement et surtout création d'emplois[3]. À 82 %, les personnes interrogées à Marjah considèrent

---

1. ICOS, « Operation Moshtarak : Lessons Learned », mai 2010, p. 15. http://www.icosgroup.net/documents/operation_moshtarak.pdf
2. *Ibid.*, p. 15.
3. *Ibid.*, p. 3

par exemple que l'accès à un emploi d'un jeune non marié constituerait la meilleure façon de le soustraire aux talibans [1].

Raisons susceptibles de dissuader les jeunes de rejoindre les talibans [2]

Bénéficier d'argent pour se marier et fonder un foyer	82 %
Accès à l'emploi	74 %
Retrait des forces de la coalition (de la région)	45 %
Meilleure sécurité	40 %
Éducation	25 %

La recherche par Washington d'une stratégie de sortie

Contrairement à l'Administration Bush, l'Administration Obama a mesuré la gravité de la situation afghane. Celle-ci n'a d'ailleurs cessé de s'aggraver depuis son entrée en fonction, ce qui permet de prendre la mesure singulière des limites de l'effet Obama à travers le monde. Depuis son arrivée à la tête de l'État en janvier 2009, les forces américaines sont passées de 23 000 à 100 000, soit un quadruplement en à peine 18 mois [3].

---

1. *Ibid.*, p. 11.
2. Source : ICOS, « Operation Moshtarak : Lessons Learned », mai 2010. http://www.icosgroup.net/documents/operation_moshtarak.pdf
3. http://www.nato.int/isaf/docu/epub/pdf/placemat_archive/isaf_placemat_090112.pdf

Particulièrement réservé à l'égard d'un Hamid Karzaï plus soucieux de renforcer son pouvoir personnel et familial que l'État, Obama a compris qu'il n'y aura guère de solution politique en Afghanistan sans les talibans, à la condition bien sûr que cet accord se fasse sur la base d'un rapport de force défavorable à ces derniers. Mais si ce signe supplémentaire de réalisme épargne désormais à l'Amérique et au monde la rhétorique emphatique sur « la lutte de la civilisation contre l'obscurantisme », il ne rend pas pour autant plus aisée la recherche d'une solution politique[1]. Car les obstacles sont légion.

Le premier découle de la nature même du conflit afghan. Il ne s'agit ni d'une guerre d'indépendance classique menée sous la houlette d'un parti unique disposant de forces militaires (Viêt-cong vietnamien, FLN algérien), ni d'une guerre civile classique opposant deux camps clairement distincts se combattant de part et d'autre de lignes de front. La guerre d'Afghanistan n'est ni la guerre d'Algérie ni la guerre d'Espagne. Elle ressemble davantage à la guerre d'Irak dans la mesure où elle repose sur une interaction forte entre une intervention militaire

---

1. Il s'agit bien d'une rhétorique creuse car, si véritablement c'était l'avenir de la civilisation qui se jouait en Afghanistan, on ne comprendrait pas pourquoi la quasi-totalité des pays engagés dans le conflit ne pensent qu'aux meilleures justifications qu'ils pourront trouver au retrait de leurs troupes, et qu'un nombre croissant d'acteurs étrangers appellent à une négociation avec les talibans. Tant que les pertes militaires occidentales apparaissaient limitées, la justification civilisationnelle de la guerre était forte. Dès lors que celles-ci s'accroissent, cette justification est abandonnée. En France, Nicolas Sarkozy a été le parfait défenseur de cette ligne. Mais à sa décharge, la quasi-totalité de ses homologues européens a réagi de la même manière, à l'exception des Britanniques qui plaident depuis longtemps pour des négociations avec les talibans.

extérieure qui a modifié la dynamique politique interne et une guerre civile qui en a résulté, à ceci près que le paysage afghan est infiniment plus fragmenté que le paysage irakien. Certes, on a coutume de penser le conflit afghan à travers une ligne de clivage entre Pachtouns et non-Pachtouns. Mais celle-ci n'explique pas tout et ne résume en aucun cas la dynamique politique du pays, surtout que les Pachtouns eux-mêmes ne constituent pas un groupe homogène. Le conflit oppose fondamentalement les bénéficiaires du nouveau jeu politique instauré par l'intervention américaine de 2001 et ceux qui en ont été exclus, même si c'est parmi les Pachtouns que l'on trouve le plus grand nombre d'exclus. Cette fragmentation se traduit par le fait qu'il y a aujourd'hui en Afghanistan pas moins de 3 000 groupes armés agissant pour le gouvernement, contre lui ou le plus souvent pour leur propre compte, rendant ainsi très difficile le passage rapide d'une situation de guerre à une situation de paix. Même ceux que par abus de langage on appelle les talibans ne constituent pas une force politique ou militaire homogène. L'insurrection compte en réalité trois grands mouvements : les talibans à proprement parler, à la tête desquels se trouve le célèbre mollah Omar et dont l'implantation est très forte dans le sud-ouest du pays et tout particulièrement dans la région de Kandahar, la faction Gulbudin Hekmatyar (*Hizb e islami*) née au moment de l'occupation soviétique et connue pour la cruauté légendaire de son chef présent dans l'est du pays, enfin la faction Haqqani, tout aussi radicale et violente, installée dans le Nord-Waziristan pakistanais, responsable de nombreux actes terroristes en Afghanistan (notamment contre l'ambassade indienne à Kaboul) et qui serait selon certains dires largement liée aux services de renseignement pakistanais et à Al Qaida[1]. Tous ces groupes sont à la fois très autonomes sur le plan militaire mais politiquement alliés contre le gouvernement de Kaboul. Ils acceptent tous l'autorité morale du mollah Omar qui donne ainsi à l'insurrection une forme de légitimité islamique non négligeable[2]. Ce dernier aspect joue un rôle essentiel à la fois pour mobiliser les soutiens internationaux en faveur des talibans, notamment auprès de l'Arabie Saoudite et des pays du Golfe, et pour répandre le message islamo-nationaliste des talibans bien au-delà des zones pachtounes[3]. Ce n'est donc pas un hasard si ce sont aujourd'hui des mollahs qui sont les principaux vecteurs de l'accroissement de l'influence politico-militaire des talibans chez des Ouzbeks ou des Tadjiks jusque-là très réservés à leur égard[4].

Entre ces groupes armés et Kaboul il existe bien évidemment une contradiction politique essentielle. Mais il ne faut pas pour autant croire à l'existence de deux forces à la fois homogènes et étanches. La porosité entre le pouvoir de Kaboul et l'insurrection est bien plus importante qu'on ne le pense. Elle est pour ainsi dire officielle entre le HIG (*Hizb e islami Gulbedin*) d'Hekmatyar et Hamid

1. Thomas Ruttig, « The Other Side : Dimensions of the Afghan Insurgency : Causes, Actors an Approaches to "Talks" », *Afghan Network Analysis, AAN Thematic Report 01*, juillet 2009. http://www.aan-afghanistan.org/uploads/200907%20AAN%20Report%20Ruttig%20-%20The%20Other%20Side.PDF
2. *Ibid.*, p. 16.
3. *Ibid.*, p. 21.
4. Cf. Antonio Giustozzi, Christoph Reuter, « The Northern Front. The Afghan Insurgency Spreading beyond the Pashtuns », *Afghan Network Analysis, AAN Thematic Report 03*, juin 2010. http://aan-afghanistan.com/uploads/20100623NORTH.pdf

Karzaï. À travers son aile politique, Hekmatyar et ses amis sont présents au Parlement, au gouvernement et dans les provinces. Cette faction est d'ailleurs la mieux représentée au Parlement de Kaboul et l'on estime qu'un tiers des gouverneurs des provinces sont affiliés à Hekmatyar[1]. C'est donc comme si pendant la guerre civile espagnole on avait dit qu'un tiers des provinces contrôlées par les nationalistes étaient dirigées par des personnalités proches des républicains. Certes, l'aile politique du HIG se veut distincte de l'aile militaire. Mais dans les faits aucune divergence de fond ne les oppose[2]. En réalité, Hekmatyar conduit une stratégie visant à exercer une pression militaire sur le pouvoir de Kaboul, tout en menant un travail d'infiltration au sein du système politique actuel[3]. De son côté, ce que l'on appelle le pouvoir de Kaboul est loin de constituer un ensemble homogène. Certaines de ses factions sont très proches des talibans et particulièrement méfiantes à l'égard de certains alliés de l'Alliance du Nord qui participent au pouvoir. D'autres en revanche (Tadjiks et Ouzbeks pour la plupart) y sont farouchement hostiles, parce qu'ils craignent qu'un accord politique avec les talibans se fasse à leurs dépens. Entre ces factions, Hamid Karzaï navigue au plus près en gagnant du temps. Il s'efforce de donner des gages aux

---

1. Talatbek Masadykov, Antonio Giustozzi, James Michael Page, « Negotiating with the Taliban : Toward a Solution for the Afghan Conflict », *Crisis States Working Papers Series n° 2, Working Paper n° 66*, janvier 2010, p. 11. http://www.crisisstates.com/download/wp/wpSeries2/WP66.2.pdf
2. Ibid.
3. Thomas Ruttig, « The Other Side : Dimensions of the Afghan Insurgency : Causes, Actors an Approaches to "Talks" », *op. cit.*, p. 11.

talibans à mesure que se dégradent ses relations avec les États-Unis pour porter beau l'habit du nationalisme afghan, dans la perspective d'un Afghanistan post-américain[1]. Mais dans le même temps, il ne souhaite nullement se défaire du soutien militaire et financier des États-Unis et de la communauté internationale pour consolider son pouvoir et négocier le cas échéant un accord politique dans les conditions les plus favorables pour lui, sa famille et son clan. Parmi les signes envoyés aux talibans ces derniers mois figure le limogeage du chef d'état-major et du responsable des services de sécurité, tous deux tadjiks et membres de l'Alliance du Nord, jugés proches des États-Unis et convaincus désormais de la volonté d'Hamid Karzaï de parvenir à un accord politique avec les talibans quitte à tourner le dos à ses anciens alliés[2]. L'appel au retrait des compagnies de sécurité privées participe de la même démarche[3]. Il a également accusé la communauté internationale d'être largement responsable de la corruption dans son pays au moment où il s'efforce de reprendre le contrôle politique d'organismes de lutte contre la corruption qui lui ont été imposés par les États-Unis[4]. Hamid Karzaï entretient d'ailleurs des relations sui-

---

1. « La décision de Karzaï de renvoyer Saleh et [Hanif] Atmar [le chef du] ministère de l'Intérieur m'inquiète plus que tout autre développement, parce que cela signifie que Karzaï est déjà en train de planifier un Afghanistan post-américain. » Selon l'analyse de Bruce Riedel, conseiller officieux de Barack Obama pour l'Afghanistan, *The Guardian.* 1er juillet 2010.
2. *The Washington Post*, 23 juillet 2010.
3. *The New York Times*, 23 août 2010.
4. « La communauté internationale a permis à certains de devenir incroyablement riches. Ils se sont constitués en une véritable mafia économique. Ce sont des gens qui ont à peine trente ans et qui ont des

vies avec presque tous les responsables talibans qui figurent sur la fameuse liste 1267 dans laquelle est consigné par les Nations unies l'ensemble des personnes, des groupes ou des sociétés soumises à un certain nombre d'interdictions de la communauté internationale[1].

Cette complexité de la scène afghane ne constitue cependant pas en soi un obstacle dirimant à la recherche d'une solution politique. Bien au contraire. L'existence de passerelles entre les deux camps est de nature à faciliter la recherche d'un compromis, même si officiellement les conditions mises par le pouvoir central et par ses opposants sont éloignées les unes des autres. Kaboul exige un renoncement à la lutte armée et l'acceptation de la Constitution afghane, alors que de leur côté les talibans posent en préalable le retrait des forces étrangères[2]. Mais dans les faits, la mise en œuvre du processus de réconciliation est plus complexe.

Pendant longtemps, les États-Unis n'ont guère été intéressés par un tel processus même s'ils ont contribué fortement à le financer pour permettre au gouvernement de Kaboul de rallier à sa cause un certain nombre de personnes situées à des échelons modestes de l'insurrection[3]. Sur le terrain, ce sont d'abord et avant tout les

---

centaines de millions de dollars. » Cette analyse faite par M. Omer, conseiller du président Karzaï, est tout à fait fondée à ceci près que bon nombre d'entre eux sont des proches du président Karzaï. Cf. *The New York Times*, 24 août 2010.

1. Sur les contacts entre Hamid Karzaï et les responsables de l'insurrection, cf. *The Long War Journal*, 27 juin 2010. http://www.longwarjournal.org/archives/2010/06/afghan_president_mee.php

2. Cf. communiqué « London Conference on Afghanistan », 28 janvier 2010.

3. Matt Waldman, « Golden Surrender ? The Risks, Challenges, and

Britanniques qui se sont le plus engagés dans cette voie, et cela dès 2006[1]. Aujourd'hui encore ils semblent prôner une négociation plus ouverte et officielle avec les talibans, ce qui n'est pas tout à fait la position américaine[2]. Pourtant, la principale opération de ralliement politique de grande envergure conduite par les Britanniques en 2006 et visant à rallier au pouvoir de Kaboul le mollah Salaam n'a guère été concluante car les garanties qui lui ont été accordées se sont révélées extrêmement précaires, au point d'en faire une cible de choix pour les talibans[3].

Officiellement la position américaine est favorable à tout processus de réconciliation avec les talibans modérés. Mais personne ne sait ce que ce vocable de modéré ou de récupérable signifie vraiment. Les points de vue américains sur le sujet varient d'un interlocuteur à l'autre. Ainsi, le responsable américain du renseignement à Kaboul considère MM. Hekmatyar et Haqqani comme politiquement récupérables alors que ce dernier est certainement et de très loin le dirigeant de l'insurrection le plus intransigeant, le plus violent et le plus lié à Al Qaida[4].

Implications of Reintegration in Afghanistan », *Afghan Network Analysis, AAN Thematic Report 3,* avril 2010, p. 3. http://aan-afghanistan.org/uploads/2010_AAN_Golden_Surrender.pdf

1. Kenneth Katzman, « Afghanistan : Post War Governance, Security and US Policy », *op.cit.*, 26 novembre 2008, p. 28. http://www.dtic.mil/cgi-bin/GetTRDoc?Location=U2&doc=GetTRDoc.pdf&AD=ADA490415

2. *Ibid.*, p. 28.

3. Michael Semple, *Reconciliation in Afghanistan,* Washington, D.C., United States Institute for Peace, 2009.

4. « Flynn, le chef du renseignement, est allé jusqu'à suggérer que les dirigeants de l'insurrection Jalaluddin Haqqani et Gulbuddin Hekmatyar sont tous deux "absolument récupérables". Le HIG compte dans ses rangs des membres du gouvernement Karzaï, et il pourrait se transformer en parti politique, même si Hekmatyar fournit peut-être aux dirigeants d'Al

Il est aussi la cible privilégiée des tirs de drones américains. En 2010, 90 % des drones lancés contre les talibans étaient concentrés dans le Nord-Waziristan, là où se trouve le bastion de la faction Haqqani, qui rappelons-le est fortement soutenue par le Pakistan[1]. Washington aimerait se voir mettre en place un processus de réconciliation à forte visibilité politique coordonnée au niveau présidentiel, car, s'il se révélait concluant, il leur permettrait de justifier le début de leur retrait militaire[2]. Dans les faits pourtant, la manière dont les États-Unis envisagent la réconciliation demeure très floue. Elle leur semble d'ailleurs moins prioritaire que la réussite de leur stratégie contre-insurrectionnelle ou le développement d'un programme de lutte anticorruption qui pourrait redonner de la légitimité au gouvernement Karzaï. Leur préférence irait à une forme de réconciliation par le bas dans laquelle ils semblent disposés à s'impliquer tout en laissant à M. Karzaï et aux Pakistanais le soin de trouver un accord avec les talibans qu'ils n'auraient pas à cautionner officiellement[3]. L'autre difficulté résulte de l'absence de partenaire politique avec lequel ils pourraient en confiance

---

Qaida un refuge dans le Kunar. Hekmatyar a des ambitions conciliables. En ce qui concerne le réseau Haqqani, je peux vous dire qu'ils sont fatigués de se battre, mais ne sont pas sur le point d'abandonner. Ils ont des intérêts commerciaux lucratifs à protéger : le trafic routier de la frontière afghano-pakistanaise à l'Asie Centrale. » Robert Kaplan, « Man versus Afghanistan », *The Atlantic*, avril 2010.
  1. Bill Roggio, Alexander Mayer, « Charting the data for US airstrikes in Pakistan, 2004-2010 », *The Long War Journal*, 24 août 2010. http://www.longwarjournal.org/pakistan-strikes.php
  2. Talatbek Masadykov, Antonio Giustozzi, James Michael Page, *op. cit.*, p. 12.
  3. Holbrooke est cité dans « US backs Kabul's direct talks with Islamabad », *Dawn.com*, 26 juillet 2010. http://www.dawn.com/wps/wcm/

rechercher une solution négociée. En théorie ce rôle incombe au président afghan. En pratique il en va différemment. Hamid Karzaï est considéré aujourd'hui comme un partenaire par défaut auquel on menace de retirer son soutien s'il ne lutte pas contre la corruption, sans bien sûr avoir la moindre solution de rechange en vue ou admettre que les États-Unis ont une part de responsabilité considérable dans ce processus : « Si nous avons connaissance de ce qui se passe et que le gouvernement afghan ne fait rien pour y répondre, il nous sera très difficile de regarder les familles américaines dans les yeux en leur disant : "C'est une cause pour laquelle cela mérite de mourir[1]." » Dans un tel contexte, les États-Unis misent fondamentalement sur la réussite de leur stratégie de contre-insurrection dont un des objectifs est la recherche d'une réconciliation rendue possible grâce à un meilleur rapport de forces sur le terrain[2]. En affaiblissant militairement les talibans et en répondant aux besoins de la population, ils espèrent favoriser un compromis sur des bases plus acceptables pour les États-Unis. C'est le modèle de la paix des braves réaffirmé par le secrétaire à la Défense

---

connect/dawn-content-library/dawn/news/world/16-karzai-pakistani+hol brooke-hs-01

1. « Karzai must Fight Graft or Lose Support : Sen Kerry », *Dawn.com*, 18 août 2010.

2. Offrir une amnistie ou un compromis apparemment généreux peut également susciter des divisions au sein de l'insurrection, et présenter des occasions de la casser ou de l'affaiblir. *US Military Joint Publication 3 24, Counterinsurgency Operations*, octobre 2009, p. 20-21. « Les discussions à un niveau politique vont refléter les réalités du champ de bataille. » Déclaration de Richard Holbrooke, « Discussions on a Political Level are Going to Reflect Battlefield Realities », *Reuters*, 25 février 2010. http://uk.reuters.com/article/idUKN25186088

Robert Gates[1]. La difficulté de ce pari vient du fait qu'il est très aléatoire même si Washington a toujours en tête le précédent du *surge* irakien. L'insurrection ne semble guère s'affaiblir, même si les Américains font valoir le fait que dans un premier temps toute stratégie contre-insurrectionnelle se heurte à une intensification de l'insurrection, dont il est admis par les militaires de la coalition qu'elle dispose d'une capacité de renouvellement infini[2]. En outre, le renforcement de la présence militaire américaine a pour conséquence de galvaniser politiquement les talibans, qui à tort ou à raison pensent que le temps joue pour eux[3]. De ce point de vue, la déconnexion du temps politique américain avec le temps politique local constitue un facteur fondamental de l'équation. Les talibans ont attendu plus de quatre ans pour réémerger après leur défaite de 2001. Ils pourront probablement attendre sans grande difficulté 2014, date implicite de retrait des troupes étrangères[4]. Le problème est aggravé par la fronde des généraux américains ouvertement critiques vis-à-vis de la stratégie du président Obama qui souhaite

---

1. « Gates: Low Level Reconciliation Growing in Afghanistan », *VOA News*, 24 mars 2010.
2. General Michael Flynn, « The State of the Insurgency, Trends, Intentions and Objectives », *ISAF Director of Intelligence*, décembre 2009. http://www.wired.com/dangerroom/2010/01/afghan-insurgency-can-sustain-itself-indefinitely-top-us-intel-officer/
3. Matt Waldman, « Golden Surrender? The Risks, Challenges, and Implications of Reintegration in Afghanistan », *op. cit.*, p. 6.
4. « En fait, nous avons intercepté des communications qui disent: "Vous savez, il suffit seulement de tenir tout ce temps." » Déclaration du général James Conway, commandant en chef des Marines, 24 août 2010. http://www.bbc.co.uk/blogs/thereporters/markmardell/2010/08/sustenance_to_the_enemy.html

amorcer en juillet 2011 le retrait des forces américaines[1]. Les États-Unis disposent de peu de temps pour modifier le rapport de forces sur le terrain, sans d'ailleurs avoir de vision précise de ce sur quoi un arrangement politique pourrait concrètement déboucher. Il est à cet égard frappant de voir que le critère d'une victoire en Afghanistan n'a jamais pu être établi et qu'à défaut ce ne sont pas moins de 50 critères de réussite (les fameux *metrics*) qui sont mis en avant[2]. Selon toute vraisemblance, l'objectif des États-Unis pourrait se résumer à : *Tout sauf Al Qaida*.

La solitude américaine

Cet objectif ne peut cependant être atteint qu'avec le soutien du Pakistan, dont l'Administration Obama a décidé de faire son allié stratégique pour tenter de trouver une solution en Afghanistan : « Nous sommes résolus à établir un partenariat sur la base d'un intérêt, d'un respect et d'une confiance mutuels[3]. » Washington ne pourra en effet espérer quitter ce pays qu'après s'être assuré de la capacité et de la volonté du Pakistan à se stabiliser et à stabiliser la sous-région. C'est là un objectif ambitieux au regard de la situation critique dans laquelle se trouve le Pakistan : un État extraordinairement fragile

1. *The New York Times*, 24 août 2010.
2. Katherine Tiedmann, « What the White House's AfPak metrics list doesn't say », *Foreign Policy*, 16 septembre 2009.
3. Address by President Obama, United States Military Academy at West Point, 1ᵉʳ décembre 2009. http://www.whitehouse.gov/the-press-office/remarks-president-address-nation-way-forward-afghanistan-and-pakistan

qui depuis 1947 se construit autour de trois piliers : l'islam comme idéologie d'une société très segmentée, l'armée comme vecteur d'unification nationale contre l'Inde, les États-Unis comme pourvoyeur d'armes elles-mêmes indispensables à la fois à la légitimité du pouvoir militaire et à sa stratégie de lutte contre son grand voisin[1]. Du temps de la guerre froide, la complémentarité de ces objectifs ne posait pas de problème majeur dans la mesure où l'Inde était le grand allié de l'URSS. Le point culminant de l'alliance américano-pakistanaise intervint après l'invasion de l'Afghanistan par l'URSS. Le Pakistan parvint alors à maximiser sa position en jouant sur le soutien américain, en appuyant les moudjahidines afghans qui dépendaient de lui et qui étaient eux aussi soutenus par les États-Unis, affaiblissant ainsi Delhi alliée de l'URSS. Pour consolider cette position, le Pakistan n'eut de cesse de soutenir de manière de plus en plus forte les différents mouvements islamistes puis jihadistes installés dans les zones tribales du FATA là où les militaires pakistanais pouvaient à la fois organiser leur soutien à ses forces tout en s'abritant derrière sa très grande autonomie administrative pour décliner toute responsabilité directe dans l'action de ces mouvements. Lorsqu'au début des années 1990 les États-Unis se retirèrent brutalement de la région, les Pakistanais se sentirent abandonnées et virent dans l'Afghanistan un enjeu stratégique de premier plan

---

1. Statement of Mr. Husain Haqqani, Director, Center for International Relations, Boston University, in US Policy Toward Pakistan Hearing Before the Subcommittee on the Middle East and South Asia Committee on Foreign Affairs House of Representatives One Hundred Tenth Congress First Session, 21 mars 2007, p. 9-10. http://foreignaffairs.house.gov/110/34239.pdf

pour rétablir l'équilibre avec l'Inde. D'où leur soutien aux talibans dans leur conquête du pouvoir à Kaboul à la fin des années 1990 et leur tolérance vis-à-vis des autres mouvements islamistes jihadistes dont Al Qaida.

Au lendemain du 11 Septembre, la donne se trouve bouleversée dans la mesure où elle annonce le retour des États-Unis dans la région. Ces derniers somment alors Islamabad de choisir clairement son camp. Dans les faits, la stratégie pakistanaise demeure remarquablement stable. Certes Islamabad apportera un soutien considérable à l'armée américaine pour opérer à partir de son territoire et participera à elle-même à des opérations militaires contre Al Qaida, le tout en échange d'une reprise massive de l'aide militaire américaine. Aujourd'hui encore, la plupart des tirs de drones américains ont lieu en territoire pakistanais, avec l'accord d'Islamabad, en ciblant aussi bien les insurgés afghans, et tout particulièrement ceux de la faction Haqqani soutenue par l'ISI, que les talibans pakistanais[1]. Pour le reste, la politique pakistanaise repose toujours sur la distinction entre d'un côté les djihadistes menaçant l'État pakistanais et de l'autre ceux qui mènent des combats politico-militaires en dehors du Pakistan est le plus souvent d'ailleurs pour son compte. Le premier groupe est volontiers qualifié de terroriste, et inclut d'ailleurs Al Qaida, tandis que le second bénéficie d'une plus grande tolérance. C'est une des raisons pour lesquelles Islamabad a favorisé la réorganisation des talibans après leur défaite de 2001, tant le

---

1. Sur les détails du programme de drones (nombre, cibles, victimes, etc.), cf. Bill Roggio, Alexander Mayer, « Charting the Data for US Airstrikes in Pakistan », 2004-2010 », *op. cit.*

pouvoir de Kaboul du président Karzaï lui semblait trop proche de Delhi.

Toutefois, au cours de ces dernières années, cette dualité stratégique, ou cette duplicité politique, s'est révélée de plus en plus difficile à tenir. Et cela pour deux raisons essentielles. La première tient au fait que la menace indienne a été délibérément hypertrophiée par l'armée pakistanaise, une armée dont les considérations stratégiques l'ont conduit à négliger le développement économique et social du pays. Il en a résulté un affaiblissement considérable de ce pays et sa transformation en un État rentier, dont la rente est précisément indexée sur la stratégie extérieure. Le Pakistan vit en effet du soutien de Washington et de Riyad. La capacité ou l'indifférence des militaires pakistanais à satisfaire les besoins d'une population croissante, paupérisée et traversée de surcroît par de profondes inégalités sociales et régionales les a conduits face à cette pression à utiliser de plus en plus l'islam comme source d'unité et de coercition politique[1]. L'armée est ainsi devenue de plus en plus dépendante de la mosquée, ce qui ne pouvait que conduire celle-ci à se renforcer en jouant sur l'incurie du pouvoir militaire et sur l'hostilité aux États-Unis accusés non sans raison de soutenir les militaires. Ce n'est donc pas par hasard si le Pakistan est le pays au monde où l'opinion publique est la plus hostile aux États-Unis[2]. Tout ceci a conduit à un

---

1. Statement of Mr. Husain Haqqani, *op. cit.*, p. 15.
2. En 2010, les opinions favorables aux États-Unis au Pakistan étaient de 17 %. C'est de très loin le chiffre le plus bas parmi les pays sondés. Ce chiffre n'a nullement été affecté par l'arrivée au pouvoir d'Obama puisqu'il était de 19 % en 2008. Cf. « Obama More Popular Abroad Than at Home, Global Image of US Continues to Benefit », *Pew Global Project*

affaissement considérable de l'État pakistanais et à la nécessité croissante pour lui de composer avec les islamistes. La tension est devenue telle que les affrontements militaires se sont multipliés. Mais l'armée pakistanaise, pensée, organisée et équipée dans la seule perspective d'une guerre contre l'Inde, n'est jamais réellement parvenue à exercer son contrôle sur une mouvance islamiste de plus en plus puissante. Elle a donc été contrainte à des compromis de plus en plus avantageux pour cette dernière. Les islamistes s'engageaient à ne pas attaquer l'État pakistanais, en échange de quoi ils gardaient une liberté d'action pour agir en Afghanistan, au Cachemire ou en Inde. Mais le rapport de forces était devenu trop déséquilibré pour que les islamistes se sentent liés par un tel arrangement[1]. Ils se trouvent en position de force pour à la fois poursuivre le jihad tout en s'en prenant à l'État pakistanais. C'est d'une certaine manière l'évolution complexe qu'a connue un mouvement comme le *Laskhar e Taiba*. Initialement contrôlé par les services spéciaux pakistanais pour lancer des opérations militaires contre l'Inde au Cachemire, ce mouvement n'a cessé de croître et de s'autonomiser en s'alliant notamment avec d'autres mouvements islamistes comme les talibans pakistanais, les talibans afghans, Al Qaida et même *Laskhar e Jhangvi* sur lequel l'armée pakistanaise a le moins de prise et qui constitue pour elle probablement la menace la plus grave[2]. C'est en 2009, au moment même où

Attitudes, 17 juin 2010. http://pewglobal.org/files/pdf/Pew-Global-Attitudes-Spring-2010-Report.pdf

1. Statement of Ms. Lisa Curtis, Senior Research Fellow, Asia Studies Center, Heritage Foundation in US Policy Toward Pakistan, *op. cit.*, p. 27.

2. Marvin Weinbaum, « Bad Company : Lashkar E–Tayyiba and The

l'Administration Obama entre en fonction, que l'opposition violente des islamistes pakistanais au régime d'Islamabad atteint son apogée. C'est donc très logiquement à partir de ce moment que l'armée pakistanaise prend conscience de l'existence d'une menace islamiste susceptible de porter atteinte à sa propre survie. D'où le lancement d'opérations militaires sans précédent contre ces islamistes dans les provinces de Swat et Baujur à partir de février 2009. Les États-Unis, à la recherche d'une nouvelle stratégie dans la région, mesurent alors l'intérêt de rebâtir la relation américano-pakistanaise sur des bases neuves. Il ne s'agit plus seulement d'exiger des Pakistanais qu'ils luttent contre les mouvements islamistes en échange d'une aide militaire. Il s'agit plutôt de jouer sur la coïncidence d'intérêts stratégiques entre Washington et Islamabad pour défaire les islamistes. C'est le sens même du très important *Lugar Berman Kerry Act* entré en vigueur en 2009 et prévoyant de consacrer 7,5 milliards de dollars au Pakistan sur cinq ans sous forme d'aide militaire et économique[1]. Certes, cet engagement reste conditionnel sur le plan militaire. Il exige explicitement la cessation du « soutien, y compris par des éléments au sein de l'armée pakistanaise ou de son service de renseignement, à des groupes extrémistes et terroristes, en

---

Growing Ambition of Islamist Militancy in Pakistan », Hearing Before the Subcommittee on the Middle East and South Asia of the Committee on Foreign Affairs House of Representatives One Hundred Eleventh Congress Second Session, 11 mars 2010, p. 13. http://www.international-relations.house.gov/111/55399.pdf

1. Enhanced Partnership with Pakistan Act 2009, Title II, Section 203 (c)(2)(A). http://www.cfr.org/publication/20422/joint_explanatory_sta tement_enhanced_partnership_with_pakistan_act_of_2009.html

particulier à tout groupe qui a mené des attaques contre les États-Unis ou les forces de la coalition en Afghanistan[1] ». Ce partenariat contraint par ailleurs le département d'État à fournir au Congrès chaque année un rapport décrivant « dans quelle mesure l'exécutif civil et le Parlement exercent leur fonction de contrôle et d'approbation sur les budgets militaires, la chaîne de commandement, le processus de promotion des hauts dirigeants militaires, la participation des civils aux orientations stratégiques et de planification, et l'ingérence des militaires dans l'administration civile[2] ». Cette clause n'était spontanément pas faite pour plaire aux militaires pakistanais, d'autant qu'aucune conditionnalité similaire n'était exigée sur le plan économique. C'est la raison pour laquelle le gouvernement pakistanais, sous la pression de ses militaires, obtint la publication d'une déclaration américano-pakistanaise précisant qu'« il n'y a nulle intention, et rien dans cette clause, qui de quelque manière que ce soit pourrait suggérer qu'il devrait y avoir un rôle américain dans la micro-gestion des affaires intérieures du Pakistan, y compris la promotion des officiers ou les opérations internes de l'armée pakistanaise[3] ».

Pour les États-Unis, l'enjeu est colossal : il ne s'agit ni plus ni moins que de prévenir l'effondrement de l'État et sa capture par les islamistes qui feraient alors du Pakistan l'« État faillite » le plus dangereux du monde, puissant car

---

1. *Ibid.*
2. Cité *in* Anwar Iqbal, « US note dilutes some conditions in Kerry-Lugar bill », *dawn.com*, 14 octobre 2009. http://www.dawn.com/wps/wcm/connect/dawn-content-library/dawn/news/world/13+pakistan+concerns+to+be+addressed+kerry-za-08
3. *Ibid.*

doté de l'arme nucléaire. Dans cette perspective, l'Afghanistan n'est au fond pour les États-Unis qu'un sous-produit de leur stratégie pakistanaise. Ils y font donc un double pari : stopper la dégradation de la situation intérieure au Pakistan en renforçant ses institutions et convaincre ses élites civiles et militaires de leur intérêt à rechercher un compromis en Afghanistan qui ferait une place aux talibans sans renverser le régime de Kaboul. En résulterait l'émergence d'un nouveau pouvoir pas défavorable à Islamabad sans pour autant être hostile à New Delhi.

Compte tenu de l'ampleur de l'enjeu et de la multiplicité des paramètres, il est bien évidemment très difficile d'évaluer les résultats de cette stratégie. Pourtant, si le pouvoir pakistanais est convaincu désormais de la réalité d'une menace existentielle que fait peser sur lui la mouvance islamiste, rien n'atteste un revirement de sa stratégie régionale. Tout indique même le contraire quand bien même l'acteur pakistanais ne serait pas politiquement homogène. En janvier 2010, les autorités pakistanaises soumettaient à Washington un mémorandum définissant leur stratégie en Afghanistan, dans lequel, comme à l'accoutumée, le facteur indien était mis en avant. En réalité, « les généraux du Pakistan continuent de croire dur comme fer que, quand bien même des milices islamistes comme les talibans peuvent être indisciplinées et peu fréquentables, elles pourraient être des forces d'appoint pour parer à la menace vitale venant de l'Inde. Selon la vision de l'armée, au moins, cette menace n'a pas diminué[1]. » De surcroît et en dépit d'un certain nombre d'informations pouvant laisser croire à un infléchissement de la politique pakistanaise

---

1. *The New Yorker*, 1er mars 2010.

dans le conflit afghan, il semblerait bel et bien que les services secrets pakistanais soient plus que jamais associés aux organes les plus élevés de décision des talibans du mollah Omar : « Presque tous les commandants talibans interrogés estiment que l'ISI est représenté au sein de la Quetta Shura. Un commandant supérieur du Sud a déclaré : "Chaque commandant de groupe connaît la réalité – ce qui est évident pour nous tous – que l'ISI est derrière les talibans. Ils ont formé et soutiennent les talibans." Il ajouta : "Chaque commandant connaît l'implication de l'ISI dans le haut commandement, mais nous ne pouvons pas en discuter parce que nous n'avons pas confiance les uns en les autres, et qu'ils sont beaucoup plus forts que nous. Ils craignent que tout propos contre les talibans ou l'ISI soit rapporté aux haut gradés – ce qui entraînera leur révocation ou leur assassinat… Tout le monde voit le soleil dans le ciel, mais personne n'ose dire que c'est le soleil[1]." » Or quand on sait que la Quetta Shura des talibans est présidée par le mollah Omar et que ce dernier est le seul dirigeant taliban nommément considéré par Washington comme ne pouvant pas être partie prenante à un compromis politique, on mesure la persistance de l'ambiguïté qui préside aux rapports américano-pakistanais[2]. Cela ne signifie pas pour autant que les États-Unis soient totalement

---

1. Matt Waldman, « The Sun in the Sky : The Relationship Between Pakistan's ISI and Afghan Insurgents », *Crisis States Discussion Paper 18*, juin 2010, p. 6. http://www.crisisstates.com/download/dp/DP%2018.pdf
2. « Le mollah Omar et le noyau dur des talibans qui se sont alignés sur Al Qaida ne sont pas récupérables et nous ne pouvons pas faire de compromis qui les inclurait. » Cité *in* « White Paper of the Interagency Policy Group's Report on US Policy toward Afghanistan and Pakistan », *op. cit.*, p. 4.

naïfs. Tout indique qu'ils mesurent l'ambiguïté de la position pakistanaise ainsi que les limites que le pouvoir d'Islamabad peut leur apporter pour affaiblir les talibans et Al Qaida[1]. Mais ils ne disposent tout simplement pas de solution de rechange, surtout au moment où leurs relations ne cessent de se dégrader avec Hamid Karzaï.

Islamabad est plus que jamais décidée à empêcher qu'une solution politique dans ce pays puisse se faire sans elle et encore moins contre elle. C'est la raison pour laquelle elle n'a jamais hésité à arrêter les dirigeants talibans dès que ces derniers tentaient de négocier directement avec le pouvoir de Kaboul[2]. Et c'est précisément pour avoir entravé cet effort que ce dernier, par l'intermédiaire de son principal conseiller diplomatique, semble hausser le ton vis-à-vis du gouvernement pakistanais mais également du gouvernement américain en qualifiant d'« erreur » le partenariat stratégique américano-pakistanais[3]. Pour les États-Unis, le Pakistan continue d'être à la fois un allié indispensable et un obstacle insurmontable à sa stratégie afghane. En décembre 2010 doit

---

1. Steve Coll, « American officials believe that ISI has considerably more leverage with the Afghan Taliban than it is willing to admit », *The New Yorker*, 24 mai 2010.
2. « L'ISI contrôle la Quetta Shura Taliban. Lorsque le mollah Baradar et le mollah Omar ont parlé directement au gouvernement afghan, pour des pourparlers de paix, l'ISI a arrêté Baradar [...] parce qu'ils veulent l'échec des pourparlers de paix. » Témoignage d'un commandant taliban cité *in* Matt Waldman, « The Sun in the Sky: The Relationship Between Pakistan's ISI and Afghan Insurgents », *op. cit.*, p. 20. Ce témoignage est largement confirmé par d'autres sources. Cf. *The New York Times*, 23 août 2010.
3. Rangin Dadfar Spanta, « Pakistan is the Afghan War's Real Aggressor », *The Washington Post*, 23 août 2010.

intervenir la première évaluation de la stratégie américaine mise en place par le président Obama. Rien ne semble indiquer qu'elle puisse apporter, sauf imprévus, des éléments nouveaux.

VII

Sans l'Europe

En février 2009, le nouveau conseiller pour la Sécurité nationale de Barack Obama, James Jones, rappelait ironiquement que la mort clinique des relations transatlantiques avait été diagnostiquée dès le début des années 80[1]. Il est vrai que, depuis plusieurs années, l'idée d'une distension des rapports entre l'Europe et les États-Unis n'a cessé de s'imposer comme une vérité d'évidence. Une évidence que l'arrivée Obama au pouvoir n'aurait fait qu'amplifier au regard de sa faible affinité avec le Vieux Monde.

Comme toujours, les perceptions même les plus immédiates ou les moins élaborées renvoient à une certaine

---

1. « Je sais que qu'il est de bon ton dans certains milieux de suggérer que les États-Unis ont négligé le partenariat transatlantique. Dans une certaine mesure, cette affirmation n'est guère surprenante. Un rapport a noté que "la relation [...] est entrée en phase terminale". Ce rapport date d'il y a près de trente ans, du début des années 1980. » Discours à la 46e conférence de Munich sur la sécurité, 6 février 2010. http://www.security conference.de/Jones-James-L.449.0.html?&L=1

réalité. Toute la question est de savoir si cette appréciation épuise la totalité du sujet. En vérité, le problème est peut-être mal posé. Le socle des intérêts et des valeurs liées au plan historique, culturel, économique et politique des États-Unis à l'Europe demeure exceptionnellement dense. Avec la montée en puissance d'acteurs non-occidentaux comme la Chine ou l'Inde, Européens et Américains n'auront guère de peine à vérifier leur proximité sur bien des sujets. Celle-ci se vérifie d'ailleurs assez bien sur une affaire aussi sensible que celle des sanctions contre l'Iran. Le fait que l'élection de Barack Obama ait été accueillie avec autant de soulagement ou de contentement par les Européens, souligne l'ampleur des attentes que nourrit le Vieux Continent à l'égard du Nouveau Monde.

L'engouement européen pour Obama
(D'une manière générale, êtes-vous favorable aux États-Unis[1] ?)

Pays	2007 (Bush, en %)	2010 (Obama, en %)
France	39	73
Allemagne	30	63
Grande-Bretagne	51	65
Espagne	34	61
Pologne	61	74
Russie	41	57

1. Source : http://pewresearch.org/pubs/1630/obama-more-popular-abroad-global-american-image-benefit-22-nation-global-survey

Turquie	9	17
Égypte	21	17
Chine	34	58
Inde	59	66
Indonésie	29	59
Pakistan	15	17

Mais c'est peut-être aussi là que se situe le problème. Car s'il ne fait guère de doute que l'Europe attend toujours beaucoup des États-Unis, au point que certains Européens voient encore dans les États-Unis une puissance européenne, il est de moins en moins sûr que les États-Unis attendent autant de l'Europe[1]. Cette asymétrie n'est certes pas nouvelle. Elle préside même à la nature des rapports transatlantiques depuis 1945. Mais son accentuation est aujourd'hui indiscutable. L'Europe ne constitue nullement pour les États-Unis une source de difficultés au regard de la forte proximité de leurs intérêts et de la densité de leur interdépendance. Mais si l'Europe n'est pas pour eux source de problèmes, elle n'est pas non plus la solution aux nouveaux défis qu'ils ont à affronter dans le monde, dès lors qu'ils considèrent le soutien européen comme acquis sur l'essentiel. Or, en tant que garants ultimes de la sécurité de l'Europe, ils sont en droit de lui

---

[1]. « An Open Letter To The Obama Administration From Central And Eastern Europe », *Radio Free Europe / Radio Liberty*, 16 juillet 2009. http://www.rferl.org/content/An_Open_Letter_To_The_Obama_Administration_From_Central_And_Eastern_Europe/1778449.html

demander ce qu'elle peut leur apporter en échange de sa protection stratégique.

L'Europe déclassée ?

Les États-Unis et l'Europe entretiennent une relation d'une densité exceptionnelle qui conditionne le bien-être collectif de leurs ressortissants respectifs. La vigueur de cette relation s'entend tout d'abord au plan économique. La valeur des flux de biens, de services et de revenus d'investissements entre les deux ensembles s'élève à 1 600 milliards de dollars, soit l'équivalent de 53 % du PNB euro-américain[1]. Les Européens sont de très loin les premiers investisseurs étrangers aux États-Unis, tandis que les États-Unis demeurent eux aussi les premiers investisseurs en Europe[2]. Ils représentent plus de 50 % de l'investissement américain dans le monde. À titre de comparaison, les investissements américains dans les BRIC ne dépassent pas 7 % du volume des investissements américains en Europe[3]. Et dans certains secteurs comme la finance, la place de l'Europe est encore bien plus grande. Au risque de surprendre le lecteur, il faut par exemple savoir que les

---

1. Derek E. Mix, « The United States and Europe : Current Issues », *CRS Report for Congress*, 5 août 2009, p. 10. http://www.fas.org/sgp/crs/row/RS22163.pdf
2. James K. Jackson, « US Direct Investment Abroad : Trends and Current Issues », *CRS Report for Congress*, 28 juillet 2010, p. 3. http://www.fas.org/sgp/crs/misc/RS21118.pdf
3. Robert D. Hormats, « On Strengthening the Transatlantic Economy : Moving Beyond the Crisis », 9 décembre 2009, p. 1, The Senate Foreign Relations Committee Subcommittee on European Affairs. http://foreign.senate.gov/imo/media/doc/HormatsTestimony091209p(2).pdf

investissements américains en Chine ne sont guère supérieurs à ce qu'ils sont en Espagne. Au risque de le surprendre davantage, on lui indiquera qu'au Royaume-Uni et aux Pays-Bas l'investissement américain est dans chacun de ces pays dix fois supérieur à ce qu'il est en Chine[1]. Aussi l'idée d'un pur et simple désintérêt américain pour l'Europe n'a pas grand sens. Du même coup, il nous faut relativiser le propre déclin de l'Europe car on ne comprendrait pas l'intérêt persistant des États-Unis à se montrer si présents dans une région du monde réputée en perte de vitesse. Cette réalité économique de base a des implications politiques essentielles que la crise financière de 2008 a clairement révélées. La première est que les États-Unis ont un intérêt essentiel à une croissance robuste en Europe. C'est à cette fin que l'Administration Obama n'a eu de cesse de réclamer aux Européens et singulièrement à l'Allemagne de procéder à un arbitrage en faveur de la croissance plutôt que de la résorption des déficits, ce à quoi Berlin s'est refusé. Soit parce qu'elle estime consentir des efforts substantiels en matière de relance, soit parce que la réduction des déficits constitue une priorité politique absolue au regard de sa forte aversion pour l'inflation[2]. La signification politique de ces divergences ne saurait toutefois être surestimée dans la mesure où cette critique faite à l'Allemagne a été largement été entendue dans le reste de l'Europe, et notamment en France.

1. James K. Jackson, « US Direct Investment Abroad : Trends and Current Issues », *op. cit.*
2. Raymond J. Ahearn, Paul Belkin, « The German Economy and US-German Economic Relations », *CRS Report for Congress*, 30 novembre 2009. http://www.fas.org/sgp/crs/row/R40961.pdf

La seconde conséquence politique de cette interdépendance économique exceptionnelle fait qu'au sein du G20 l'entente euro-américaine demeure décisive pour faire légitimer toute mise en place d'une régulation, surtout dans le domaine financier où l'influence des deux continents demeure considérable. Fondamentalement, les pays émergents estiment que la régulation financière internationale relève avant tout de la responsabilité des États-Unis et l'Europe. Cette convergence d'intérêts n'empêche certes pas l'expression de fortes divergences quant à la manière d'aborder les problèmes ou de les résoudre. Sur la question délicate des *leverage ratios* à imposer aux banques après la crise financière, on voit bien que les Américains cherchent à imposer des normes qui les arrangent mais desservent l'Europe [1].

Pourtant, si les Européens et les Américains restent rivés les uns aux autres quand il s'agit d'investir, ils tendent à s'éloigner quand il s'agit de commercer. La relation commerciale transatlantique reste importante.

---

1. « Il s'agit d'un ratio que les Américains voudraient imposer. Purement quantitatif il rapporte des actifs d'une banque à son capital et ne tient pas compte de la qualité des actifs. Or une banque centrée sur les activités de crédit traditionnel ne prend pas les mêmes risques qu'une banque d'investissement et ne rémunère pas son capital au même niveau [...]. En réalité, derrière cette proposition américaine, c'est le modèle européen de banques universelles qui est mis en cause et, avec lui, le principe de financement des entreprises européennes par intermédiation bancaire. Car chacun sait que les entreprises européennes sont, comparativement aux entreprises américaines, plus financées par des prêts bancaires que par les marchés. [...] Le *leverage ratio* serait donc beaucoup plus pénalisant pour les économies financées en grande partie par les banques comme les économies européennes. » Jean-Pierre Jouyet, « La réforme du capitalisme financier : quelle opportunité pour le leadership européen ? », in *L'État de l'Union de 2010. Rapport Schuman sur l'Europe*, Paris, Fondation Robert Schuman, 2010, p. 53.

Mais son déclin relatif est tout aussi significatif. Aujourd'hui, 60 % des importations américaines et 51 % de ses exportations se font vers des pays émergents et en développement, car c'est bien là que se trouvent les marchés de demain[1]. L'Europe est confrontée aux mêmes défis : rechercher de nouveaux débouchés. Mais sa réaction paraît plus lente compte tenu de sa tendance historique à commercer en son sein, de l'existence d'un modèle social à normes hautes qui craint d'être érodé par des partenaires à normes plus basses, d'une aversion plus marquée pour la perte d'emplois qui incite à n'aller que prudemment vers les pays émergents.

Politiquement, cette multipolarité commerciale n'est pas sans conséquences. Désormais, même unis, Américains et Européens ne contrôlent plus la dynamique du système commercial mondial. Leur influence est grande, mais ils doivent de plus en plus composer avec les autres acteurs que sont la Chine, le Brésil ou l'Inde. Le fait que le cycle de Doha soit aujourd'hui bloqué explicitement par les États-Unis et tacitement par la Chine préfigure la construction d'un système mondial fondé sur une bipolarité sino-américaine recouvrant elle-même des multipolarités changeantes selon la nature des enjeux.

C'est pourquoi, si l'idée d'un déclin inexorable de l'Europe doit être nuancée, celle d'une relativisation de son poids est indéniable au regard de l'émergence de nouveaux centres de pouvoir. La question qui se pose toutefois est celle de savoir pourquoi la relativisation de l'influence européenne sur le plan économique affecte

1. James K. Jackson, « US Direct Investment Abroad : Trends and Current Issues », *op. cit.*

moins les États-Unis. En effet, d'ici 2030, la croissance spectaculaire de la Chine puis de l'Inde et du Brésil dans le PNB mondial s'effectuera beaucoup plus au détriment de l'Europe et du Japon qu'à celui des États-Unis. Et ceci pour une raison simple. Sur le long terme, les déterminants de la croissance, de la richesse et donc de la puissance matérielle sont la démographie et la productivité. Or sur ces deux plans l'Europe se trouve en situation défavorable. Sa démographie est moins vigoureuse que celle des États-Unis, et ses gains de productivité également plus faibles bien que partant d'un niveau plus bas, alors que la logique voudrait que ces gains soient plus élevés en Europe qu'aux États-Unis. Face aux pays émergents, les États-Unis freinent l'érosion de leur puissance par une forte productivité et une bonne démographie, ce qui explique pourquoi l'érosion de leur position est moins sensible que celle de l'Europe[1]. Pour revenir au premier plan dans la compétition mondiale, l'Europe gagnerait donc à accueillir plus d'immigrés, à atténuer les nombreuses rigidités de ses marchés et notamment les marchés de produits qui limitent ses gains de productivité, et à accentuer son intégration économique et politique pour bénéficier des fortes économies d'échelle indispensables à la réduction de son handicap majeur face à tous ses concurrents : celui de ne pas constituer un ensemble politique uniforme. Or c'est sur ces trois points essentiels que les blocages politiques sont les plus puissants, compte tenu des remises en cause qu'ils impliquent. Les Européens ne veulent pas accueillir plus d'étrangers, ils

---

1. Cf. OCDE, « Objectif croissance.2010 », Paris, OCDE, 2010.

répugnent à s'intégrer politiquement et se montrent réservés à introduire davantage de concurrence sur leurs marchés.

Le déclin de la valeur stratégique de l'Europe

Pourtant si l'Europe va continuer longtemps d'être un foyer exceptionnel de prospérité économique pour ses habitants, cet atout ne lui garantit pas le maintien de son rang stratégique au niveau mondial. Ce découplage entre la valeur économique de l'Europe et sa valeur stratégique se comprend aisément. Au plan économique, Européens et Américains partagent, comme nous l'avons vu, un nombre considérable de principes et de valeurs relatifs à l'organisation de l'ordre marchand. Ils croient à la valeur de la norme même s'ils divergent sur son contenu[1]. Au plan stratégique, la situation est différente car même dans un monde interdépendant où tout est en principe lié, le marché et la sécurité continuent de relever de catégories très différentes dans la régulation internationale.

Or c'est précisément là que les changements intervenus depuis la fin de la guerre froide affectent le plus la dynamique des rapports euro-américains. Tant que l'Europe était divisée et que la faille soviéto-américaine modelait la topographie planétaire, la relation euro-américaine reposait sur une transaction simple. Les États-Unis assuraient d'autant mieux et plus la sécurité de l'Europe que cette

1. Zaki Laïdi, « Normative Empire. The Unintended Consequences of European Power », *Garnet Policy Brief*, n° 6, février 2008, et plus généralement Zaki Laïdi, *La Norme sans la force*, Paris, Presses de Sciences Po, 2008.

même Europe constituait le terrain avancé de leur propre sécurité. Autrement dit, si les États-Unis protégeaient l'Europe, la protection de l'Europe protégeait aussi les États-Unis face à l'URSS. L'asymétrie existait déjà entre le protecteur et le protégé, mais la contrepartie offerte par le protégé n'était pas négligeable. Elle conférait aux États-Unis une marge de sécurité considérable, ce qui explique d'ailleurs pourquoi le chantage intermittent au découplage de la sécurité américaine et de la sécurité européenne souvent évoqué n'a jamais été pratiqué. Sur cette marge de sécurité se greffa un adjuvant diplomatique non négligeable : les Européens étaient purement et simplement alignés sur la politique étrangère américaine, à l'exception de la France qui exprimait son indépendance avec d'autant plus d'audace qu'elle mesurait la solidité de la garantie ultime américaine.

Pourtant, et en dépit de ce que l'on pouvait craindre au départ, la dislocation transatlantique ne s'est pas produite immédiatement. Car si la guerre froide a disparu aussitôt comme idéologie, ses conséquences stratégiques ont mis bien plus de temps à se dissiper. Les guerres des Balkans dans les années 90 ont mis en évidence les impératifs pour l'Europe de continuer d'assurer sa sécurité avec l'appui militaire décisif des États-Unis (Kosovo). Dans la décennie qui a suivi, les effets combinés du 11 Septembre, du retour de la Russie sur la scène mondiale, de l'élargissement de l'Union européenne aux anciens pays de l'Europe centrale et orientale ainsi que la volonté des néoconservateurs américains d'en découdre avec la Russie ont contribué à geler les termes du débat. La volonté offensive de Moscou de retrouver un statut perdu, celle des anciens pays d'Europe de l'Est de faire de l'OTAN non seulement un bouclier, mais aussi un glaive face à la Russie en étendant le périmètre de l'OTAN à l'Ukraine et potentiellement à tout adversaire de Moscou, celle enfin de Washington de dénier à la Russie toute légitimité à se reconstruire comme grande puissance, ont débouché sur deux importantes crises : la crise gazière avec l'Ukraine de l'hiver 2005-2006 et l'invasion d'une partie de la Géorgie par les forces russes pendant l'été 2008. Depuis cette date, tous les acteurs ont réalisé les limites et les dangers d'une politique de force susceptible de raviver un conflit généralisé avec Moscou[1]. Les États-Unis ont été incapables d'apporter une garantie de sécurité à la Géorgie quand bien même ils auraient encouragé Tbilissi à passer à l'action. Moscou a pris la mesure de l'hostilité que sa conduite soulevait bien au-delà de l'Europe, y compris en Chine, tandis que les grands États européens dont la France et l'Allemagne ont précisément profité de cette nouvelle donne pour imposer à l'ensemble de l'Europe un changement de cap vis-à-vis de Moscou. Pour Paris comme pour Berlin, la perspective d'une confrontation durable avec Moscou paraît politiquement intenable et économiquement inenvisageable au regard notamment des immenses perspectives économiques offertes par le marché russe. La nouvelle politique américaine prend donc place dans un nouveau contexte.

---

1. Thomas Graham, « Transatlantic Security in the 21st Century : Do New Threats Require New Approaches ? », 17 mars 2010, Hearing Before the Committee on Foreign Affairs House of Representatives. http://www.internationalrelations.house.gov/111/55514.pdf

Associer la Russie à la sécurité européenne ?

Cette politique accorde un rôle central à l'OTAN dans son dispositif stratégique mondial, notamment via la garantie de sécurité que celle-ci offre à l'Europe par cette alliance. Mais elle attend plus de réciprocité de sa part sur les terrains d'opérations et pas seulement dans les discours : « Nous disons à nos amis que les alliances, traités et organisations internationales que nous construisons doivent être crédibles et qu'ils doivent être efficaces. Cela requiert un engagement commun non seulement pour vivre selon les règles, mais aussi pour les mettre en œuvre[1]. » Ce qui concrètement implique que cette Alliance se doit d'agir au-delà de son périmètre géographique historique, quand bien même la sécurité de ses membres ne serait pas directement mise en cause : « De par sa visibilité et sa puissance, l'OTAN pourrait bien être appelée à répondre à des problèmes *qui ne touchent pas directement sa sécurité* (c'est nous qui soulignons) mais qui comptent quand même pour les citoyens de ses pays membres et dont la résolution contribuera à la réputation internationale de l'Alliance. Il pourrait s'agir par exemple de faire face aux conséquences humanitaires de la situation dans un État en faillite, aux ravages causés par une catastrophe naturelle ou aux dangers créés par les génocides ou d'autres violations massives des droits de l'homme[2] ».

---

[1]. Discours de Joe Biden pour la 45ᵉ conférence de Munich sur la sécurité, 7 février 2009. http://www.securityconference.de/Conference-2009.206.0.html?&L=1
[2]. Madeleine K. Albright, Jeroen van der Veer, « OTAN 2020 : une sécurité assurée, un engagement dynamique. Analyse et recommanda-

Avec les Européens ce n'est donc pas de l'Europe que les États-Unis veulent parler, mais des enjeux globaux qui les préoccupent et qu'ils souhaitent voir pris en charge d'une manière ou d'une autre par l'Europe pour les soulager[1]. L'OTAN cesserait ainsi d'être une pure alliance territoriale pour devenir un corps expéditionnaire, même si les États-Unis estiment ces deux objectifs parfaitement compatibles[2].

Le rapport Albright, qui semble préfigurer la vision américaine de l'OTAN dans les années à venir, précise d'ailleurs qu'« une défense efficace contre ces menaces non conventionnelles pour la sécurité doit commencer bien au-delà du territoire de l'Alliance[3] ».

Dans ces conditions, l'article V du traité de l'OTAN qui pose qu'« une attaque armée contre l'un ou plusieurs de ses membres en Europe et en Amérique du Nord devra être considéré » s'entend désormais dans un sens plus large. L'attaque pourrait parfaitement revêtir des formes non conventionnelles et intervenir en dehors du territoire des États membres. Certes, on pourra faire valoir que cela

---

tions du groupe d'experts pour un nouveau concept stratégique de l'OTAN », Bruxelles, OTAN, 17 mai 2010, p. 17.

1. Damon Wilson, « NATO Post-60 : Institutional Challenges Moving Forward », 6 mai 2009, Hearing before the Committee on Foreign Relations United States Senate. http://foreign.senate.gov/imo/media/doc/WilsonTestimony090506p1.pdf

2. « Il n'y a pas de contradiction inhérente entre la force de projection et la défense collective dans la mesure où n'importe quel conflit requerra probablement des forces de projection. » Déclaration de Robert Gates, NATO Strategic Concept Seminar (Future of NATO), 23 février 2010. http://www.defense.gov/speeches/speech.aspx?speechid=1423

3. Madeleine K. Albright, Jeroen van der Veer, « OTAN 2020 : une sécurité assurée, un engagement dynamique. », *op. cit.*, p. 7.

s'est déjà produit en 2001, lorsque, au lendemain du 11 Septembre, l'OTAN fit jouer le fameux article V. Mais si la symbolique était forte, son effectivité opérationnelle se révéla plus modeste. Les États-Unis ont pu vérifier la modestie des capacités opérationnelles des Européens, tandis que les Européens mesurent toujours l'extrême réticence des Américains à les intégrer à leur planification stratégique[1]. De fait, malgré le déclenchement de l'article V, la campagne militaire d'Afghanistan n'a pas commencé sous la bannière de l'OTAN et cela par volonté américaine. En réalité, ce sont avant tout les Européens qui se montrent demandeurs du respect strict de l'article V, alors que de plus en plus les États-Unis estiment que la dynamique de l'OTAN impose de ne pas s'y limiter : « Pour parer à ces menaces, qu'elles relèvent ou non d'une attaque au sens de l'article V, l'Alliance devra actualiser son approche de la défense de son territoire, tout en renforçant sa capacité à faire la différence dans les opérations militaires et dans les missions de sécurité plus larges au-delà de ses frontières[2] ».

En fait, si la question de la garantie de sécurité est si importante, c'est évidemment parce qu'elle a pour l'Europe une implication directe sur sa relation avec la Russie, contre laquelle l'OTAN a été créée. Or, dans un certain nombre de pays d'Europe centrale et orientale où l'hostilité de l'Administration Bush à la Russie était perçue comme une réassurance supplémentaire offerte par Washington à leur sécurité, cette relativisation de la garan-

---

1. Nick Witney, Jeremy Shapiro, « Towards a post-American Europe : A Power Audit of EU-US Relations », ECFR, 2 novembre 2009. http://ecfr.3cdn.net/05b80f1a80154dfc64_x1m6bgxc2.pdf
2. Madeleine K. Albright, Jeroen van der Veer, « OTAN 2020 : une sécurité assurée, un engagement dynamique », *op. cit.*, p. 9.

tie américaine provoque une inquiétude, comme en témoigne la lettre ouverte de responsables politiques et intellectuels au président Obama[1]. Ce n'est donc pas par hasard si dans cette lettre ils reprochent à l'OTAN et donc aux Américains de n'avoir pas tout entrepris après l'accession de leurs pays à l'OTAN pour rendre plus forte et plus crédible la garantie offerte par l'article V : « Ce fut une erreur de n'avoir pas commencé par une planification militaire adéquate dans le cadre de l'article V pour les nouveaux États membres[2]. » En clair, il s'agit de réaffirmer que l'OTAN doit prioritairement servir à la dissuasion de la puissance russe. Or ce n'est plus tout à fait en ces termes que les États-Unis envisagent leurs relations avec Moscou. Pour eux, la Russie est désormais un partenaire et non un adversaire. En apparence, la formule pourra paraître de pure forme. Dans les faits, elle l'est beaucoup moins. La priorité n'est pas de mieux préparer l'Europe à affronter la menace russe mais de tout entreprendre pour que la Russie émerge en tant que partenaire reconnu doté d'un statut et non comme une menace. Le signe le plus tangible de cette réévaluation stratégique a bien sûr été l'abandon du projet antimissile (le fameux troisième site) dont l'Administration Bush avait prévu le déploiement en Pologne (batterie de missiles) et en République tchèque (radars)[3]. Certes, la finalité officielle de ce bouclier était de contenir une menace balistique contre des pays à vocation nucléaire comme l'Iran par exemple, et ne concer-

---

1. « An Open Letter To The Obama Administration From Central And Eastern Europe », *art. cit.*
2. *Ibid.*
3. Les Américains parlent du troisième site, par référence aux deux premiers qui se situent en Californie et en Alaska.

nait donc pas directement la sécurité européenne. Mais aussi bien en Europe de l'Est qu'en Russie, l'enjeu n'a jamais été perçu en ces termes. Pour l'Europe centrale et orientale, il s'agissait bel et bien de profiter de cet effet d'aubaine pour solidement arrimer les États-Unis à la sécurité de l'Europe, qui se résume pour eux à une garantie américaine contre la Russie[1]. En proposant un dispositif alternatif reposant sur le déploiement de missiles sur des navires en Méditerranée, les États-Unis signifient leur refus d'entretenir une source de tension avec la Russie, avec laquelle ils estiment désormais avoir de nombreux objectifs et intérêts en commun : lutte contre la prolifération, le terrorisme, la piraterie, la cybercriminalité, lutte contre le trafic de drogue venant d'Afghanistan, participation conjointe aux opérations de maintien de la paix, rôle décisif de la Russie dans le transit du matériel américain vers l'Afghanistan. C'est très probablement le secrétaire général de l'OTAN qui est allé le plus loin dans cette logique d'association de la Russie à l'OTAN en déclarant que « l'OTAN n'attaquera jamais la Russie et nous ne pensons pas que la Russie attaquera l'OTAN. Nous avons cessé d'avoir des inquiétudes à ce sujet et la Russie devrait elle aussi cesser d'en avoir de son côté[2]. » D'où l'idée d'une sécurité euro-atlantique et non plus seulement transatlantique associant les États-Unis, l'Europe et la Russie : « Le nouveau concept stratégique devra réaffirmer la volonté de l'OTAN de contribuer à l'instauration d'un ordre de

---

1. « An Open Letter To The Obama Administration From Central And Eastern Europe », *art. cit.*
2. « Le secrétaire général de l'OTAN achève sa visite en Russie », 17 décembre 2009. http://www.nato.int/cps/fr/SID-B8379732-0A113491 /natolive/news_60224.htm

sécurité euro-atlantique fondé sur la coopération, qui inclue une collaboration avec la Russie en matière de sécurité[1]. »

Certes il existe depuis 2002, une structure de coopération formalisée entre la Russie et l'OTAN (le conseil OTAN-Russie). Mais tout le monde convient de sa défectuosité au regard des désaccords entre Américains et Russes tout au long de la décennie 2000. C'est pourquoi, dans leur lettre ouverte au président Obama, les responsables d'Europe centrale estiment qu'une des meilleures façons de dialoguer avec Moscou serait de revenir à la pratique « où les États membres de l'OTAN dialoguent avec Moscou sur la base d'une position coordonnée[2] ». En clair, il s'agirait de réaffirmer l'idée selon laquelle Européens et Américains se mettraient préalablement d'accord avant de discuter avec Moscou précisément pour éviter que celle-ci puisse tirer avantage d'éventuelles divisions qui surgiraient entre eux. Or là encore, c'est une perspective différente qui se fait officieusement jour du côté américain : « Le temps où les Européens et les Américains se mettaient d'accord sur ce qui devait être fait avant d'être présenté comme un fait accompli aux Russes est passé. Si nous voulons la Russie avec nous à la fin, nous devons l'inviter dès le début[3]. » En réalité, à

1. Madeleine K. Albright, Jeroen van der Veer, « OTAN 2020 : une sécurité assurée, un engagement dynamique », *op. cit.*, p. 10.
2. « An Open Letter To The Obama Administration From Central And Eastern Europe », *art.cit.* Voir sur la mise en perspective historique et politique de cet enjeu Christian Lequesne, « La génération de la dissidence, l'idée européenne et la divergence transatlantique », *Esprit*, octobre 2009, p. 77-83.
3. Thomas Graham, « Transatlantic Security in the 21st Century : Do New Threats Require New Approaches ? », *op. cit.*

moyen-long terme, l'objectif stratégique des États-Unis est bel et bien d'intégrer la Russie à un dispositif global destiné à contenir la Chine, la grande rivale de demain. Et dans cette perspective, les conflits entre l'Europe et la Russie se doivent d'être atténués. Entre l'esprit de la lettre ouverte des responsables d'Europe orientale et la manière dont Washington envisage de repenser la sécurité européenne, il existe un indiscutable malaise[1]. Toutefois, il n'y a pas sur ce plan de position européenne homogène. D'autant qu'il nous faut considérer ici deux plans : celui de l'Union européenne et celui des États membres.

La mise en place d'un partenariat effectif avec l'Union européenne au sein de l'OTAN est ardemment souhaitée par les États-Unis. Il limiterait les coûts de transaction inhérents à la gestion politique et stratégique d'une institution qui compte désormais 28 membres. Si l'Union européenne arrivait au conseil de l'OTAN avec une position unifiée, la tâche des États-Unis s'en trouverait singulièrement facilitée, car aucun État européen n'envisage de faire de l'UE un contrepoids aux États-Unis. Un observateur américain faisait d'ailleurs remarquer au Congrès que les États-Unis avaient les moyens d'altérer de manière décisive l'équilibre des pouvoirs au sein de l'Europe, selon que M. Obama choisirait de continuer de traiter avec les différents chefs d'États ou au contraire de privilégier ses contacts avec le président du Conseil euro-

1. Mais certains États d'Europe centrale et orientale comme la Pologne ont bien compris que la stratégie américaine était en train de changer. Il convient donc à ses yeux de s'adapter à cette nouvelle donne en modernisant son armée, en se rapprochant de la Russie et en se montrant intéressée par l'idée de défense européenne.

péen Von Rompuy[1]. En termes de sécurité, une structure à trois piliers (États-Unis, Union européenne et Russie) conviendrait donc à Washington. Mais l'existence de ce pôle européen au sein de l'OTAN demeure néanmoins conditionnée par son arrimage à l'OTAN. Du point de vue américain, il serait inacceptable qu'une défense européenne se construise pour elle-même et à des fins propres, tout en continuant de bénéficier de la garantie stratégique américaine[2]. Au moment où ils en appellent à un partage du fardeau, cette exigence se fait plus insistante. Ce point de vue est traditionnellement partagé par les Britanniques, qui ne veulent en aucune façon perdre leur qualité d'intercesseurs entre l'Europe et les États-Unis et qui ont probablement toutes les raisons d'insister sur ce point au moment où Washington n'accorde plus à Londres la place singulière que celle-ci

---

[1]. Karen Donfried, « Prepared Statement ». « Le Président Obama jouera un rôle clé dans sa manière de traiter avec M. Van Rompuy. Nul doute que les relations bilatérales que le Président Obama a, en particulier, avec les dirigeants des plus grands États, avec Sarkozy, Merkel et Brown, ne seront pas éclipsés par Van Rompuy, mais si les États-Unis voient une UE plus rationalisée comme étant dans notre intérêt, le Président Obama doit investir son capital politique pour soutenir M. Van Rompuy depuis ce côté-ci de l'Atlantique ». *In* « The Lisbon Treaty: Implications for Future Relations Between the European Union and the United States », 15 décembre 2009, p. 3. Hearing Before the Subcommittee on Europe. http://www.internationalrelations.house.gov/111/54133.pdf

[2]. Ce point est implicitement souligné par le rapport Albright pour qui cette pleine complémentarité entre l'OTAN et l'UE n'est possible que « si les pays de l'OTAN non membres de l'UE et les pays de l'UE non membres de l'OTAN se voient accorder le même niveau de transparence et d'implication lors d'activités conjointes ». Madeleine K. Albright, Jeroen van der Veer, « OTAN 2020 : une sécurité assurée, un engagement dynamique », *op. cit.*, p. 26.

souhaiterait se voir reconnaître. Ce point de vue n'est en revanche pas partagé par l'Allemagne, pour qui un pôle européen de défense pourrait se constituer de manière autonome, même si le débat reste théorique au regard des faibles avancées en matière de défense européenne. L'absence de consensus européen évite aux États-Unis de s'impliquer dans ce débat. Elle les conduit provisoirement à conclure, non sans raison, que l'avantage comparatif de l'Union européenne en matière de sécurité se situerait plutôt au niveau des missions civiles[1].

Si on envisage cette fois le problème du strict point de vue des États membres et de la place qu'ils pourraient jouer dans le nouveau concept stratégique de l'OTAN, on constate que c'est l'Allemagne qui est de très loin la plus à l'aise avec l'idée d'une sécurité euro-atlantique incluant la Russie[2]. Et ce n'est pas un total hasard si c'est un ancien ministre de la Défense allemand qui plaide pour l'entrée de la Russie dans l'OTAN[3]. Même si ces dernières positions restent minoritaires en Allemagne, elles sont à l'image d'une politique de sécurité allemande qui depuis plusieurs décennies poursuit un double objec-

---

1. L'UE possède souvent une expertise plus pointue que l'OTAN dans la lutte contre les aspects non militaires de ces dangers, bien que la distinction entre menaces militaires et non militaires devienne de plus en plus floue. Madeleine K. Albright, Jeroen van der Veer, « OTAN 2020 : une sécurité assurée, un engagement dynamique », *op. cit.*, p. 26.
2. « Ce qui est vraiment nécessaire à mon avis n'est rien de moins qu'un grand marchandage entre les États-Unis, l'Europe et la Russie. Nous avons besoin ». Témoignage de l'Ambassadeur Wolfgang Ischinger, directeur de la conférence sur la sécurité de Munich et co-directeur de l'initiative de sécurité euro-atlantique. Disponible sur http://carnegieendowment.org/pdf/ischingertestimony
3. « Open Letter. It's Time to Invite Russia to Join NATO », *Der Spiegel*, 8 mars 2010.

tif : arrimer les États-Unis à la sécurité de l'Europe et arrimer la Russie à l'Europe. D'où son soutien à l'option zéro préconisée par Barack Obama dans son discours de Prague, en même temps que son approbation à la mise en place d'un bouclier antimissile associant étroitement la Russie, l'Europe et les États-Unis pour faire face à une éventuelle menace iranienne ou coréenne [1]. Pourtant, si l'Allemagne se sent parfaitement à l'aise avec ce projet de sécurité euro-atlantique, elle a plus de mal à accepter l'idée d'une transformation de l'OTAN en corps expéditionnaire à vocation extra-européenne. Non qu'elle récuse la pertinence de ce principe, mais parce qu'elle en appréhende les conséquences politiques internes. Car participer à un corps expéditionnaire revient naturellement à déployer plus de troupes à l'étranger.

Ainsi, entre les pays d'Europe centrale et orientale pour qui l'OTAN doit demeurer classiquement une alliance territorialisée, et des Britanniques ou des Danois pour qui l'idée d'un corps expéditionnaire sous commandement américain ne soulève pas d'objections majeures, l'Allemagne campe sur une position intermédiaire. Elle se trouve en plein accord avec Washington pour ne plus voir l'OTAN que comme une alliance destinée avant tout à dissuader la Russie. Mais elle n'est pas pour autant disposée à déployer plus de forces allemandes sur des terrains d'opérations étrangers, et encore moins à renoncer aux restrictions (*caveats*) à l'usage de ses forces, alors que ce problème est constamment soulevé par les États-Unis [2].

1. Sam Nunn, Igor Ivanov, Wolfgang Ischinger, « All Together Now : Missile Defense », *The International Herald Tribune*, 21 juillet 2010.
2. « Les Alliés devraient réduire au minimum les restrictions d'emploi

La position française rejoint la position allemande sur la nécessité d'intégrer la Russie à un dispositif européen de sécurité. Mais elle veut éviter que cette démarche soit imitée par les États-Unis dans le cadre de l'OTAN, contraignant les Européens à un certain suivisme. D'où la volonté du président français d'engager un dialogue direct avec Moscou sur la relation stratégique entre l'Europe et la Russie. Ce dernier renoue ainsi avec une tradition française qui voit l'OTAN comme un instrument sous influence américaine, tradition avec laquelle il avait pourtant prétendu vouloir rompre[1]. C'est ce même souci d'indépendance qui conduit Paris à partager la réticence allemande à transformer l'OTAN en pur et simple corps expéditionnaire, non pas parce qu'elle renâclerait à déployer des troupes à l'étranger mais parce qu'elle appréhenderait de voir un dispositif de cet ordre limiter sa liberté d'appréciation et d'engagement. En revanche, la France s'écarte de l'Allemagne sur la question nucléaire. Elle demeure profondément opposée à l'option zéro, d'une part parce qu'elle la juge irréaliste ou « démagogique », pour reprendre la formule d'Hubert Védrine, mais surtout parce qu'elle accentuerait l'asymétrie stratégique entre les États-Unis et l'Europe. On ne saurait demander un effort équivalent à des puissances

---

des troupes qu'ils mettent à disposition pour des opérations de l'Alliance ; les restrictions imposées devront toutes être énoncées clairement et explicitement, et leur impact devra être soigneusement évalué lors de la génération de forces et de la planification opérationnelle. » Madeleine K. Albright, Jeroen van der Veer, « OTAN 2020 : une sécurité assurée, un engagement dynamique », *op. cit.*, p. 34.

1. Sur la tension franco-américaine concernant la Russie, cf. *International Herald Tribune*, 2-3 octobre 2010.

qui détiennent 90 % de l'arsenal nucléaire mondial et à celles qui ne possèdent que les 10 % restants.

Le partage du fardeau stratégique

Quoi qu'il en soit, la question fondamentale demeure du point de vue américain celle du partage du fardeau stratégique. C'est l'esprit même du nouveau concept stratégique de l'OTAN que de sommer en quelque sorte les Européens de définir la nature et l'ampleur des obligations qu'ils sont prêts à prendre dans son cadre : « Le défi aujourd'hui, comme auparavant, n'est pas dans le développement de ce que l'OTAN veut faire, doit faire ou se sent obligée de faire. Le défi de l'OTAN est de se mettre au niveau de ses ambitions [...]. Le concept stratégique 2010 doit contrairement à son prédécesseur examiner les chemins et les moyens. Sans cela, une fois de plus, le décalage entre les visions, le niveau d'ambition et la volonté politique d'allouer des ressources persistera[1]. »

Cependant il n'est pas sûr que les États-Unis obtiennent les réponses précises qu'ils sont en droit d'attendre car moins que jamais les Européens semblent décidés à accroître leur effort de guerre et cela aussi bien pour des considérations budgétaires que la crise économique a aggravées que pour des impératifs politiques et sociaux qui s'expliquent par une forte aversion pour le risque

1. John Craddock, « Oral Statement for the Senate Foreign Relations Committee Hearing on the NATO Strategic Concept », 22 octobre 2009. http://foreign.senate.gov/imo/media/doc/CraddockTestimony091022a.pdf

militaire déploré par le secrétaire américain à la Défense[1]. Cette aversion est indéniable et confirmée notamment par de nombreuses études d'opinion.

Perceptions américaines et européennes sur la guerre[2]
(À l'affirmation « Sous certaines conditions, la guerre est nécessaire pour obtenir la justice », les réponses sont :)

Europe 12*	25 %
États-Unis	71 %

* Les douze pays européens sélectionnés dans le cadre de ce sondage.

Ce rapport différencié à la guerre et aux conflits se révèle encore plus sensible lorsqu'on interroge les opinions publiques américaines et européennes sur un certain nombre de conflits précis comme l'Iran ou l'Afghanistan. Vis-à-vis de l'Iran, seuls 18 % des Européens interrogés se montrent favorables à l'utilisation éventuelle de la force militaire, contre 47 % des Américains[3]. Sur l'Afghanistan les résultats sont comparables : 77 % des Européens désapprouvent l'envoi de forces de combat supplémentaires en Afghanistan contre seulement 19 % qui s'y montrent favorables. Cette désapprobation touche la quasi-totalité des

---

1. « L'OTAN n'est pas maintenant, et ne pourra jamais être, un salon de conversation ou un week-end de discussion de luxe sur les stéroïdes. C'est une alliance militaire qui a des obligations s'inscrivant dans le monde réel, qui ont des conséquences de vie ou de mort. » *CBS News*, 23 février 2010.
2. Source : German Marshall Fund of the United States (GMF), *Transatlantic Trends (2009 Topline Data)*.
3. *Id.*

États européens, y compris de nouveaux États membres comme la Pologne (80 %) ou la Roumanie (84 %)[1].

C'est un rapport de l'Agence européenne pour la défense qui résume peut-être le mieux la philosophie européenne du recours à la force : « Les interventions militaires n'impliquent pas nécessairement de livrer bataille. La présence de forces multinationales [...] pourrait bien servir à prévenir le déclenchement des hostilités ou aider à stabiliser un pays ou une région suite à un accord politique. *L'objectif à atteindre n'est pas la victoire* au sens classique du terme mais la modération, l'équilibre des intérêts et le règlement pacifique des conflits, en d'autres termes la stabilité[2]. »

On est là au cœur de l'aversion au risque de guerre en Europe[3]. Intervenir militairement sans faire la guerre, ni désigner d'ennemi, ni rechercher la victoire revient à récuser toute vision schmittienne du politique qui consiste précisément à ne penser l'action politique que par référence à l'existence d'un ennemi[4]. L'Europe envisage de mener des opérations militaires non pour faire la guerre mais pour éviter de la faire. Parmi les trois niveaux d'action identifiés par ce que l'on appelle les missions de Petersberg (missions humanitaires ou d'évacuation des

---

1. *Id.*
2. European Defense Agency (EDA), *An Initial Long-Term Vision for European Defence Capability and Capacity Needs*, 3 octobre 2006.
3. Zaki Laïdi, « Europe as a Risk-Averse Power : A Hypothesis », *Garnet Policy Brief*, n° 11, février 2010.
4. Par référence à Carl Schmitt qui définissait le politique comme ce qui permet de distinguer l'ami de l'ennemi.

ressortissants ; maintien de la paix ; envoi de forces de combat pour la gestion des crises, y compris grâce à des opérations de rétablissement de la paix), on constatera que seuls les deux premiers niveaux ont servi de cadre à la plupart des interventions européennes, ce qui n'est pas tout à fait un hasard puisque le troisième induit une exposition plus importante au risque de guerre. On ne voit pas en quoi ou comment cette réalité sociale pourra se modifier rapidement, d'autant que cette aversion au risque de guerre n'a pas eu que des conséquences fâcheuses. Les résultats désastreux de la guerre en Irak de même que l'impasse politique durable qui prévaut en Afghanistan incitent à penser que le succès politique dans des conflits de plus en plus asymétriques n'est pas forcément indexé sur l'intensification du recours à la force militaire. L'opinion américaine initialement convaincue de l'utilité de ces croisades semble rétrospectivement convaincue de leur nocivité[1]. D'autant que, si les États-Unis en appellent à la solidarité des Européens, ils ne se montrent pas toujours désireux de les associer à leurs choix stratégiques sur le terrain. Ainsi, comme par le passé, la question essentielle pour l'Europe n'est pas tant de savoir comment elle doit répondre aux attentes américaines que de s'interroger sur ses propres intentions stratégiques à partir desquelles elle sera mieux à même de répondre aux demandes américaines[2]. L'Europe n'est pas tant un problème pour les États-Unis qu'un problème pour elle-même.

1. Cf. CNN / Opinion Research Corporation Poll., 1-2 septembre 2010. http://www.pollingreport.com/iraq.htm
2. Cf. Nick Witney, Jeremy Shapiro, « Towards a post-American Europe : A Power Audit of EU-US Relations », *art. cit.*

Conclusion

Tout porte à penser que, dans les vingt prochaines années, les États-Unis continueront de figurer au premier rang de la puissance mondiale au regard de leur capacité à réunir et combiner les atouts majeurs de la puissance : générer de la richesse matérielle sur la base d'une productivité élevée, maintenir une vitalité démographique sans laquelle aucune ambition planétaire n'est concevable, disposer d'une force militaire qui amplifie la crédibilité politique, conserver un instinct stratégique qui pousse ou incite à projeter dans le monde son regard, ses intérêts et ses ambitions. La création de richesse repose sur la capacité à améliorer le bien-être individuel et collectif de ses habitants en contrôlant toute la chaîne complexe de l'innovation. Celle-ci inclut la capacité à créer, à inventer mais aussi à constituer tout un environnement favorable à sa naissance et son développement[1]. Dans ce domaine comme dans d'autres,

---

1. National Intelligence Council, *Global Trends.* http://www.dni.gov/nic/PDF_2025/2025_Global_Trends_Final_Report.pdf

l'avance des États-Unis demeurera significative dans les trois domaines que sont la protection des droits de la propriété, l'environnement favorable à l'innovation et l'encouragement à la créativité, sans être pour autant immunisés contre le rattrapage des puissances émergentes.

La vitalité démographique constitue le second grand atout des États-Unis. Certes, celle-ci est moins importante que celle dont disposent encore la Chine et surtout l'Inde. Mais elle reste incomparablement plus forte que celle des deux autres grands pôles économiques que sont l'Europe et le Japon. La combinaison de ces deux premiers facteurs explique pourquoi la redistribution de la puissance matérielle dans les vingt ans à venir desservira plus l'Europe et le Japon que les États-Unis.

Dans le domaine militaire, l'écart conventionnel entre les États-Unis et le reste du monde n'a jamais été aussi grand, malgré la montée en puissance militaire de la Chine. Les dépenses militaires américaines équivalent à 4,5 % de son PNB, contre une moyenne mondiale de 2,4 % et une moyenne européenne de 1,69 %[1].

L'instinct stratégique, enfin, repose sur la volonté d'un acteur de se projeter dans le monde et sur la perception de cette volonté par les autres acteurs qui peuvent y voir une source d'assurance stratégique inestimable (Europe, Japon, Israël), une source d'inquiétude (Chine, Russie) ou une combinaison des deux (Inde). Ce pouvoir de réassurance en matière de sécurité est une des formes les plus marquantes de la puissance américaine car celui-ci s'exerce aussi bien sur le plan militaire qu'économique. De sorte que, quand bien même certains acteurs se senti-

---

1. SIPRI, *Recent Trends in Military Expenditures*, Stockholm, janvier 2010.

raient inquiétés par sa surpuissance militaire, cela ne déforme guère la perception qu'ils ont des États-Unis en tant que pourvoyeur de sécurité économique. Entre 2002 et 2006, qui furent des années noires pour les États-Unis dans le monde sur le plan politique, ce sont les flux publics étrangers et singulièrement chinois qui ont couvert plus de la moitié du déficit courant américain[1]. La confiance offerte par l'économie américaine au reste du monde, tant au plan des opportunités économiques que des garanties juridiques, est tellement grande qu'elle en vient à défier les règles de circulation de l'épargne mondiale. La théorie économique veut en effet que les surplus d'épargne aillent des pays riches vers les pays pauvres, où la rentabilité du capital est plus substantielle. Or c'est précisément le contraire qui se produit dans la mesure où les flux d'épargne convergent massivement vers les États-Unis qui peuvent ainsi financer sans grande difficulté leur double déficit. Au lendemain de la crise de 2008, il était devenu courant de conclure à l'impossibilité, pour les États-Unis, de continuer sur cette voie sauf à accroître encore les déséquilibres mondiaux. Mais deux ans après le début de la plus grave crise qui ait ébranlé le monde capitaliste depuis 1929, ce sont toujours les pays à forte épargne comme la Chine et le Japon qui financent le déficit américain. Certes, l'épargne des ménages américains s'est légèrement redressée. Mais rien n'indique que la correction soit durable ou suffisamment forte pour modifier cette tendance. Naturellement, tous les processus sociaux sont évolutifs, imprévisibles et donc réver-

---

1. Zaki Laïdi, « Le début du déclin américain ? », *Esprit*, février 2009, p. 20-36.

sibles. De sorte que nul ne saurait parier sur la prolongation infinie de cette dynamique. Mais entre une correction brutale qui verrait par exemple la Chine cesser de placer ses excédents aux États-Unis pour les « punir » et un rééquilibrage graduel qui verrait les Chinois investir davantage leur épargne chez eux, il existe une gamme de situations intermédiaires.

Quoi qu'il en soit, même si l'érosion de la puissance américaine demeure très relative, elle ne saurait masquer l'ampleur du processus de réallocation de la richesse mondiale vers la Chine et l'Inde. En 2025, la structure du pouvoir mondial défini à partir des critères de richesse matérielle, démographique, militaire et technologique continuera de placer en tête les États-Unis suivis par la Chine, l'Union européenne, l'Inde, le Japon, la Russie et le Brésil[1]. En 2015, le PNB chinois égalera celui du Japon, et il rejoindra celui des États-Unis en termes nominaux en 2035. En 2025, le PNB indien égalera celui du Japon et aura alors dépassé celui de l'Allemagne et de la France[2]. Mais comme toujours, si les chiffres ont un sens, celui-ci n'est pas univoque. La multipolarité de fait à la mise en place de laquelle nous assistons est délicate à interpréter et cela pour au moins trois raisons.

Une multipolarité complexe

La multipolarité est traditionnellement comprise comme une structure de pouvoir caractérisée par l'existence de plu-

1. National Intelligence Council, *op. cit.*, p. 29.
2. Goldman Sachs, *Global Economics Paper*, n° 99, octobre 2003.

CONCLUSION

sieurs pôles poursuivant des objectifs comparables et maximisant leur puissance propre au détriment de celle des autres. Tels des athlètes lancés dans une course, ces différents pôles entreraient en compétition sur la base de critères de performance préétablis. Le modèle qui rend le mieux compte de cette interprétation est celui de l'équilibre des puissances européennes des XIXe et XXe siècles, où la Grande-Bretagne, la France, l'Allemagne et la Russie se concurrençaient pour dominer le continent quitte à rechercher déjà l'arbitrage des États-Unis. Dans ce schéma, chaque puissance tente de s'imposer aux autres en combinant les différents atouts dont elle dispose, notamment sur les plans économique et militaire. Ce schéma s'est trouvé simplifié avec la guerre froide où la multipolarité a cédé la place à une bipolarité assez stricte.

Aujourd'hui, la multipolarité du XXIe siècle est infiniment plus complexe, non seulement parce que le nombre des acteurs s'est accru, mais parce que les modalités d'exercice de la puissance se sont démultipliées. La compétition entre États n'est pas la seule dynamique du système mondial.

À supposer que le système international soit désormais organisé autour de sept pôles de puissance (États-Unis, Chine, Union européenne, Inde, Japon, Russie, Brésil), on est tout d'abord frappé par l'extrême hétérogénéité de leur structure, de leurs atouts ou de leurs faiblesses. Ces sept pôles comptent tout d'abord un acteur particulier, l'Union européenne, qui n'est pas un État. Cela amoindrit considérablement ses capacités à agir collectivement au-delà de certains domaines où son action est communautarisée. Mais cela ne règle en rien, comme on l'a vu, sa faiblesse stratégique, c'est-à-dire sa dépendance vis-à-vis des États-Unis sur le plan militaire. Certes, on a pu penser au lendemain du traité de Maastricht que l'intégration économique déboucherait forcément un jour sur une intégration politique plus poussée. Mais de toutes les hypothèses, celle-ci apparaît désormais comme la moins probable. D'une part parce que l'intégration économique elle-même devient de plus en plus difficile à approfondir, d'autre part parce que plus les logiques d'interdépendance économique se développent, plus les volontés nationales s'amplifient, et cela bien au-delà de l'Europe. La seule différence est qu'on a cru que l'Europe en tant que construction politique pouvait casser ce schéma en étendant le champ des souverainetés partagées aux domaines régaliens de la puissance nationale. De ce point de vue, l'échec de la conférence sur le climat à Copenhague est particulièrement inquiétant pour le statut de l'Europe dans la mesure où il a mis en évidence que, même dans un domaine où elle était en pointe et relativement unie, elle n'apparaissait pas dans le regard des autres comme une puissance indispensable. Elle ne dispose en effet pas des ressources et de la souplesse opérationnelle dont jouit un grand État pour agir sur la scène mondiale : marchander, menacer, contraindre ou promettre sous condition. À cet égard, l'idée même de *gouvernance par l'exemple*, sur laquelle s'appuie l'Europe, n'est pas à récuser comme certains le préconisent un peu hâtivement. Les États-Unis revendiquent désormais cette idée[1]. Mais sans adossement à un véritable pouvoir de négociation, elle devient contre-productive car accréditant l'idée que l'on peut céder sans contrepartie.

---

1. The White House, *National Security Strategy*, mai 2010, http://www.whitehouse.gov/sites/default/files/rss_viewer/national_security_strategy.pdf

CONCLUSION

Le cas du Japon est en bien des points très comparable à celui de l'Union européenne. Certes, à la différence de l'Europe, le Japon est un État. Mais il a depuis 1945, dans les conditions historiques que l'on sait, abdiqué toute volonté de jouer un jeu propre sur la scène mondiale en dehors de son alliance avec les États-Unis. Or cette dépendance stratégique vis-à-vis de Washington a non seulement toutes les chances de se maintenir mais de s'amplifier à mesure que la Chine s'imposera et que persistera l'instabilité politique extrême dans la péninsule coréenne. La récente crise politique entre les États-Unis et le Japon à propos de l'avenir des bases américaines dans ce pays a mis en évidence l'immense faiblesse dans laquelle se trouve un État dont la sécurité dépend d'un acteur extérieur.

L'affirmation de l'Inde comme acteur majeur du système mondial constitue, avec l'ascension de la Chine, l'élément le plus notable de la transformation du système international. Cette montée en puissance apparaît comme une forme de réhabilitation historique du monde non occidental tel qu'il existait au XVIIIe siècle, puisque, à cette époque, la Chine et l'Inde produisaient déjà 45 % de la richesse mondiale. Mais là encore, la montée en puissance tendancielle de l'Inde n'en fera pas pour autant du jour au lendemain un rival stratégique des États-Unis. L'ampleur de ses déséquilibres internes, qu'ils soient géographiques, démographiques ou sociaux, l'immense pauvreté de sa population encore très faiblement alphabétisée comparée, par exemple, à celle de la Chine, et l'existence d'un environnement régional extrêmement tendu où elle doit compter avec l'affirmation stratégique de la Chine font que, pendant longtemps, l'Inde restera une grande puissance régionale recherchant des responsabilités plus globales, mais nullement une superpuissance mondiale. Ce raisonnement s'applique assez largement au Brésil, même si celui-ci évolue dans un contexte régional infiniment moins complexe et plus pacifié que l'Inde aujourd'hui.

Le cas de la Russie est encore très différent de tous les autres. Il s'agit moins d'une puissance émergente qu'une puissance s'efforçant de retrouver un statut international qu'elle a perdu depuis la fin de la guerre froide. Mais cet effort se trouve contrarié par un affaissement économique et démographique considérable qui limite durablement ses prétentions. La Russie reste fondamentalement un État rentier, tributaire de ses ressources en hydrocarbures. Sa conduite internationale demeure indexée non sur sa capacité à créer de la richesse mais à la dépenser. Hors de son arsenal nucléaire, sa puissance militaire est frappée d'obsolescence technologique et son attractivité sociale est particulièrement faible à travers le monde. La Russie joue en réalité sur la valorisation de trois atouts : un très vieil instinct stratégique qui fait qu'elle possède cette disposition politique à se situer par rapport aux principaux enjeux internationaux, ce qui constitue en soi une qualité rare dans le monde, des attributs de puissance hérités de l'URSS (membre permanent du Conseil de sécurité), et enfin des fragments de puissance technologique dont on ne sait pas s'ils sont des résidus de sa puissance passée ou les prémisses de sa régénération. Quoi qu'il en soit, quand bien même les trajectoires des États dans le système international demeurent forcément soumises à des aléas, à des incertitudes et à des surprises, il y a dans le cas russe deux obstacles dirimants à son épanouissement : la nature rentière de son système productif et son déclin démographique sans précédent. Dans ce contexte, l'influence américaine reste décisive car la priorité de ces puissances émergentes n'est pas de contrer nécessairement les États-Unis mais de se voir concéder par eux une forme de reconnaissance stratégique précieuse pour leur ascension globale. C'est la raison pour laquelle l'idée de l'émergence des BRIC (Brésil, Russie, Inde, Chine) faisant contrepoids aux États-Unis repose sur deux contresens. Le premier parce que chacune de ces puissances émergentes, prise individuellement, aspire d'abord à se faire reconnaître comme telle par les États-Unis, qui demeurent le plus grand dispensateur de reconnaissance stratégique sur la scène mondiale. La seconde est que ces mêmes BRIC n'ont en réalité que peu d'intérêts en commun sauf, probablement, celui de considérer la souveraineté des États comme un principe intangible, clairement opposable à la diplomatie des droits de l'homme. La conjonction de ces deux facteurs fait qu'aucun d'entre eux n'est spontanément acquis, sinon verbalement, aux vertus du multilatéralisme, mais que tous militent ardemment pour un tête-à-tête privilégié avec les États-Unis.

En réalité, l'unique acteur capable au cours des vingt prochaines années de se situer sur un plan à peu près équivalent à celui des États-Unis est la Chine. Elle seule se trouve simultanément dotée des quatre ressources de la puissance détenue par les États-Unis : la capacité à générer de la richesse matérielle, la vitalité démographique, la puissance militaire, et l'instinct stratégique. L'émergence, à moyen terme, d'un duopole sino-américain apparaît dès lors comme la dynamique la plus forte et la plus probable des prochaines décennies. Mais le sens de ce duopole ne saurait être mal compris. Il n'implique ni le retour à une forme de bipolarité conflictuelle comparable à celle que nous avons connue pendant la guerre froide, ni des logiques d'alignement automatique qui contraindraient les autres acteurs à se situer soit du côté américain, soit du côté chinois. Il signifie plutôt qu'aucun problème systémique majeur ou identifié comme tel par les États-Unis ou la Chine ne pourra se régler sans leur consentement conjoint, sans pour autant que ce consentement suffise à régler le problème en question. L'équation sino-américaine est et sera de plus en plus complexe puisqu'elle mêlera en permanence des processus de compétition fortement médiés par des dynamiques d'interdépendance économique qui présentent désormais un caractère vital pour les deux nations. Cela fait du défi chinois un défi à la fois bien plus sérieux et moins grave que ne l'était le défi soviétique. Moins grave sur le plan de la sécurité au regard de l'interdépendance économique entre les deux pays, de la disparition de toute forme de conflit idéologique entre eux et de la convergence partielle d'intérêts stratégiques, y compris en Asie. Leur rivalité a toutes les chances de conserver un caractère pacifique en dépit des craintes persistantes nourries par Washington sur la militarisation de la puissance chinoise. La Chine a immensément besoin du marché américain et de sa stabilité pour se développer, tandis que les États-Unis ont besoin des ressources chinoises pour financer leur prospérité et donc leur puissance[1]. En même temps, le défi est sur le long terme plus sérieux car, à la

1. Cf. Daniel W. Drezner, « Bad Debts : Assessing China's Financial Influence in Great Power Politics », *International Security*, 34, automne 2009.

différence de l'URSS, la Chine se place aussi sur le terrain le plus ferme de la puissance : l'enrichissement matériel. Tout ceci fait que, si le duopole sino-américain structurera le système international de manière de plus en plus prégnante, il ne pourra jamais résumer ou capturer à lui seul la totalité des dynamiques du système international.

La complexité du système international et la multipolarité qui est censée la traduire se trouve accentuée par l'existence d'un nombre considérable de nouveaux acteurs dont l'influence pourra se révéler décisive sur un sujet particulier, sans pour autant que ces derniers puissent se prévaloir de la qualité de nouveaux pôles de puissance régionaux au sens où nous l'entendons plus haut. Si on prend l'exemple du Grand Moyen-Orient, qui constitue aujourd'hui et de très loin la zone de conflit la plus forte du système mondial, on ne compte pas moins de sept acteurs essentiels dont aucun ne fait partie des sept pôles de puissance censés structurer la nouvelle architecture du système international. Il s'agit de la Turquie, de l'Iran, d'Israël, de l'Égypte, de la Syrie, de l'Arabie Saoudite et du Pakistan. À des degrés différents et sans leur consentement, ni le problème israélo-palestinien ni le problème afghan ne pourront être réglés convenablement. Mais cela n'en fait pas pour autant des pôles de puissance globale puisqu'ils seront, pour la plupart d'entre eux, totalement absents des négociations sur d'autres sujets de régulation qu'elle soit climatique, financière ou commerciale. Il faut ajouter à cela que, dans le système international dans lequel nous vivons, il existe des acteurs influents qui tirent une partie de leur pouvoir non pas tant de leur puissance que de leur vulnérabilité. C'est le cas, par exemple, du groupe des pays menacés par le changement climatique ou celui des pays les moins avancés au sein de l'OMC. Ainsi parvient-on sans difficulté à identifier une vingtaine d'acteurs influents qui pourraient nous faire alors croire que la multipolarité du système international est bien celle qu'incarne le G20. À ceci près qu'une multipolarité organisée autour de vingt acteurs n'offre plus la lisibilité politique qu'une configuration restreinte est censée nous donner. De surcroît, elle ne nous dit rien des asymétries gigantesques qui caractérisent les rapports entre acteurs au sein du G20. Le G20 nous renseigne sur la plus grande dispersion de la puissance, mais guère plus. Dans ces conditions, parler d'un monde multipolaire sans qualifier le sens de cette multipolarité ne présente qu'une valeur heuristique limitée, sauf pour nous convaincre que le monde n'est ni unipolaire ni bipolaire.

En réalité, pour prendre la mesure de la puissance d'un acteur dans le système international, c'est moins sa capacité à se constituer en pôle de puissance qu'il faut analyser, que celle de s'insérer dans le plus grand nombre de coalitions stratégiques destinées à régler des problèmes d'ordre public international.

Le troisième facteur qui contribue à affaiblir la valeur opératoire du concept de multipolarité tient à l'ampleur prise par les enjeux transnationaux auxquels les États sont désormais confrontés : terrorisme, trafic de drogue, d'organes et de personnes, contrefaçons massives, changement climatique, criminalité organisée, piraterie informatique ou navale, migration illégale, etc. Dans un tel contexte, la priorité pour les États même les plus puissants n'est pas tant de monopoliser le règlement de ces problèmes que d'en mutualiser la solution. Ce qui revient donc à impliquer le plus grand nombre possible d'acteurs dans le jeu. Ceci étant, le caractère transnational des enjeux n'abolit nullement les rapports de forces entre acteurs nationaux même quand ces derniers se trouvent étroitement associés à la résolution d'un problème d'action collective. En effet, la manière de poser un problème sur l'agenda mondial, de pousser à sa résolution ou d'en différer le règlement, le partage des responsabilités et des coûts résultent toujours de rapports de forces entre États. La négociation sur le climat a démontré de manière spectaculaire leur persistance dans une négociation internationale visant à régler les modalités d'organisation d'un bien public mondial par excellence. Tout ceci fait que la priorité pour tout État est moins de se constituer en pôle de puissance en tant que tel mais d'être partie prenante au plus grand nombre de coalitions politiques mises en place pour régler des problèmes d'action collective.

Le refus américain d'une multipolarité organisée

C'est précisément pour ces raisons que l'Administration Obama, contrairement à certaines idées communément avancées, ne manifeste aucune appétence pour la multipolarité. Ce terme est absent du discours de Barack Obama, et officiellement récusé par Hilary Clinton[1]. Certes, la multipolarité n'est pas une réalité qui se décrète ou se récuse. Mais l'opposition de Washington à ce concept est instructive. Accepter la réalité d'un monde

---

1. Sur les mots du président Obama et l'analyse détaillée de son discours, le lecteur voudra bien se reporter aux annexes de l'ouvrage. Hillary Clinton a pour sa part estimé qu'il fallait « éloigner le système international d'un monde multipolaire pour aller vers un monde de partenariats », *The Washington Post*, 16 juillet 2009.

multipolaire, c'est entériner le fait qu'il existerait plusieurs pôles de puissance disposant de ressources et de pouvoirs équivalents et décidés à gérer sur un mode coopératif et égalitaire les problèmes qu'ils affrontent en commun. Cette multipolarité déboucherait alors nécessairement sur un recours au multilatéralisme en tant que mode de régulation du système international. De ce schéma idéal, les États-Unis ne veulent pas, tout simplement parce qu'il les conduirait à concéder aux autres acteurs un pouvoir et une reconnaissance internationale sans réelle contrepartie pour eux. On mesure mal l'intérêt des États-Unis à conférer à l'Inde ou au Brésil le statut de partenaire stratégique global alors qu'ils n'ont besoin de leur soutien que sur un nombre précis de sujets. Les États-Unis n'ont en réalité de raison de valoriser la position d'un acteur que si ce dernier leur apporte une plus-value tangible aux problèmes qu'ils souhaitent régler ou si le coût pour eux d'une telle opération est nul : plaider pour une meilleure allocation des droits de vote au FMI en faveur des pays émergents et au détriment de l'Europe, par exemple. Leur démarche sera donc sélective, d'autant que la plupart des puissances émergentes sont elles aussi à la recherche d'un statut que seuls véritablement les États-Unis sont en mesure de leur concéder. Il en découle une forme de marchandage où la reconnaissance par les États-Unis d'un acteur comme partenaire stratégique implique, de la part de ce dernier, qu'il participe à la résolution d'un problème sur la base de paramètres sinon favorables, tout au moins non défavorables aux intérêts américains. La politique de sanctions contre l'Iran est une très bonne illustration de cette réalité. Les États-Unis ont davantage associé la Chine et la

CONCLUSION

Russie à leur politique iranienne parce que ces deux États peuvent contrarier de manière significative leur stratégie vis-à-vis de ce pays. En revanche, ils n'éprouvent aucun besoin pressant de faire entrer la Chine dans le règlement du conflit israélo-palestinien ou la Russie dans la résolution de la question du changement climatique. D'où la préférence affichée par la nouvelle Administration, non pas pour le multilatéralisme en tant que tel, mais pour le développement de partenariats avec des acteurs « forts et capables [1] », des partenariats au sein desquels les États-Unis entendent bel et bien rester les principaux maîtres d'œuvre. Il s'agit, pour chaque enjeu important pour eux, d'associer ceux qui peuvent contribuer à sa résolution soit parce qu'ils bénéficient d'un pouvoir d'influence sur un des protagonistes (la Chine sur la Corée), soit parce qu'ils disposent de ressources financières quand cette dimension entre en ligne de compte dans la résolution d'un problème (l'Europe au Proche-Orient), soit parce qu'un État ou un groupe d'États dispose d'un réel pouvoir de nuisance susceptible de faire dérailler les préférences américaines (les Russes en Iran) [2]. Certes, cette stratégie de partenariat *ad hoc* correspond assez bien à la définition minimale du multilatéralisme. Mais dans les faits, il s'agit le plus souvent d'une politique minilatérale, c'est-à-dire impliquant un nombre limité d'acteurs [3]. La multilatéralisation des

---

1. *National Security Strategy, op. cit.*, p. 26.
2. Cf. en annexe de ce livre la liste ordinale des pays cités par le président Obama dans ses discours.
3. Une des difficultés à évaluer le caractère multilatéral d'une politique réside dans la pluralité des définitions du multilatéralisme. Il existe des définitions minimales qui font du multilatéralisme une pratique de

choix au travers des institutions internationales n'est en réalité privilégiée que sur les sujets pour lesquels la coopération du plus grand nombre est indispensable.

La préférence pour le minilatéralisme

Il est à cet égard intéressant de voir comment la diplomatie américaine s'organise par rapport à la régulation de ce que l'on pourrait considérer arbitrairement comme étant les dix plus grands enjeux internationaux : Afghanistan, règlement du conflit israélo-palestinien, Iran, Corée, prolifération nucléaire et désarmement, terrorisme, sécurité européenne, régulation financière, régulation climatique, régulation commerciale. Sur tous ces sujets, la volonté américaine de construire des partenariats est indéniable et tranche avec l'unilatéralisme de l'Administration Bush. Mais la nature, le nombre et la qualité de ces parte-

---

coordination des politiques nationales dans les groupes de trois ou plusieurs États, soit au travers d'arrangements *ad hoc*, soit au travers d'institutions. Dans ce cas, la politique étrangère d'Obama relève indiscutablement du multilatéralisme. En revanche, si le multilatéralisme est pensé sur le mode d'une croyance selon laquelle les activités devraient être organisées sur une base universelle en en faisant une sorte d'idéologie de l'action collective internationale, il devient plus difficile de qualifier la politique américaine de multilatéraliste. Cf., sur ces débats, Robert O. Keohane, « Multilateralism : An Agenda for Research », *International Journal*, vol. 45, n° 4, 1990, p. 731-764. Miles Kahler, « Multilateralism with Small and Large Numbers », *International Organization*, vol. 46, n° 3, 1992, p. 681-708. James Caporasso, « International Relations Theory and Multilateralism : The Search for Foundations », *International Organization*, vol. 46, n° 3, 1992, p. 599-632. John Gerrard Ruggie, « Multilateralism : Anatomy of an Institution », p. 3-47, *in* John Gerrard Ruggie (dir.), *Multilateralism Matters : The Theory and Praxis of an Institutional Form*, New York, Columbia University Press, 1993.

nariats varient considérablement en fonction de leur capacité ou de l'idée qu'ils se font de leur capacité à régler ces problèmes. En Afghanistan par exemple, la gestion du conflit ne présente dans les faits aucun caractère multilatéral. Le partenaire privilégié par les États-Unis pour le règlement du conflit est le Pakistan et secondairement l'Inde, compte tenu de l'influence décisive du conflit indo-pakistanais dans l'équation afghane. En revanche, les Européens se trouvent mécaniquement marginalisés à mesure que la guerre s'américanise et que les troupes européennes se désengagent, alors que les Britanniques ont, par exemple, été les premiers à mettre en avant la nécessité d'un dialogue politique avec les talibans au niveau le plus élevé et non à des niveaux subalternes comme le souhaitent les États-Unis. Dans le conflit israélo-palestinien, dont ils viennent de relancer la tentative de règlement, l'implication des autres partenaires demeure pour le moment extrêmement limitée. À la fois parce qu'ils estiment avoir la pleine maîtrise du problème et de ses enjeux mais aussi et surtout parce que l'exclusivisme américain est l'une des conditions posées par Israël, qui ne pense pouvoir accorder sa confiance qu'aux seuls États-Unis. Dans le règlement de la crise coréenne, les États-Unis ne souhaitent réellement impliquer que la Chine, car elle seule est en mesure d'influencer le pouvoir nord-coréen. Ainsi, comme on peut le voir, les partenariats rassemblent un nombre très limité d'acteurs dès lors qu'ils concernent la sécurité stratégique des États-Unis. Sur tous les autres problèmes, les partenariats sont plus larges, soit parce que les États-Unis ne sont pas toujours le seul acteur décisif (climat, commerce, finance), soit parce que le sujet requiert une plus grande multilatéralisation des solutions (terrorisme, prolifération nucléaire). Mais là encore, la construction de ces partenariats ou la recherche d'arrangements collectifs reposent sur le principe d'une forte sélectivité des partenaires et des priorités. Les États-Unis ont procédé à la réforme financière qu'ils considéraient comme optimale pour eux, avant de commencer à négocier avec les autres grands ensembles, et notamment l'Europe, sa compatibilité avec les principes de régulation arrêtés par le G20. Ils ont, par ailleurs, différé de manière indéterminée la finalisation du cycle commercial de l'OMC, jugeant le consensus interne américain pas encore mûr pour un tel accord et estimant que la finalisation de cet arrangement multilatéral ne présente pour eux aucune urgence. Enfin, sur le changement climatique ils ne se sont guère inquiétés de la marginalisation de l'Europe dans la négociation de Copenhague, non pas tant parce qu'ils l'auraient recherché ou souhaité mais parce qu'elle réduisait implicitement la pression internationale qui s'exerçait sur eux. De fait, depuis l'échec de Copenhague, le Congrès a renoncé à ratifier les engagements pris par le président américain à ce sommet. La puissance américaine démontre plus que jamais sa capacité à se réinventer tout en essayant de rester fidèle à ses valeurs, à ses intérêts et à ses tropismes.

Route de Mon Idée, septembre 2010

Annexes

Méthodologie[1]

Nous avons comparé les discours de politique étrangère de George W. Bush et de Barack Obama en nous appuyant sur la collecte systématique de *tous* les discours officiels des deux présidents en exercice ayant trait à la politique étrangère au sens large, tels qu'ils apparaissent sur le site de la Maison-Blanche (pour Bush : http://georgewbush-whitehouse.archives.gov/ ; pour Obama : http://www.whitehouse.gov/). La liste des discours utilisés est accessible depuis le site http://www.laidi.com à l'entrée « publications ».

Les corpus ont été analysés intégralement mais ont été expurgés des questions de journalistes et des intervenants autres que le président, afin de n'introduire aucun biais. Le corpus de George W. Bush couvre tout son second mandat (janvier 2005-janvier 2009), et compte 423 000 mots. Le corpus de Barack Obama comprend toutes ses interventions de politique étrangère (y compris les discours sur le terrorisme) qui vont de son discours inaugural à son discours de West Point du 22 mai 2010, soit 254 000 mots.

Les résultats ont été obtenus grâce au logiciel statistique d'analyse quantitative du discours Lexico 3, élaboré par l'Université de Paris 3-Sorbonne Nouvelle.

---

1. Ce travail a été effectué sous ma responsabilité par Florent Parmentier, assistant de recherche au Centre d'études européennes de Sciences Po. Qu'il en soit remercié.

Annexe 1

Comparaison des termes clés dans les discours de George W. Bush et de Barack Obama (synthèse)

Termes apparaissant chez Bush et n'apparaissant pas ou très peu chez Obama	Guerre contre la terreur (72 occurrences à 0) Monde libre (33 occurrences à 1)
Termes apparaissant chez Obama et n'apparaissant pas ou très peu chez Bush	Traité de non-prolifération (× 9,36)
Termes apparaissant au moins 5 fois plus chez Bush que chez Obama	Démocratie (× 7,21) Liberté (× 6,8)
Termes apparaissant au moins 5 fois plus chez Obama que chez Bush	Changement climatique (× 5)
Termes apparaissant de 2 à 5 fois plus chez Bush que chez Obama	Armes de destruction massive (× 3,5)

Termes apparaissant de 2 à 5 fois plus chez Obama que chez Bush	Al Qaida (× 2,44) Nucléaire (× 2,08)
Termes apparaissant de manière équivalente chez Bush et Obama (entre 1 et 2 fois)	Nations unies (Bush × 1,97) Sécurité (× 1,84) Paix (× 1,73) Guerre (× 1,65) Droits de l'homme (Bush × 1,5) « Terreur » (Bush × 1,31) OTAN (Bush × 1,13)
Termes n'apparaissant ni chez l'un ni chez l'autre	Multipolarité, multipolaire, multilatéralisme

ANNEXE 2

Comparaison des termes clés apparaissant dans les discours de George W. Bush et de Barack Obama (résultats détaillés, par ordre décroissant)

George W. Bush 423 000 mots (totalité du corpus)	Barack Obama 254 000 mots (totalité du corpus)
1. Liberté (1006)* *[0,24 %]*** – liberté (*liberty*) (255) – démocratie et liberté (37) – paix et liberté (34) – le monde libre (33) – l'universalité de la liberté, la liberté est universelle, les libertés universelles (22) – le progrès de la liberté (19) – la cause de la liberté (19) – vivre dans une société libre (16) – répandre la liberté (12) – promouvoir la liberté (10)	Sécurité (625)* *[0,25 %]*** – paix et sécurité (45) – notre sécurité (44) – sécurité afghane (22) – sécurité commune (22) – sécurité globale (12) – sécurité alimentaire (10) – *homeland security* (10) – sécurité irakienne (8) – sécurité collective (3) – sécurité énergétique (3)

– l'expansion de la liberté (9) – la liberté et la justice (9) – le pouvoir de la liberté (8) – croire dans la liberté (7)	
2. Démocratie (854)* *[0,20 %]*** – jeune(s) démocratie(s) (131) – démocratie et liberté (37) – la démocratie pour survivre (19) – le progrès de la démocratie (16) – promouvoir la démocratie (11) – démocratie au Liban (11) – soutenir la démocratie (9) – démocratie et paix (9) – démocratie en Irak (9) – engagement pour la démocratie (7) – transition(s) vers la démocratie (7) – démocratie en Afghanistan (6) – démocraties émergentes (5) société civile (22)	Nucléaire (567)* *[0,22 %]*** – arme(s) nucléaire(s) (216) – Traité de non-prolifération nucléaire / TNP (45) – matériel(s) nucléaire(s) (43) – énergie nucléaire (28) – prolifération nucléaire (22) – l'extension des armes nucléaires (22) – la course à l'armement nucléaire (20) – un monde sans armes nucléaires (18) – arsenal nucléaire (14) – programmes nucléaires (14) – sécurité nucléaire (14) – les stocks d'armes nucléaires (13) – terrorisme nucléaire (9) prolifération (96) désarmement (14) armes de destruction massive (6)
3. Terreur (843)* *[0,20 %]*** – Terroristes / Terrorisme (280) – Extrémistes (203) – Terreur (187) dont guerre contre la Terreur (72)	Terreur (385)* *[0,15 %]*** – Al Qaida (155) – Terroriste(s) / Terrorisme (130) – Extrémistes (53) – Extrémisme (27)

ANNEXES

– Al Qaida (104) – Extrémisme (53) – Contre-terrorisme (11) Jihad (5) Ben Laden (13)	– Contre-terrorisme (20) – de perturber, démanteler et défaire Al Qaida (17) 1 fois avec « détruire » à la place de « défaire »
4. Paix (813)* *[0,19 %]*** – côte à côte en paix (54) – paix et sécurité (48) – paix et stabilité (28) – réussir la paix (25) – liberté et paix (34) – paix au Moyen-Orient (18) – paix et prospérité (16)	Paix (282)* *[0,11 %]*** – paix et sécurité (45) – paix et prospérité (19) – processus de paix / paix au Moyen-Orient / Israël / paix en Palestine (18) – paix durable (17) – promouvoir la paix (13) – paix et stabilité 11 – paix entre Israël et la Palestine / les voisins (11) – vivre côte à côte en paix (8)
5. Sécurité (566)* *[0,13 %]*** – force(s) de sécurité (51) – paix et sécurité (42) – sécurité nationale (32) – sécurité énergétique (21) – sécurité de l'Irak (16) – intérêts de sécurité (14) – sécurité et prospérité (11) – sécurité internationale (7) – sécurité mutuelle (7) – situation de sécurité (7)	Guerre (225)* (sans références historiques) *[0,09 %]*** – la guerre en Irak (17) – guerres en Irak / Afghanistan (11) – guerre d'Irak (6) – guerre civile (6) – guerre en Afghanistan (4) – guerre juste (4) – guerre nucléaire (4)
6. Nucléaire (454)* *[0,10 %]*** – arme(s) nucléaire(s) (190)	Leadership (147)* *[0,06 %]*** – notre leadership (9) – le leadership américain (8) – prendre le leadership (7)

– programme(s) nucléaire(s) (34) – énergie nucléaire (31) – énergie nucléaire civile (22) – coopération nucléaire (8) – prolifération nucléaire (5) – Traité de non-prolifération (9) – terrorisme nucléaire (2) armes de destruction massive (23)	– le leadership global (4) – le leadership de l'Amérique (3)
7. Leadership (313)* *[0,07 %]*** – leadership de l'Amérique (1) – leadership américain (1)	Coopération (138)* *[0,05 %]*** – coopération entre/avec (26) – coopération dans/sur (22) – coopération pour (4) – coopération internationale (10)
8. Nations unies (299)* *[0,07 %]*** – Nations unies (218) – Conseil de sécurité (81)	OTAN (136)* *[0,05 %]***
9. OTAN (258)* *[0,06 %]***	Changement climatique (102)* *[0,04 %]*** négociations climatiques (4) défi climatique (4) réchauffement climatique (4)

ANNEXES

10. Guerre (230)* *[0,05 %]*** – guerre contre la terreur (72) – guerre froide (17) – Seconde Guerre mondiale (4)	Liberté (90)* *[0,04 %]*** – liberté de religion (5) – liberté de mouvement (3) – liberté de parole (3) – liberté de dire ce que l'on pense (3) – société libre (1) – monde libre (1) – Liberté (*liberty*) (26)
11. Coopération (196)* *[0,05 %]*** – coopération dans/sur (40) – coopération entre/avec (22) – coopération pour (13) – Défense / coopération militaire (10)	Nations unies (86)* *[0,03 %]*** – Nations unies (59) – Conseil de sécurité de l'ONU (27)
12. Ennemi (148)* *[0,03 %]*** – défaire les ennemis (14) – liberté / ennemis (11) – ennemis communs (8)	Démocratie (72)* *[0,03 %]*** – s'engager pour / donner sa vie à / se dévouer à / soutenir / défendre la démocratie (8) – promouvoir la démocratie (4) – démocratie et développement (3) – démocratie et droits de l'homme (3) – la démocratie n'est pas simplement le cadeau d'une génération précédente (de générations précédentes) (2) + société civile (14)

13. Droits de l'homme (129)* *[0,03 %]*** – protéger / respecter les droits de l'homme (17) – abus / violations des droits de l'homme (11) – activistes / promouvoir / progresser / s'engager pour les droits de l'homme (8)	Communauté internationale (65)* *[0,03 %]***
14. Communauté internationale (88)*	Intérêts mutuels (57)*
15. État de droit (76)*	État de droit (51)*
16. Tyrannie (64)*	Droits de l'homme (51)*
17. 11 Septembre (43)*	Ennemi (47)*
18. Dignité humaine (41)*	Respect mutuel (40)*
19. Zone protégée (*Safe Heaven*) (38)*	11 Septembre (39)*
20. Changement climatique (35)*	Islam (25)*
21. Union européenne (29)*	Obligations internationales (16)*
22. Multilatéral (28)*	Union européenne (16)*
23. Lutte idéologique (27)*	Multilatéral (13)*
24. Islam (17)*	Normes (12)*
25. Intérêts mutuels (12)*	Lois internationales (12)*

ANNEXES

| Non classés : idéologie de la haine (10)*, norme(s) (6)*, respect mutuel (5)*, sécurité commune (4)*, obligations internationales (2)* | Non classés : tyrannie (9)*, idéologie de la haine (1)* |

* Nombre d'occurrences des termes clés comptabilisés dans le corpus constitué.
** En pourcentage du total de l'ensemble du corpus constitué.

ANNEXE 3

Liste des pays mentionnés
dans les discours officiels
(par ordre décroissant des occurrences)

Bush	Obama
1. Irak (561)	1. Afghanistan (328)
2. Afghanistan (393)	2. Iran (239)
3. Inde (360)	3. Irak (211)
4. Iran (261)	4. Russie (170)
5. Israël (226)	5. Chine (166)
6. Corée du Nord (224)	6. Pakistan (164)
7. Liban (223)	7. Turquie (111)
8. Russie (195)	8. Israël (103)
9. Pakistan (192)	9. Corée du Nord (90)
10. Chine (151)	10. Japon (66)
11. Géorgie (143)	11. Inde (65)
12. Syrie (118)	12. Corée du Sud (58)

ANNEXES

13. Japon (116)	13. France (45)
14. Colombie (108)	14. Allemagne (42)
15. Royaume-Uni (75)	15. Royaume-Uni (26)
16. Brésil (70)	16. Brésil (24)
17. Allemagne (60)	17. Italie (21)
18. Kosovo (57)	18. Colombie (17)
19. Liberia (48)	19. Égypte (15)
20. Vietnam (46)	20. Espagne (12)
21. Corée du Sud (45)	21. Indonésie (11)
22. Pologne (44)	22. Pologne (10)
23. France (40)	23. Arabie Saoudite (8)
24. Arabie Saoudite (38)	24. Vietnam (7)
25. Turquie (27)	25. Palestine (7) [Palestiniens (76)]

Table

Avant-propos.	9
I. Héritage.	15
L'exubérance par le marché.	23
L'exubérance par la guerre	32
II. L'acteur et le système	44
L'équation personnelle d'Obama.	45
Le cercle des conseillers	51
Les entraves du Congrès.	63
III. Le grand retour du réalisme	69
L'Amérique a rarement été isolationniste	70
La tradition réaliste.	75
Le néoréalisme d'Obama.	81
Le renoncement au messianisme démocratique	84
La préférence calculée pour le désarmement nucléaire	90
Le sens de l'option zéro.	92
Adouber Moscou	96
Crédibiliser la lutte contre la prolifération	99
Les contraintes de l'exercice.	104
IV. Sortir de l'idéologie du 11 Septembre.	108
Les impasses de l'idéologie du 11 Septembre	111
La répudiation de « la guerre contre la terreur »	120
La permanence des objectifs américains	127

V. Un trait sur l'Irak............................	136
La destruction de l'État irakien.................	141
La vigueur du sentiment national	150
Une éthno-démocratie électorale................	158
VI. Afghanistan : partir sans s'enfuir	161
Le legs soviétique	164
Le legs du 11 Septembre......................	169
L'inévitable malentendu entre Karzaï et Washington ..	173
L'affaiblissement de l'État par l'aide étrangère	183
Faire la guerre autrement ?....................	187
La recherche par Washington d'une stratégie de sortie..	195
La solitude américaine........................	206
VII. Sans l'Europe...............................	217
L'Europe déclassée ?..........................	220
Le déclin de la valeur stratégique de l'Europe........	225
Associer la Russie à la sécurité européenne ?........	228
Le partage du fardeau stratégique...............	239
Conclusion	243
Une multipolarité complexe....................	246
Le refus américain d'une multipolarité organisée	255
La préférence pour le minilatéralisme.............	258
Annexes	261

DANS LA MÊME COLLECTION

Marcel Gauchet, La Condition historique, *2003.*

Yves Michaud, L'Art à l'état gazeux, *2003.*

Paul Ricœur, Parcours de la reconnaissance, *2004.*

Jean Lacouture, La Rumeur d'Aquitaine, *2004.*

Nicolas Offenstadt, Le Chemin des Dames, *2004.*

Olivier Roy, La Laïcité face à l'islam, *2005.*

Alain Renaut et Alain Touraine, Un débat sur la laïcité, *2005.*

Marcela Iacub, Bêtes et victimes et autres chroniques de *Libération, 2005.*

Didier Epelbaum, Pas un mot, pas une ligne ? 1944-1994 : des camps de la mort au génocide rwandais, *2005.*

Henri Atlan et Roger-Pol Droit, Chemins qui mènent ailleurs, dialogues philosophiques, *2005.*

René Rémond, Quand l'État se mêle de l'Histoire, *2006.*

David E. Murphy, Ce que savait Staline, *traduit de l'anglais (États-Unis) par Jean-François Sené, 2006.*

Ludivine Thiaw-Po-Une (sous la direction de), Questions d'éthique contemporaine, *2006.*

François Heisbourg, L'Épaisseur du monde, *2007.*

Luc Boltanski, Élisabeth Claverie, Nicolas Offenstadt, Stéphane Van Damme (sous la direction de), Affaires, scandales et grandes causes. De Socrate à Pinochet, *2007.*

Axel Kahn et Christian Godin, L'Homme, le Bien, le Mal, *2008.*

Philippe Oriol, L'Histoire de l'affaire Dreyfus, I, L'affaire du capitaine Dreyfus (1894-1897), *2008.*

Marie-Claude Blais, Marcel Gauchet, Dominique Ottavi, Conditions de l'éducation, *2008.*

François Taillandier et Jean-Marc Bastière, Ce n'est pas la pire des religions, *2009.*

Hannah Arendt et Mary McCarthy, Correspondance, 1949-1975, *2009.*

Didier Epelbaum, Obéir. Les déshonneurs du capitaine Vieux : Drancy, 1941-1944, *2009.*

Béatrice Durand, La Nouvelle Idéologie française, *2010.*

« RÉPLIQUES »
sous la direction d'Alain Finkielkraut

Ce que peut la littérature, *2006.*

Qu'est-ce que la France ?, *2007.*

La Querelle de l'école, *2007.*

L'Interminable Écriture de l'Extermination, *2010.*

Pour l'éditeur, le principe est d'utiliser des papiers composés de fibres naturelles, renouvelables, recyclables et fabriquées à partir de bois issus de forêts qui adoptent un système d'aménagement durable.

En outre, l'éditeur attend de ses fournisseurs de papier qu'ils s'inscrivent dans une démarche de certification environnementale reconnue.

*Cet ouvrage a été composé
par IGS-CP à L'Isle-d'Espagnac (Charente)*

Impression réalisée par
CPI BRODARD ET TAUPIN
La Flèche

pour le compte des Éditions Stock
31, rue de Fleurus, 75006 Paris
en octobre 2010

Imprimé en France
Dépôt légal : novembre 2010
N° d'édition : 01 – N° d'impression : 60626
54-07-6391/4